Literarische Grenzgänger

Das Buch

Sieben brillant geschriebene »biographische Schnappschüsse«, wie Fritz J. Raddatz selbst seine Essays nennt, forschen den Verflechtungen von Leben und Werk der porträtierten Künstler nach. William Faulkner, Marguerite Yourcenar, Yukio Mishima, Stéphane Mallarmé, Edith Sitwell, Paul Bowles und Johannes R. Becher – so verschieden sie auch waren, hatten sie doch manches gemeinsam: seien es (erotische) Exzesse, die Suche nach dem Neuen und Unverfälschten oder der Wunsch nach Entgrenzung des Lebens hin zur Kunst. Eine feuilletonistische Delikatesse für alle Anhänger des geschriebenen Wortes.

Der Autor

Fritz J. Raddatz, geboren 1931 in Berlin, ist einer der profiliertesten Publizisten und Literaturkritiker Deutschlands. Er war von 1960 bis 1969 stellvertretender Leiter des Rowohlt Verlags, von 1977 bis 1985 Feuilletonchef der Zeit und ist zudem seit 1969 Vorsitzender der Kurt-Tucholsky-Stiftung. Er ist Autor mehrerer Romane und eines umfangreichen biographisch-essayistischen Werks, zuletzt einer im Propyläen Verlag erschienenen vielbeachteten Biographie über Gottfried Benn.

Fritz J. Raddatz

Literarische Grenzgänger

7 Essays

List Taschenbuch

Umwelthinweis:
Dieses Buch wurde auf chlor- und säurefreiem Papier gedruckt.

List Taschenbücher erscheinen im Ullstein Taschenbuchverlag, einem
Unternehmen der Econ Ullstein List Verlag GmbH & Co. KG, München
Originalausgabe
1. Auflage September 2002
© 2002 by Econ Ullstein List Verlag GmbH & Co. KG, München
Umschlagkonzept: Hilden Design, München − Stefan Hilden
Umschlaggestaltung: Hauptmann und Kampa Werbeagentur, CH − Zug
Titelabbildung: Dennis Stock/Magnum/Agentur Focus
Gesetzt aus der Joanna
Satz: Buch-Werkstatt GmbH, Bad Aibling
Druck und Bindearbeiten: Clausen & Bosse, Leck
Printed in Germany
ISBN 3-548-60220-7

Inhalt

Vorbemerkung

Die hier zusammengefaßten sieben Essays haben sich gleichsam selber einander zugeordnet, sich den Titel gegeben: Sie
sind über mehrere Jahre entstanden, gedacht nicht als Kapitel
eines Buches, sondern als Kapitel einer Spurensuche. Vielleicht war es jener Magnetismus, den Sigmund Freud meinte,
als er einmal zu bedenken gab, daß nicht der Autor einer Biographie sich sein »Opfer« suche, ob nicht vielmehr der je-
weils Dargestellte sich seinen Biographen wähle.

Wenngleich es sich hier nicht um veritable Biographien handelt, vielmehr um biographische Schnappschüsse, das Porträt
eines Künstlers (einer Künstlerin) skizzierend in der – oft unheimlichen – Dialektik von Leben und Werk: Es mag wohl eine
Magie ausgegangen sein von jenem Überschreiten normierter
Grenzen auf den Verfasser der Essays. Insofern fügen sich die
Essays durchaus zu einem Buch, die Porträts zu einer Galerie:
So weit auseinander sind sie in ihrem Lebensexzeß dann nicht,
der homosexuelle Radikalist Yukio Mishima aus Japan und der
nestflüchtige Alkoholiker William Faulkner aus dem Mississip-
pi-Delta; die lesbische Exzentrikerin Marguerite Yourcenar aus
dem bürgerlichen Elternhaus in Belgien und die geschlechts-

los das Filigran-Preziöse meißelnde Edith Sitwell aus dem englischen Hochadel.

Das Tradierte haben sie verworfen, Mallarmé im Gedicht und Johannes R. Becher in seinen schrill vom antibürgerlichen Affekt über den Katholizismus zum Kommunismus changierenden Abhängigkeiten. Mit dem Mut zu nur geringer Übertreibung darf man sagen: Das Leben haben sie verworfen im Geiste von Gottfried Benns hoffärtigem Credo »Leben – niederer Wahn, Traum für Knaben und Knechte«. Doch der Hoffahrt andere Seite ist die Demut. Keiner, dem hier nachgedacht wurde, der sie nicht einbekannt hätte vor dem, was ihm einzig gültig und wert war: dem Kunstwerk. Der Gang über die Grenze ist der Schritt hin zur Kunst. Die haben sie ihrem zerborstenen Leben abgerungen. Und unserem Leben damit geschenkt.

Fritz J. Raddatz
Juni 2002

William Faulkners heimliche Geliebte

EINE BIOGRAPHISCHE ERGÄNZUNG

»William Faulkner«, sagte William Faulkner, »muß es nicht sehr gut gehen, wenn keines seiner Bücher lieferbar ist.«

Es ist Frühjahr 1936, der spätere Nobelpreisträger steht in »Larry Edmund's Bookshop« und fragt nach seinem drei Jahre zuvor erschienen Gedichtband *A green Bough*; er will es einer schlanken jungen Frau schenken, der blonden Sekretärin des Regisseurs Howard Hawks. Der Verkäufer runzelt die Stirn: »Faulkner?«, fragt er ratlos, »William Faulkner? Nie gehört den Namen.« Zu dem Zeitpunkt hatte der neben dem Roman *Sartoris* und zwei Bänden mit Kurzgeschichten die bedeutenden Romane *Schall und Wahn* und *Licht im August* publiziert. Sie waren »out of print«, weder im Buchhandel lieferbar noch beim Grosso-Haus oder beim Verlag zu bestellen. Der hilflose Verkäufer fand schließlich ein Exemplar des allgemein als anstößig empfundenen Romans *Die Freistatt*, den Faulkners Verleger ihm im Jahre 1930 mit dem Bemerken abgelehnt hatte: »Großer Gott, wenn wir dies drucken, kommen wir beide ins Zuchthaus«; eine der zentralen Szenen ist die Vergewaltigung eines jungen Mädchens mit einem Maiskolben – viele Jahre später, auf einem dieser vielgehaßten literarischen Empfänge, fragte eine beflissene Dame nach dem autobiographischen Gehalt des Romans: »Und welche Figur sind Sie, Mr. Faulkner?«, worauf er antwortete: »Ich bin der Maiskolben, Madam.« Ob ausgerechnet dieses Buch das rechte Geschenk für eine junge Dame war?

»For you, Miss Meta« – mit diesen Worten gab er den Band seiner Begleiterin, sie waren nach einem Essen in dem eher bescheidenen Restaurant »Mussel & Frank's« am Hollywood Boulevard, eine Flasche Wein, ein »Cassoulet à la Toulouse«, noch spazieren gegangen. Die wohl dramatischste Beziehung in William Faulkners Leben hatte begonnen, ganz gewiß seine intensivste Liebe.

Nach einigen vorangegangenen Aufenthalten in den MGM-Studios von Hollywood – Faulkner nannte die verhaßte Geld-Arbeit »Hurerei« – hatte ihn in akuter Geldnot ein Angebot von Howard Hawks erreicht, das Drehbuch für *A Road to Glory* umzuschreiben. Er hatte sich nach seiner Heirat mit dem Erwerb des später berühmten »Rowan Oak« – ein prächtiges, aber verfallenes »Ante-bellum-Herrenhaus« in Oxford, Mississippi, das zwar enormen Grundbesitz und die obligaten weißen Säulen, aber keine Elektrizität, kein Wasser, keine Heizung und marode Wände hatte – übernommen. Schon 1932 war er Mitarbeiter für Howard Hawks an einem Film mit Joan Crawford und Gary Cooper gewesen. Nun war er, der einmal geschrieben hatte: »Man setze einen Käfer in Alkohol, und man hat einen Skarabäus; man setze einen Mississippier in Alkohol, und man hat einen Gentleman«[1], zurück an den widerlichen Milch- und Honigtöpfen der Traumfabrik:

»Er betrat das Vorzimmer in den Twentieth-Century-Fox-Studios, ein kleiner Mann mit raschen Bewegungen in einem Tweed-Anzug, der nicht recht saß, und er schaute mich an, einen langen Augenblick, voller Überraschung, als habe er eine sorgsam vorbereitete Rede vergessen oder als habe er jemand anderes hinter dem Schreibtisch erwartet; dann sagte er: ›Ich bin William Faulkner, und ich glaube, Mr. Hawks erwartet mich.‹ – ›DER Mr. Faulkner?‹ – ›Ich glaube, genau der, Ma'am. Jedenfalls wüßte ich von keinem anderen. Sie sind aus den Südstaaten, nicht wahr? Ich erkenne das an Ihrem Tonfall.‹ – ›Mr. Faulkner, ich bin nicht nur aus den Südstaaten, ich bin in Mississippi aufgewachsen.‹ – ›Ich nehme das als gutes Omen, daß ich an meinem ersten Hollywood-Tag jemanden aus dem Süden treffe.‹«[2]

Später wird er diese erste Begegnung mit Meta Carpenter sehr genau zusammenfassen: »Als ich da an der Tür stand und Dich sah, wußte ich blitzartig: Das ist die Frau deines Lebens.«[3]

Als junger Mann hatte er das von Estelle Oldham, Tochter einer alteingesessenen Südstaaten-Familie, gedacht. Doch Estelle wurde an einen wohlhabenden Karriere-Juristen in Honolulu verheiratet, wo sie – bald Mutter zweier Kinder – ein luxuriöses Leben führte, ausstaffiert mit teuersten Seidenroben, kostbarem Schmuck und einem Dutzend Dienstboten. William Faulkner – wie einer seiner Brüder berichtet – wäre fast an gebrochenem Herzen gestorben. Allein, dies wiederum ist ein Diktum von ihm selber, man stirbt nicht an gebrochenem Herzen – man schreibt ein Buch. Das tat er – doch das erste, *Soldatenlohn*, verweigerte die Universität auch nur als Geschenkexemplar anzunehmen, die Mutter riet ihm, das Land zu verlassen, und der Vater betrank sich vor Empörung. Auch *Moskitos*, 1927 erschienen, ist kein anderes Schicksal beschieden. Zwei Jahre später kommt Estelle zurück, getrennt von ihrem Mann, der sie unentwegt betrog, eine depressive Alkoholikerin, die nun auf William Faulkner setzt, denn nur eine neue Ehe kann Reputation und Normalität wiederherstellen. Die Ehe wird geschlossen – Reputation und Normalität stellen sich keineswegs ein. Schon die Hochzeitsreise, rätselhafterweise nach Pascagoula, Stätte eines anderen zerschellten Liebesboots, wird ein Desaster. Estelle, in ihren asiatischen Taftröcken, rauschenden Satinroben, Riesenhüten und bestickten Seidenkimonos wie ein verirrter Falter durch die feuchte Lagunenluft torkelnd, macht einen theatralischen Selbstmordversuch. Es ist ein von Beginn an zum Scheitern verurteiltes Paar. Er, der die Ehe wohl aus einer Mischung von Gentleman's Noblesse und jenem fast kindlich-unstillbaren Bedürfnis nach Zärtlichkeit eingegangen ist, das ihm später einmal ein Arzt bescheinigen wird; sie, die in ihrer Trauer um zerschlissene Gloire und entschwundenen, von Personal umspielten Reichtum nur Geld ausgeben kann ohne Gedanken daran, woher es kommt: beide schwere Alkoholiker. Ein zerfetztes Paar – er eingesunken in die schwarzen Phantasien, aus denen er sein grandioses Werk schaffen wird; sie ertrunken in Träumen der Verlorenheit – zieht in das Gespensterhaus, wo man sich morgens im Freien unter der Pumpe waschen muß, wo der Hausherr mit einem alten Diener eine Treppe baut, Fenster einsetzt oder Holz fällt und wo die Hausfrau bald ein wenige Tage später sterbendes Kind gebiert. Die zweite Tochter Jill, geboren im Juni 1933, bedeutet das Ende der Ehe; seit ihrer Geburt berühren die Eheleute einander nicht mehr. Das ist der Moment, in dem Faulkner nach dem Strick Hollywood greift, von dem er nicht weiß, ist es das rettende Seil oder die würgende Schlinge.

Und da saß die knabenhaft schlanke, achtundzwanzigjährige blonde Schönheit im Vorzimmer des rettenden Engels namens Howard Hawks. Schon am zweiten Tag taucht er derart schwankend im Studio auf, daß zwei Assistenten des bereits berühmten Regisseurs ihn schleunigst ins Hotel schaffen.

Am nächsten Tag ist Faulkner nüchtern, munter, frisch rasiert, in der einen Hand die schmauchende Pfeife, in der anderen mehrere Blatt seines ersten Filmdialog-Entwurfs:

>»Miss Meta, ich wäre überglücklich, wenn Sie mit mir heute abend ausgehen würden.‹
Wäre es irgend jemand anderes als William Faulkner gewesen, hätte ich eine beliebige Verabredung vorgeschützt, ein Konzert, für das ich bereits Karten hätte, eine Einladung zum Tanz, Abendessen mit einer alten Dame. Aber irgendwie brachte ich es nicht fertig, diesen so angenehmen, eleganten kleinen Mann anzulügen. ›Tut mir leid‹, sagte ich und schaute ihm in seine tiefernsten braunen Augen.
›Einen anderen Abend vielleicht?‹
›Tut mir leid, Mr. Faulkner.‹
Mit einem verlegenen Lächeln, das ein ›Na gut, aber nicht für immer‹ zu signalisieren schien, deutete er eine kleine Verbeugung an, mit der er meine Ablehnung akzeptierte, und verließ das Büro.«[4]

Doch Faulkner, enerviert von Hollywood, dem leeren Geschwätz, das er auf gelegentlichen Parties mit Gary Cooper, Lilian Hellmann oder Mary Pickford über sich ergehen lassen mußte in den Prunkvillen mächtiger Produzenten, die ihre schlecht bezahlten Autoren ganz unverblümt als ›Remington-Sklaven‹ bezeichneten und deren Gattinnen beim Martini sagten: »Oh, Mr. Faulkner, können Sie mir ein oder zwei Titel Ihrer Bücher nennen?«, dieser Faulkner blieb hartnäckig. Nach wenigen Wochen hatte er gesiegt. Meta Carpenter ging mit ihm essen, er erschien mit einer weißen Gardenie in der Hand, bestellte jenen Wein für acht Dollar, jenes »Cassoulet Toulousin« und sang in ihrem kleinen Auto auf der Rückfahrt Lieder vom Mississippi und Jazzsongs aus New Orleans. Als sie endlich alleine sind, hat sich der Gentleman im Tweed in einen so rasenden Liebhaber verwandelt, daß Meta Carpenter geradezu erschrocken merkt, wie lange dieser Mann allein gelebt haben muß.

Es wurde eine wahnhafte Liebesaffäre, Faulkner beschwor sie, er müsse sie jede Nacht haben, er habe nie in seinem Leben jemanden so geliebt wie sie, er schrieb obszöne Gedichte und so sexuell-eindeutige Briefe, daß die Korrespondenz noch jetzt sekretiert ist. Er erfand erotische Spiele, taufte ihrer beider Genitalien nach Namen aus *Lady Chatterly's Lover* und beschwor die junge Frau, ihn nie mehr alleine zu lassen. Er hörte sogar auf zu trinken.

»Wir liebten uns bei offenen Fenstern, der Wind von der See blähte die Vorhänge, und das Mondlicht bleichte das Gesicht meines Liebhabers, als er hinterher entspannt und friedlich neben mir lag.

Es war das erste Mal, daß wir eine ganze Nacht für uns hatten. Keine Wecker auf dem Nachttisch, die mich zurück ins Studio trieben – ich konnte in seinen Armen dösen, und wenn ich aufstehen wollte, seinen leise gemurmelten Worten ›noch nicht, meine Liebste, jetzt noch nicht, wir haben alle Zeit der Welt‹ nachgeben. In dem fahlen Morgenlicht konnte ich das erste Mal sehen, wie der Schlaf sein Gesicht veränderte. Wie schön er war. Mit den Runzeln in der Stirn und dem streng geschnittenen Mund. Das Zeichen ›Bitte nicht stören‹ an unserer Bungalowtür wurde fast nie entfernt.«[5]

Doch der knapp Vierzigjährige ist nicht nur ein explodierender Liebhaber, der seine jahrelang ungelebte Sexualität gleich einer machtvollen Eruption über diese rasch hoffnungslos verliebte junge Frau schüttet – er ist auch der verzwackte Schriftsteller, der sich in sein kunstvoll gebautes Schneckenhaus zurückzieht, sich in verwinkelte Einsamkeit verdunkelt. Er ist auch beim Lieben Schriftsteller:

»Ich muß diese weiße Haut irgendwie beschreiben. Es ist kein ausgebleichtes Weiß, sondern sie ist überglänzt von Elfenbein und Alabaster. Noch nie habe ich eine Frau mit einer solchen Haut gesehen.«[6]

Doch William Faulkner war auch voller Argwohn gegen die eigene Sexualität:

»Ich hatte immer Angst davor, die Kontrolle über mich zu verlieren. Ich bin dann nicht mehr ich selber, bin irgendein anderer. Ich hatte lange Zeit große Schwierigkeiten mit Frauen, habe sie eigentlich nie überwunden.«[7]

Es scheint, als habe er die eigene Bisexualität, seinen so steten wie stets unerfüllt gebliebenen Traum vom Androgynen nicht begriffen. Liest man Faulkners Biographien, so sind die Beschreibungen des ›Knabenhaften‹ der immer extrem jungen Mädchen, die er liebte, bewunderte oder später hinfällig anbetend nicht mehr erreichte, kaum zu zählen – knabenhafte Figuren, knabenhaft-zarte Brüste, knabenhafte Taillen: eine Galerie jugendstiliger Zwitterwesen. Es waren künstliche Geschöpfe, doch wenn sie sich dem Bereich des Imaginativen entzogen, real wurden, gar Frauen von Fleisch und Blut, dann regte sich das Unbehagen; »Es ist bald alles vorbei«, sagte er später einmal über die heranwachsende Tochter, »das ist das Ende: Bald wird sie eine Frau sein«.[8]

Wie sollte eine junge Frau das verstehen, die sein stürmisches Begehren für Versprechen und Endgültigkeit nahm. Doch Faulkner, der nicht oft genug mit ihr schlafen konnte, schlief alleine. Er unternahm keinerlei Anstrengung in Richtung auf ein Leben zu zweit – während sie von einem normalen Leben träumte, von Kindern, dem Rührei zum Frühstück und dem Dämmerdrink auf irgendeiner Terrasse irgendeines gemeinsamen Hauses – schrieb er die obligaten »Ich vermisse Dich«-Briefe nach Hause. Streckenweise liest sich das Memoirenbuch dieser Hollywood-Liebe wie ein Hollywood-Drehbuch.

Zumindest er scheute vor keinem Klischee zurück, das jeder Ehemann der verheimlichten Geliebten kredenzt: Die Schulden, die eine Scheidung verhindern; die Frau, die ihn nicht versteht und zuviel Geld ausgibt; das geliebte Töchterchen, das einer Trennung im Wege steht; die Reputation, die für seine Arbeit notwendig ist: der Handelsvertreter im Bordell. William Faulkner macht keine gute Figur. Er verflucht die trinkende Ehefrau – und muß doch selber gelegentlich in eine Heilanstalt zum Entzug –, später wird er Estelle sogar nach New York kommen lassen, weil seine Freunde mit dem besinnungslos zwischen leeren Flaschen im Hotelzimmer liegenden, vom glühenden Heizrohr schwer Verbrannten nicht mehr fertig werden. Er spart beim Ausgehen mit der Frau, die er beschwört: »Ich möchte alles in dich hineinpumpen, was ich bin und habe«:

> »Wir trafen uns häufig, wir gingen zum Dinner aus, und wir liebten uns. Weil er hoch verschuldet war, erklärte er immer, daß er sich nicht traue, von seinen Hollywood-Honoraren mehr als eine sehr geringe Summe pro Woche abzuzweigen. Gerade genug, um möglichst preiswertes Essen und Trinken zu zahlen. Konzerte, die ich so liebte, Gesangsabende oder Theater waren zu teuer. Und zum Tanzen auszugehen kam überhaupt nicht in Frage. Ein Abend in dem berühmten Coconut Grove oder irgendeinem anderen Nachtclub waren für reichere Leute als ihn gedacht, sagte er – und außerdem tanzte er gar nicht. Kinobesuche galten als Luxus.«[9]

Aber Faulkner verdiente in den Jahren 1936 und 1937 – wenn die Bücher sich auch nicht verkauften, *Schall und Wahn* hatte bis 1946 eine Gesamtauflage von 3000 Exemplaren – etwa 20 000 Dollar im Jahr (was heute sehr grob umgerechnet etwa 230 000 Dollar entspräche).

Jeder geschickt gemachte Hollywood-Film hat drei Akte. Der erste Akt ging dem Ende zu:

> »›Wann fährst du zurück nach Oxford?‹ fragte ich ihn.
> ›Nächste Woche, vermutlich.‹ Nervös räusperte er sich.
> ›Und das muß sein?‹
> ›Ja, Ma'am.‹
> ›Also eine Woche‹ – ich mußte mich beherrschen, nicht loszuheulen. ›Das ist also alles, was für uns noch bleibt.‹

›Vielleicht einen Tag weniger oder einen Tag mehr. Je nachdem.‹

›Ma'am?‹

›Und was wird denn bloß aus uns?‹

›Du wirst mir sofort schreiben‹, befahl Bill geradezu.

›Wie denn?‹ Schluchzen würgte meine Kehle. ›Soll ich etwa auf den Umschlag schreiben: ‹Mr. William Faulkner, Rowan Oak, Oxford, Mississippi, bitte komm in fünf Tagen sofort zurück zu Miss Meta Carpenter, Hollywood, California?›‹

Die Menschen begannen, in den Zug einzusteigen. Ein Schaffner rief: ›Einsteigen, bitte!‹ Und Bill sagte: ›Geh zurück zum Studioclub, Liebste. Warte um Gottes willen nicht, bis der Zug abfährt. Ich will nicht sehen, wie du am Bahnhof stehst und mir nachschaust. Verdammt noch mal, Meta, bitte geh. Oder ich werde in diesen verdammten Zug nicht einsteigen.‹

Warum nur, wenn er mich doch liebte, hatte er nicht schon vor Wochen mit Estelle definitiv gebrochen? Was für ein Leben erwartete ihn denn dort in Oxford? Gott verdamme diese heilige Erde. Mit einer Frau, die sich in die Bewußtlosigkeit hineintrank und der man das eigene Kind nicht anvertrauen konnte. Was war das nur für eine Bindung an diese Estelle, war es Mitleid, waren es Verpflichtungen jenseits der Ehe? Ich bestrafte mich mit einer sadistisch gegen mich gerichteten Energie, indem ich laut gegen das Armaturenbrett meines Autos, gegen die durch meine Tränen wie zersplittert wirkenden Windschutzscheiben, gegen den leeren Sitz neben mir, gegen den Rückspiegel schrie: ›Dieser William Faulkner will ja gar keine Scheidung. Er will sich überhaupt nicht meinetwegen von Estelle trennen!‹«[10]

Dann kamen die Briefe. Der erste von unterwegs: »Liebste, Geliebte, o meine große, geliebte Liebe – Ich mußte kalt und still sein, als wir Good-bye sagten; hätte ich mich gehen lassen, hätte ich Dich in den Arm genommen, ich hätte den Zug nicht besteigen können.«[11] Faulkners Briefe sind oft schön, manchmal banal – »Ich denke an Deinen Mund, mein schöner, mein weißer Schwan« – und manchmal fahrlässig Hoffnung machend:

> »Eigentlich sollte ich das nicht sagen. Es gibt keinerlei neue Umstände, die das erlauben. Nichts wirklich Neues. Aber dennoch schreibe ich Dir, daß ich das Gefühl habe, bald frei zu sein. Ich weiß nicht einmal, warum ich das fühle.«[12]

Meta Carpenter wartete. Sie hatte ihn in Delirien, sich schreiend auf dem Boden wälzend gesehen – und geholfen. Sie hatte die Erzählungen über das vergötterte Töchterchen angehört – und verstanden. Sie hatte die bigotten Haßtiraden über die luxusverliebte, trinkende Ehefrau erduldet – und verziehen.

Womit sie nicht gerechnet hatte, war der Brief, der nur wenige Wochen nach seiner Abreise aus Hollywood eintraf. In dürren Zeilen teilte er mit, daß er noch diesen Sommer zurückkehre – allerdings mit Frau und Kind.

Im selben Sommer des Jahres 1936 traf William Faulkner in Hollywood ein, in einem eleganten neuen Ford, chauffiert von einem schwarzen Diener, die Familie in der teuer gemieteten Villa an den Pacific Palisades, betreut von einem schwarzen Dienstmädchen. Der erste Weg führte zu Meta Carpenter:

> »Ich spürte die jähe Erregung, mit der er sich an meinen Körper schmiegte, und hörte ihn aufgeregt wispern: ›Mei-

ne Liebste, mein langbeiniges, schönmündiges Mädchen. Ich war viel zu lange von dir weg.‹

Wir liebten uns so rasend, daß wir uns nicht einmal vollständig auszogen, und dann schliefen wir aneinandergeklammert für einen Moment lang ein. ›Es hat sich nichts geändert‹, murmelte Bill, ›gar nichts.‹

›Nein.‹

›Wir sollen es niemals zulassen, daß sich etwas zwischen uns ändert.‹

›Sind sie schon unterwegs, deine Frau und deine Tochter?‹ Traurig nickte Bill. ›Ich hab das so nicht gewollt. Ich hatte eigentlich vor, sehr rasch zu dir zurückzukommen, als mein Agent den Vertrag mit Hollywood machte. Dann wurde zu Hause alles immer fürchterlicher. Glaub mir, es war das letzte, was ich wollte, mit der Familie hier aufzutauchen. Aber ich mußte es tun.‹

Ich machte Ham and Eggs, genauso wie Bill es liebte. Obwohl ich tapfer versuchte, meine Verstörung darüber, daß Estelle hier in Hollywood auftauchen werde und damit ja in unser Leben und unsere Liebe eindringen würde, herunterzuwürgen, brachte Bill es zur Sprache: ›Bitte zerbrich dir ihretwegen nicht den Kopf.‹

›Ich will es versuchen.‹

›Nichts darf uns wirklich berühren. Nichts, was nicht ausschließlich mit uns beiden zu tun hat.‹

›Es ist nur, daß sie so schrecklich nah sein wird.‹

›Nichts als eine geographische Angelegenheit.‹

Bill schob das beiseite und schloß mich fest in die Arme. ›Ich bin kein Pantoffelheld. Ich bin, um das strikt und genau zu sagen, nur ein liebender Vater, der sein Kind beschützen will. Du glaubst mir doch?‹

›Ja.‹

Zwei Tage bevor Estelle mit der Tochter Jill ankommen sollte, klopfte er nachts an meiner Wohnungstür, und als ich
schlaftrunken aufmachte, sah ich sofort, daß er betrunken
war. ›Bill‹, sagte ich, halb im Schlaf, aber doch voller Protest, ›es ist fast vier Uhr morgens, das ist wirklich keine Zeit
für einen Besuch.‹ Seine Whisky-Fahne war abstoßend, er
stand mit glasigen Augen in der Tür, schwankend und die
Schultern rollend, als müßte er sich gegen Gespenster wehren. ›Bitte, Bill‹, sagte ich und sperrte die Wohnungstür gegen ihn. ›Bitte, Bill, geh schlafen und ruf mich morgen an.‹
›Meta, ich liebe dich.‹ Die Tür fiel ins Schloß, und ich drehte den Schlüssel zweimal um. Ich hörte ihn davonwanken
und wie er mit vollem Gewicht in ein Gebüsch torkelte, wo
er sich übergab; und ich dachte: ›Mein Gott, was habe ich
getan. Das ist doch William Faulkner, ich habe ihn rausge-
worfen.‹

Kurz vor der Mittagessenzeit traf ein Bote bei mir im Büro
auf dem Studiogelände ein, der mir einen kurzen Brief
überbrachte. – Ich sei geradezu quälend in seinem Blut und
in seinen Knochen und in seinem Leben: ›Meta, Meta, geliebte, kostbare, sehr, sehr, sehr geliebte. Ich möchte Dir gute Nacht sagen, und ich möchte Dir diese Worte in Deine
Hände legen und in Dein Herz pflanzen.‹

Nun hatte ich ja in unserer letzten Liebesnacht ganz erfolg-
reich versucht, Estelle außen vor zu halten, aber sie schlich
doch in meine Gedanken und Gefühle ein. Auch Bill war
nervös, reizbar sogar, und ich war deprimiert. Dann sagte
er, er könne mich in den nächsten vier oder fünf Tagen nicht
sehen, aber wenn erst mal alles arrangiert sei, wenn seine
Frau und seine Tochter eingezogen und eingerichtet seien,

würde er schon Mittel und Wege finden. ›Du mußt es mit mir tragen, Meta.‹ So bedrängte er mich, und ich versuchte, das gelassene und brave Mädel zu sein, wie es Hollywood in diesen 30er Jahren in zahllosen Filmen uns vorgaukelte: Ich würde warten, tapfer und ungerührt, und ich würde lächeln, und ich würde geduldig sein. Es war dann Bill, der es so lange Tage nicht aushalten konnte und hereingestürmt kam und sagte: ›Ich mußte dich einfach sehen. Ich kann allerdings nur ein paar Minuten bleiben, denn ich muß zu ihnen zurück ins Hotel.‹

›Aber du dachtest doch, wir werden uns erst nächste Woche sehen können.‹ Er lachte, so wie es grauhaarige Südstaaten-Gentlemen gelegentlich tun. ›Laß uns ein Stück spazierengehen.‹ Wir gingen langsam und schweigend den Sunset Boulevard hinunter. Als wir uns verabschiedeten, umarmte ich ihn heftig. ›Bill, wie werden wir uns und wo nur in der nächsten Zeit sehen?‹ Meine Stimme versagte fast. ›Du hier mit Frau und Kind, zu denen du als braver Ehemann jeden Abend nach der Arbeit im Studio nach Hause gehst.‹

›Meta‹, er schaute mir tief in die Augen. Es schien eine endlose Weile, dabei war es nur eine Sekunde, bis er ganz sanft sagte. ›Ich verspreche es dir. Ich finde irgendeine Möglichkeit.‹ Es brach aus mir heraus, bevor ich mir überhaupt klar machen konnte, wie sehr ich ihn verletzte: ›Bill, meine Hoffnung verläßt mich. Sie rinnt mir aus den Händen und durch die Finger wie Wasser.‹ Dabei hoffte ich, das Geräusch der vorbeisausenden Autos hätte meine Worte verschlungen. Aber er hatte mich gehört. Er öffnete den Mund und leckte mit der Zunge über die Lippen, erregt und verärgert.

›Wie lange muß ich denn noch warten, bis sie dich endlich freigibt?‹ brach es aus mir heraus. Und ich konnte meine Ungeduld nicht mehr zügeln. ›Oder wird sie dich überhaupt niemals gehen lassen?‹ Bill starrte mich an, drehte sich abrupt auf dem Absatz herum und ging zu seinem Wagen. An der Autotür blickte er zurück, versunken und nachdenklich. Und dann fuhr er, rasend schnell den Wagen startend, davon.«[13]

Der zweite Akt des Dramas beginnt, schon nicht mehr frei von Farce und Schmiere. Kurz nachdem das luxuriöse Haus bezogen ist, besteht Faulkner darauf, daß Meta Carpenter – als Camouflage zusammen mit einem eingeweihten Freund – das Ehepaar Faulkner zu einem Dinner besucht; was erstaunlicherweise die offenbar fast hypnotisierte Meta Carpenter akzeptiert, wenngleich sie selber nachsinnt, ob ihr Liebhaber damit wohl eine tiefeingewurzelte Morbidität, einen genießerischen Sadismus befriedigen will. Als habe er sich die Rolle geschrieben, öffnet Faulkner die Tür, mixt kühl die Drinks, macht die beiden Frauen miteinander bekannt, und Meta Carpenter stellt nicht ohne Genugtuung fest:

»Sie war eine kleine graue, ausgewrungene Frau in einem undefinierbaren Kleid. Wenn sie jemals schön gewesen sein sollte – und sie muß ja von einer gewissen Schönheit gewesen sein, zumindest, als sie ihren ersten Ehemann an sich band –, waren davon kaum noch Spuren zu entdecken. Dieser erste Eindruck wirbelte in meinem Kopf herum, die Entdeckung, daß sie eine blasse, traurige, verwüstete Kreatur war.«[14]

Der Abend, an dem Estelle ihren Mann neckisch »Billy« nannte und davon plauderte, daß er ihr nun das Schreiben beibringe, war gespenstisch. Die Folgen waren es auch. Als kurz darauf William Faulkner seiner Frau die Wahrheit beichtet, bekommt sie einen hysterischen Anfall, droht, sich aus dem Fenster zu stürzen, beißt, kratzt ihn blutig, wirft eine wertvolle Puderdose aus dem Fenster und verlangt sein Versprechen, »deine Miss Carpenter nie mehr zu sehen«. »Nein, das werde ich dir nicht versprechen«, entgegnet er ihr diesmal mannhaft, »ich liebe diese Frau, und ich werde sie weiter sehen.« »Dann vergiß nicht«, schreit die empörte Estelle, »daß wir im 20. Jahrhundert leben. Du kannst deine Miss Carpenter behalten – aber ich werde deinen Namen behalten bis an meines Lebtags Ende.« Sie drohte, seinen gesamten Besitz und das Pflegerecht an der Tochter an sich zu nehmen. Am nächsten Tag kaufte sie eine 125-Dollar-Robe und zerschnitt sie vor seinen Augen. Dialogschreiber William Faulkner – er betrat mit den Worten »Dies ist Estelles Handschrift« auf sein zerkratztes Gesicht weisend Metas Wohnung und wischte sich das Blut in ein Taschentuch – begann ein Abschiedsgespräch:

»›Ich glaube, sie wollte mich umbringen; oder sich. Immer bisher‹, sagte Bill vollkommen hoffnungslos, ›habe ich dir gesagt, daß ich ein Licht am Horizont sehe. Das ist erloschen. Ich werde nicht frei sein, Meta. Ich weiß jetzt, daß ich ganz bestimmt nicht freikomme. Nicht für eine sehr, sehr lange Zeit.‹ Ich starrte ihn fassungslos an. ›Willst du mir sagen, wir haben keine Chance? Es gibt überhaupt keine Hoffnung, daß wir je zusammen leben können?‹
›Keine‹, sagte Bill still. ›Keine, Ma'am. Zumindest nicht, solange bis Jill alt genug ist, um vor Gericht zu erscheinen

und vor einem Richter auszusagen, daß sie nicht weiter mit ihrer Mutter, sondern lieber mit ihrem Vater leben will.‹

›Aber wann wird das sein?‹

›Vermutlich nicht, bevor sie zwölf Jahre alt ist. Das wird wohl das jüngste Alter sein, in dem sie ein solches Urteil selber fällen kann.‹

›So lange?‹

Alles Vertrauen, das mich aufrechterhalten hatte, zerrann zu Wasser. Das ganze Gebäude von Hoffnung, das ich errichtet hatte, brach zusammen. ›Großer Gott, Bill, das sind ja noch zehn Jahre, oder fast.‹ Tödliche Stille. Endlos. Dann kam sein ›Ja, so ist es‹.

Irgendwie ließ Faulkner mich in dieser Nacht in der kurzsichtigen, dickköpfigen Erwartung, daß es irgendwie doch noch weitergehen könnte. Es war ja auch für ihn eine ausweglose Situation, die ungeliebte Arbeit im Hollywood-Studio von morgens früh bis abends, um dann am Abend eine giftige Ehefrau in verwahrlostem Zustand aus ihrem Schlafzimmer hervorschwanken zu sehen und ein kleines Töchterchen, das er vor der vergifteten Atmosphäre im Hause bewahren wollte. Bohrend und allmählich wurde mir in meiner Schlaflosigkeit klar, daß meine Liebesbeziehung zu William Faulkner zu Ende ging. Eine giftige Spinne hatte diesen seidenen Traum verspeist. Gewiß hätten andere Frauen in meiner Lage den Mann auf irgendeine Weise zur Scheidung gezwungen und von ihm erwartet, daß er den Preis dafür zahlt. Doch ich hatte diesen Killerinstinkt nicht. Keine Spur davon.

Ich konnte mit der Situation nicht länger umgehen. Ich wurde nicht mehr damit fertig, eine, wie wir es seinerzeit nannten, Hinterhoffrau zu sein, Anhängsel von eines verheirateten Mannes Leben. Bill war in einer Sackgasse, aber ich auch. Ich konnte diese endlosen zehn Jahre nicht warten, bis vielleicht oder nicht eine zwölfjährige Jill irgendeinem huldvollen Richter erklärte, daß sie lieber mit ihrem Vater als mit ihrer Mutter aufwachsen möchte; oder auch umgekehrt. Ich würde dann weit über 35 sein, mein vierzigster Geburtstag nur einen Lidschlag entfernt. Wir hatten unsere Möglichkeiten ausgeschöpft, Bill und ich. Steinerne Mauern wuchsen um uns. Am Morgen war meine Entscheidung gefallen, mit William Faulkner zu brechen.«[15]

Um die bildschöne junge Meta Carpenter hatte sich seit langem der in Hollywood gastierende deutsche Pianist Wolfgang Rebner, Sproß einer schwerreichen jüdischen Frankfurter Familie, beworben; sie hatte ihn stets abgewiesen. Jetzt kam seine Chance. Sie war eine sehr weibliche Frau, wollte heiraten, ein Heim, Kinder – und sie, die wenig von Nazi-Deutschland, Hitler und dem drohenden Schicksal der deutschen Juden in ihrer Hollywood-Welt wußte, gab seinem Drängen nach.

Faulkner, dem sie von ihrer bevorstehenden Heirat erzählt hatte, wünschte ihr Glück; aber ganz gab er nicht auf.

»›Ich gehöre zu dir, Ma'am. Ich fühle einfach, daß du zu mir gehörst und immer zu mir gehören wirst. Ich muß jetzt zurück ins Studio‹, sagte er, fummelte in seinen Taschen nach dem Geld für den Kellner und vermied es, mich anzusehen. Am späten Nachmittag rief er mich an. ›Laß uns zu dir gehen‹, sagte er.

›Nein.‹

›Nein?‹

›Ich schlafe mit dir nicht mehr.‹ Suchend blickte er mich

an. ›Wenn ich das so sage, Bill, dann meine ich es auch. Ich bin jetzt mit Wolfgang verlobt, und ich werde ihn heiraten.‹

›Aber er ist weit weg, irgendwo, Tausende von Meilen.‹

›Das macht doch keinen Unterschied.‹

›Und ich bin hier.‹

›Das weiß ich wohl, und das macht es für mich nicht einfacher.‹

Bill mokierte sich. ›Mir scheint, du lebst in einem romantischen Traum.‹

›Nenn es, wie du willst. Aber ich geh nicht mehr mit dir ins Bett.‹

›Nicht einmal ein letztes Mal?‹

›Nein.‹[16]

Es beginnt die Höllenfahrt der Meta Carpenter. Nach ein paar Monaten, die sie noch einmal als Sekretärin für Howard Hawks arbeitet, der gerade einen Film mit Katharine Hepburn und Cary Grant dreht, heiratet sie Wolfgang Rebner. Sie reisen nach Deutschland. Das riesige Stadtpalais seiner Familie, regiert von einer so herrischen wie störrischen Großmutter, die über ein Heer von Dienstboten und Chauffeuren zu regieren gewohnt war, gleicht einem Gespensterhaus. Draußen marschiert die SA. Drinnen ist niemand mehr. Wer es irgend geschafft hat von Freunden und Familienmitgliedern, ist ins Ausland geflüchtet. Das große Vermögen ist beschlagnahmt. Meta Carpenter findet sich in einem Horrorfilm – ihr Mann wird aus seinem Lieblingslokal gewiesen, die Großmutter darf nicht auf den Bänken des Parks sitzen, den ihr Mann der Stadt Frankfurt gestiftet hat, Meta wird – kenntlich an Kleidung wie Make-up als Amerikanerin – angepöbelt. Das junge Ehepaar flüchtet nächtens über Holland zurück nach New

York, wo der nun gänzlich mittellose Pianist vergebens auf eine Konzertkarriere hofft, statt dessen als mies bezahlter Begleiter von Starsolisten mit ihr in immer kümmerlichere Quartiere ziehen muß; ein frühmals verwöhnter, lebensuntüchtiger, nun greinend-deprimierter Flüchtling unter Abertausenden. Gelegentlich taucht William Faulkner in New York auf, zunehmend berühmt, zunehmend zerstört, noch immer ein vielgepriesener, doch kaum gedruckter Schriftsteller, grauhaarig inzwischen, aber nach wie vor mit jenem glutvoll sengenden Blick, mit dem er Meta Carpenter zu verzehren scheint, wenngleich er fast kumpelhaft befreundet tut mit dem Mann, den er, wie sich bald herausstellt, in Wahrheit an ihrer Seite nicht akzeptiert.

Die Ehe wird in der Mühle der Exil-Misere zermahlen. Meta flieht in einem jähen Entschluß zu ihren Eltern nach Arizona – sie unterbricht aber die Reise in New Orleans: für eine rasende Nacht mit William Faulkner, der sich auf und in sie stürzt wie ein Ertrinkender. Immer wieder spricht er wie in Trance die eigene Zeile aus *Wilde Palmen:* »Zwischen Gram und Nichts entscheide ich mich für den Gram.« Es ist ein Taumel von Liebesgestammel und entfesselter Sexualität – und es ist ein verschlingender Strudel, der beide noch einmal an entfernte Ufer schleudert; keine Lösung für keinen. Er kehrt zurück zu Estelle nach Oxford, sie kehrt zurück zu Wolfgang Rebner nach New York. Meta reicht die Scheidung ein. Sie lebt wieder in Hollywood, das trotz der Kriegszeiten boomt. Sie avanciert zum Script-Girl und arbeitet für Bette Davis. Und die Zeit der Briefe beginnt wieder. Briefe wie Hilferufe. In ihrer groben Obszönität oft mehr Onanier-Spiegel denn Ausdruck der Sehnsucht nach dem anderen: »Ich wiege jetzt 129 Pfund, und die will ich alle auf Dich stürzen – und so viel in

Dich hineinstürzen, wie ich nur kann, kann, kann, kann, muß, muß, will, will, werde.« Der alte Magnetismus funktioniert. Und die alte Hoffnung flackert auf: vielleicht doch wieder Hollywood, vielleicht doch wieder ein Studiovertrag, vielleicht doch wieder Meta:

> »Eines Samstag abends, die Dämmerung war schon hereingebrochen, parkte ich meinen Wagen vor dem Haus – und da saß Bill. Die Füße übereinandergeschlagen, auf der Treppe zu meinem Apartment, sein Gepäck neben sich.«[17]

Der dritte Akt des Dramas ist Wiederholung – alles dasselbe, doch alles etwas blasser. William Faulkner – inzwischen gerühmt und anerkannt als einer der Großen der Weltliteratur zwischen Tokio und Paris, wo Jean-Paul Sartre ihn bald »unseren Gott« nennen wird – ist in den Fängen der Familie, des immer mehr erweiterten, immer mehr Geld verschlingenden Besitzes und strangulierender Filmverträge, für die er nur mehr 300 Dollar pro Woche bekommt, ein Bruchteil des Honorars von 1936. Doch auch die Liebe zwischen William Faulkner und Meta Carpenter ist Wiederholung:

> »Wir hatten unsere Beziehung wiederaufgenommen, als habe sich nicht Zeit dazwischengedrängt, als seien wir beide trotz der vergangenen Jahre unverändert, aber fast sofort wurde uns beiden klar, daß es nicht mehr dasselbe war und daß es nie mehr so sein könnte, wie es einmal war. Es war zuviel Zeit verstrichen. Keiner von uns beiden war mehr, was er einmal gewesen war. Ich war nun eine Frau, die auf eigenen Füßen stand, die selbständig durch die Welt ging, die ihre Probleme selber zu lösen wußte; nicht mehr abhän-

gig, nicht mehr unbehütet, nicht mehr ergeben. Ich war herausgewachsen aus der Zeit von niedlichen Puppen und Haarschleifen und Gummienten für meine Badewanne. Als ich damals mich in Faulkner verliebte, hatte ich die vernünftige, wenn auch etwas einfältige Erwartung, daß wir eines Tages heiraten würden. Jetzt hatte ich keinerlei Erwartung mehr. Ich bat um nichts und erwartete nichts, als daß wir uns liebten. Er war mein Liebhaber, das war nicht genug, aber ich machte es mir so zurecht, daß es für mich genug war.«[18]

Nur eines ist keine Wiederholung, sondern Steigerung: das Trinken. Noch ist es nicht die Zeit, zu der er nach einem Flug bei der Landung in Kairo auf einer Bahre aus der Maschine getragen wurde, nachdem ein Passagier zu seinem Entsetzen gesehen hatte, wie Faulkner 23 Martinis hintereinander in sich schüttete, und noch ist nicht die Zeit, in der er zu Lauren Bacall sagen wird: »Ach ja, mit einem Martini fühle ich mich größer, weiser, mächtiger, und mit zwei kommt der Superlativ – ich bin der Größte, Weiseste, Mächtigste. Aber nach dem dritten gibt es kein Halten mehr.«[19]

Aber bei drei Martinis bleibt es schon jetzt, 1942 in Hollywood, nicht mehr.

Faulkner verbringt den größten Teil des Jahres 1943 in Hollywood, gelegentlich von Meta Carpenter fürsorglich in einer Entziehungsanstalt in Cahuenga bei Yucca untergebracht, gelegentlich wieder bei der Familie auf Rowan Oak. Anfang 1944 erhält er das Angebot zum Umschreiben von Hemingways Roman *Haben und nicht Haben*, den Howard Hawks mit Huphrey Bogart in der Hauptrolle verfilmt – und an dem Meta Carpenter mitarbeitet.

Nach sechs Monaten Unterbrechung war Faulkner wieder da, die letzte Wiederholung beginnt:

»Während ich in Faulkners Armen lag, stellte ich mir vor, wie es wohl für Kriegsbräute gewesen sein muß, wenn ihre jungen Männer nach jahrelanger Abwesenheit wieder mit ihnen schliefen. Diese explosionsartige Erleichterung nach einer so langen Abstinenz, vermutlich eine seltsame Scheu und dann doch Initiative und Stürmischkeit.«

Es war die große Romanze, ein Liebesfilm in drei Akten. Und als die allerletzte Spule der Wiederholung sich drehte, war es eine Wiederholung zuviel:

»An einem Wochenende trafen wir uns zu einem späten Abendessen, und Bill faßte endlich den Mut, mir zu sagen, was er mir wochenlang verschwiegen hatte. ›Carpenter, ich bringe Estelle und Jill für den Sommer hierher. Sofort wenn Jills Ferien beginnen.‹

›Für wie lange?‹

›Den ganzen Sommer über.‹

Er knallte sein Glas auf den Tisch. ›Ich habe bereits für die Familie ein Haus gemietet. Es macht überhaupt nichts aus, daß sie hier sind‹, sagte Bill. ›Zwischen uns kann alles so weitergehen wie bisher.‹

›Bill, ich erinnere mich gut genug daran, wie es das letzte Mal war. Ich bin nicht bereit, das noch einmal mitzumachen. Dazusitzen und auf dich zu warten, wann du dich eventuell in der Nacht davonstehlen kannst. So lange auf das Telefon zu starren, als würde es davon anfangen zu klingeln und deine Stimme zu mir zu tragen. Nein, Bill.‹

›Ich lebe nicht mit meiner Frau. Ich schlafe nicht mit ihr.‹

›Das macht die Sache nicht besser.‹

Er war sehr nachdenklich, als ich ihn in meinem Wagen in sein Hotel brachte. In seinem Sitz zusammengekauert, die Hände zwischen den Beinen verknotet. ›Es ist noch früh‹, sagte er, ›komm doch noch mit mir rauf.‹

›Nein, ich denke nicht daran.‹

›Du willst offenbar wirklich nichts mehr mit mir zu tun haben.‹

›Gute Nacht, Bill.‹

Als ich in der Wohnung ankam, klingelte das Telefon. ›Meta, ich habe nachgedacht.‹ Ich wußte jetzt schon, was kam. ›Ich sehe wirklich keine Möglichkeit, mein Versprechen zu brechen.‹

›Das wär's dann wohl.‹

›Ja, Ma'am.‹

Ich hielt den Hörer weit weg von meinem Ohr, damit seine Stimme entfernt, leise und liebevoll klingen sollte. ›Ich weiß, Meta, daß du nicht mehr mit mir schlafen willst. Aber können wir uns nicht trotzdem weiter sehen? Eben ohne miteinander zu schlafen.‹

›Nein, Bill.‹

›Nicht in deiner Wohnung. Nur gelegentlich ein paar Drinks. Oder ein Abendessen oder irgend etwas.‹

›Bill, ich glaube wirklich, es ist besser, wir sehen uns nicht mehr. Nie mehr.‹

›Meta, Geliebte, was ist nur in dich gefahren?‹

›Ich kann das nicht mehr aushalten. Bitte. Du mußt von jetzt ab deiner Wege gehen, und bitte laß mich meine Wege gehen.‹

Sehr langsam legte ich den Hörer auf und hörte ihn noch

protestieren, bevor der Klick die Leitung unterbrach. Eine Stunde oder auch zwei saß ich bewegungslos im Dunkeln. Dann wanderte ich ziellos durch die Wohnung. Wie in einem Nebel. Nahm sinnlos irgendwelche Dinge in die Hand, starrte an die Wand. Weinen konnte ich nicht mehr. Es war zu Ende.«[20]

Quellen

Alle Hinweise auf die Romane von William Faulkner beziehen sich auf die fünfbändige, im Diogenes Verlag erschienene Werksausgabe.

1   William Faulkner: Die Freistatt, S. 27
2   Meta Carpenter, Orin Borsten: A Loving Gentleman. The Love Story of William Faulkner and Meta Carpenter. Simon and Schuster, New York, 1976, (Übersetzung: Fritz J. Raddatz) S.15
3   ebd., S. 22
4   ebd., S. 21
5   ebd., S. 81, 79
6   zitiert nach Stephan B. Oates: William Faulkner. Sein Leben. Sein Werk. Diogenes Verlag, Zürich, S. 220
7   Carpenter, S. 62
8   zitiert nach David Minter: William Faulkner. His Life and Work. The John Hopkins University Press, Baltimore and London, 1980 (Übersetzung: Fritz J. Radatz), S.203
9   Carpenter, S. 60
10 ebd., S. 85, 87–90
11 ebd., S. 96
12 ebd., S. 104
13 ebd., S. 164–167
14 ebd., S. 173
15 ebd., S. 186
16 ebd., S. 189–192
17 ebd., S. 276
18 ebd., S. 283
19 zitiert nach Minter, S. 230
20 Carpenter, S. 300–303

Ein Dichter soll Spuren hinterlassen, nicht Belege

MARGUERITE YOURCENAR

Sie stammte aus dem saturiert-konservativen französischen
Provinzadel – doch Mademoiselle de Crayencour, ein mutter-
los aufgewachsener Backfisch, frönte früh der Lust nach der
verbotenen Lust, in den Pariser Tearooms »Le Thé Colombin«
oder »Le Wagram«, in denen Frauen verkehrten, die an Frau-
en interessiert sind; sie war mit James Baldwin befreundet,
schrieb einen Essay über Mishima, übersetzte Henry James
und Virginia Woolf (in deren Tagebüchern sie mit dem leicht
herablassenden Notat »Übersetzerin kommt. Madame oder
Mademoiselle Youniac« vorkommt)[1] –, aber sie brannte vor
Ehrgeiz, eine eigenständige Schriftstellerin zu werden – »Als
Kind wünschte ich Ruhm«, wird sie dem Fernsehjournalisten
Pivot sagen[2]; sie führte, 1903 in einem Brüsseler Stadtpalais
geboren und auf dem Herrschaftssitz Mon-Noir im Norden
Frankreichs von Zofen und Domestiken erzogen, ein unstetes
Leben in den Hotels der Côte d'Azur, Roms oder Griechen-
lands – aber sie lebte mit der amerikanischen Lebensgefährtin
Grace Frick fast vier Jahrzehnte im Holzhaus auf einer einsa-
men Insel weit draußen vor der Küste von Maine, wo sie ihr
eigenes Brot buken und in ihren handgewebten Röcken die

Dorfbewohner entsetzten; sie beschrieb die eigene Geburt leidenschaftslos wie ein Gerichtsreporter eine Bluttat – der lange Abend jedoch, an dem sie mit dem geliebten Vater Michel an den Buchstaben ihres Familiennamens herumspielte, um schließlich das Anagramm Yourcenar zu gebären, wird zur Geburtsstunde einer der bedeutendsten Schriftstellerinnen des 20. Jahrhunderts, die schließlich – unerhörtes Ereignis – als erste und bislang einzige Frau in die Académie Française gewählt wird. Böse Zungen behaupten, man habe ihr – dem Ritus entsprechend, demzufolge ein neues Mitglied das Wort des *Dictionnaire de la langue française* kommentieren muß, bei dem man angekommen ist – die Vokabel »gousse« zugeteilt, ein Argot-Wort für »Lesbierin«; in Wahrheit aber – so erzählt der Dichter, der ihre Kandidatur am emphatischsten unterstützte, Jean d'Ormesson – hatte man etwas gemogelt und ihr statt des fälligen »follette« (»Dummchen«) den Begriff »follement« (»wahnsinnig«) zur Interpretation gegeben.[3] Das war ihr gemäß. In einem Gespräch über ihren Hadrian-Roman hat sie bekannt: »Ich glaube, daß es zur Ausformung eines Geschicks fast immer einer Anwandlung von Wahn bedarf.«[4]

Tatsächlich ist Marguerite Yourcenars Werk eine permanente Grenzüberschreitung. Sie kartographiert die gezogenen Linien einer überkommenen Moral neu. Es geht weniger um Sitte und Anstand. Vielmehr geht es um die Selbstbestimmung des Menschen, der seinem eigenen Codex folgen soll. Daraus ergibt sich ein der Literatur von Marguerite Yourcenar ganz eigenes Problem: das Ineinanderzwirnen autobiographischer Elemente mit fiktionalen. Nicht zufällig ist einer ihrer literarischen Heroen André Gide, der das Auseinanderklaffen der eigenen Existenz zur Kunst band. Bei der Nachricht seines Todes, gesteht sie in einem Brief Joseph Breitbach, habe sie die ganze Nacht, wie in einer Art Totenwache, an sein Werk und an sein Leben gedacht.[5]

Die Bücher dieser Frau, die viele Lebensdaten fälschte, die große Teile ihrer Korrespondenz sekretierte, die am Ende ihres Lebens nächtelang Papiere im Kamin verbrannte, sind ein schwer aufzulösendes Mäander aus offenkundig Selbsterlebtem und einer hineingespiegelten Wunschbiographie. André Gides Tagebucheintragung vom 3. Januar 1892 muß ihr vertraut gewesen sein:

»Das Leben eines Menschen ist sein Bild [...] Man kann also sagen, und ich sehe dies als die sozusagen Kopf stehende Aufrichtigkeit (des Künstlers): Er soll nicht sein Leben so erzählen, wie er es gelebt hat, sondern es so leben, wie er es erzählen wird. Anders gesagt: Das Portrait, das sein Leben sein wird, soll sich mit dem idealen Bild decken, das er sich wünscht; und noch einfacher, er soll der sein, der er sein möchte.«[6]

Es gibt zahllose Äußerungen von Marguerite Yourcenar, in denen sie sich verwahrt gegen das simple Rückkoppeln eines literarischen Texts zu Lebensfakten, in denen sie – mit Aragon – die Wahrheit der Lügen verteidigt – und es gibt zugleich einen unschwer aufzufindenden Leitfaden durch ihren Märchenwald, einen ständig variierten Motivstrang, der ganz unmittelbares Echo ihres Lebensklanges ist: die männliche Homosexualität. Vom Erstlingsroman *Alexis* zum Hauptwerk *Hadrian*, von der Erzählung *Der Fangschuß* zum Roman *Die schwarze Flamme* – was wir lesen, ist eine gigantische Prosaparaphrase von Flauberts Satz an Louise Colet während der Arbeit an Ma-

dame Bovary: »Heute war ich sowohl Mann wie Frau, Geliebter und Geliebte zugleich.«[7]

Keineswegs gleicht es einem unerlaubten Palimpsest-Schöpfen, wenn man Lebensdetails von Marguerite Yourcenar in ihren Büchern aufspürt; sie hat sie nämlich selber aufgeschrieben. In ihrem Berichtbuch *Liebesläufe* schildert sie das »Erwachen der Sinne, unserer künftigen Tyrannen«, ihr erstes, fast noch kindliches Begehren nach einer Frau, mit der sie zu Beginn der Flucht vor den Deutschen des Ersten Weltkriegs das Londoner Bett teilt; diese Schilderung wird, in der Rückerinnerung, gänzlich im Prosastil der bereits avancierten Schriftstellerin überhöht:

> »Wer wird von den Intermittenzen der Sinne sprechen und vor allem von denen der Begierden, die von den Unbedarften als widernatürlich empfunden werden, das heißt meist als künstlich erworbenes Laster, oder aber im Gegenteil, als dauerndes und unseliges Verhängnis, das im Fleisch bestimmter Menschen angelegt ist? Meine Begierden sollten erst Jahre später wirklich erwachen, und dann, ebenfalls jahrelang abwechselnd wieder verschwinden und zwar jeweils so radikal, daß ich sie vergaß.«[8]

Nun schließt Marguerite Yourcenar aber an diese Szene eine andere an, und es ist nicht der Leser oder der Interpret, der sich der Indiskretion schuldig macht; diese – an eine vergleichbare Stelle in den Tagebüchern von Virginia Woolf erinnernde – Verführung der circa Vierzehnjährigen durch einen Cousin, zugleich das wonnevolle Ertasten »der Topographie eines Männerkörpers«, ist direkte Vorwegnahme eines doppelten Impulses des Werks der Marguerite Yourcenar: Sie reißt mit trotziger Aufklärungsgebärde überkommene Wertvorstellungen ein, und sie gönnt sich eine gefährliche Feier der Schönheit. Zum einen dient ihr die heikle Begebenheit als Protest

»gegen die Hysterie, die heutzutage der geringste körperliche Kontakt zwischen einem Erwachsenen und einem noch nicht oder kaum geschlechtsreifen Kind auslöst. Gewalt, Sadismus (auch wenn er keinen unmittelbar ersichtlichen Bezug zur Sexualität hat), fleischliche Begierde sind abscheulich, wenn sie sich gegen ein wehrloses Wesen richten; oft kann dadurch ein Leben in eine falsche Bahn gelenkt oder in seiner Entwicklung gehemmt werden, ganz abgesehen von der Zerstörung der Existenz des Erwachsenen, der häufig zu Unrecht beschuldigt wird. Ein behutsames Heranführen an gewisse Aspekte des Sinnenspiels muß dagegen nicht immer unheilvoll sein; manchmal bedeutet es einen Zeitgewinn.«[9]

An das Ende dieser bekenntnishaften Szene setzt sie dann ihr Credo von der Idee der Schönheit, Gradmesser aller Lust, Ziel jeglicher Körperlichkeit, Voraussetzung sinnlicher Erfüllung:

Sie gehörte untrennbar zu den glatten Torsi der griechischen Statuen, der goldenen Haut des Leonardischen Bacchus, dem jungen russischen, auf einer Schärpe hingestreckten Tänzer.[10]

Dies ist eine – wenn nicht die – zentrale Kategorie für Marguerite Yourcenars ästhetisches System; und es ist die zentrale Gefährdung ihrer ästhetischen Produktion. Ihre Vorstellung, ihre Darstellung der Männerliebe hat ausnahmslos etwas Zier-lich-Zärtliches, ist dekorativ statt existentiell. In keinem einzi-gen Text von ihr gibt es überhaupt »Männerliebe«, so darun-ter ein Miteinander zweier erwachsener, gleichberechtigter Partner verstanden wird. Es gibt auch keine Verwüstungen, Abgründe – nicht die schwarzen Spiegel eines Jean Genet, nicht das erlittene Außenseitertum eines James Baldwin, nicht die ungeschönte Not, und koste sie die Krone, eines Christo-pher Marlowe. Die beleidigten Qualen von Balzacs Vautrin; die soignierten Finsternisse von Prousts Charlus; das in tau-send Spiegelscherben zerscherbte »Ich« des Witold Gombrowicz – das suchen wir hier vergebens.

Es gibt ein in allen Büchern variiertes Modell: der gesell-schaftlich Hochstehende – ob Baron, Künstler oder Kaiser – leistet sich den Knaben; der bekommt nie eine Physiognomie bei Marguerite Yourcenar. Er hat wenige Voraussetzungen zu erfüllen: sehr jung, sehr schön, sehr anschmiegsam-dienend. In ihrem ersten Roman *Alexis*, 1929 nach Ablehnung des Ma-nuskripts durch den Verlag Gallimard (andere Quellen besa-gen, ihr Brief sei unbeantwortet geblieben) bei Sans-Pareil er-schienen, von Vater Michel nach seinem Prinzip, nichts Menschliches dürfe einem Menschen fremd sein, noch kurz vor seinem Tod gutgeheißen und von der Autorin mit dem Satz »Daß ich die geheimsten Regungen Alexis' nachvollzog« adoptiert, ist die Briefbeichte eines genialen Musikers an sei-ne Frau, der er nun mit dem rohen Satz »Ich liebte Sie nicht« seine geheimen Neigungen gesteht[11] – Neigungen eben, die er der »glühenden Bewunderung für die geheimnisvolle Schönheit der Körper« zuschreibt, die ihm »wie jeder Körper in der Hingabe einen Abglanz der ewigen Jugend« enthül-len[12]. Solche verzärtelten Sätze – »Wie ein Leichnam auf dem

Kamm der steigenden und fallenden Wogen schwamm ich auf den Wellen meiner Arpeggien«[13] – enthüllen etwas ganz anderes: ein gesellschaftliches Oben-unten-System, das Marguerite Yourcenars Plädoyer, ein Mann dürfe wie eine Frau empfinden, zwiespältig macht; es ist der elegante Bürger, der nach gelungenem Klavierspiel auch schon mal die eigenen Hände küßt, dem verborgene Küsse mit anonymen Knaben zugebilligt werden: »Ich hatte kein Ziel, es war nicht meine Schuld, daß ich an jenem Morgen der Schönheit begegnete.«[14] Der diese verworfenen wie verborgenen Schönheiten genießt, ist stets ein verheirateter Mann, Vater auch, der sich »das andere« leistet. Auch dies ein seltsames Symptom in Leben und Werk von Marguerite Yourcenar – sie selber hat ja von ihrer frühen, fast fanatischen Jugendliebe zu André Fraigneau, dem homosexuellen Lektor ihrer frühen Texte, bis zu Jerry, dem Begleiter ihrer letzten Lebensjahre, dem sie noch im Aids-Elend zur Seite stand, geradezu hartnäckig darauf bestanden, daß homosexuelle Männer – gleichsam: wenn sie nur wollen – mit Frauen leben mögen und können.

Daß dies kein unerlaubter Rückschluß von der Vita zum Text ist, dafür zeugen nicht nur die Sätze ihres Nachworts zu *Alexis*:

»All diese Einzelheiten gehen zurück auf die Erinnerung an einen jungen Menschen, den ich in den Jahren meiner Kindheit flüchtig kannte und dessen Geheimnis ich ahnte. Wie in den meisten Romanen dieser Art, sind auch in meinem Alexis eigne wie fremde Erfahrungen, unmittelbare wie durch die Erinnerung umgewandelte Gegebenheiten und selbsterlebte wie nur aus der Distanz des Zuschauers miterlebte Erschütterungen verarbeitet.«[15]

Sie gibt vielmehr in dem autobiographischen Erinnerungs-
buch *Liebesläufe* ganz unumwunden das Modell für *Alexis* frei,
gibt Bericht von der Scheinehe einer mit ihrer Familie befreundeten Frau, die »sich als Tarnung für etwas hergibt, was
die gute Gesellschaft seiner Zeit, ja, die Gesellschaft überhaupt, nicht beim Namen zu nennen wagt«[16].

Mehr noch – sie verleiht dieser Frau nicht nur das eigene
Konzept – »Aber ihr erschienen sexuelle Vorlieben immer als
eine Mischung aus Fügung und freier Wahl«[17] –, sondern sie
grundiert ihre fiktive Alexis-Figur, führt sie, mit exakt denselben Bildern, Metaphern und auch Ausschmückungen zurück
auf eine reale Gestalt, einen Mann ihres Bekanntenkreises, der
weiß, »wo sich in diesem Winter die Männer treffen, die von
der gleichen Obsession getrieben werden«, und dem sie jene
wohlige Doppelheit zuschreibt, die sie ihren Romanfiguren
zubilligt:

> »Es ist, als gleiche Egon einem Strauch, der nur in der hel-
> len Sonne wachsen und sich mit Blüten bedecken kann. Er
> muß sich an wilden Zerstreuungen berauschen, an Ritten
> oder Streifzügen durch die Wälder, an zufälligen Begegnun-
> gen, an anonymen und nächtlichen Kontakten, das Ganze,
> wie Jeanne heute begreift, gewürzt mit einer Prise Gefahr.
> Die Gefahr ist das Salz jenes Teils seines Lebens, der damals
> tabu ist und Schande bedeutete, würde das Geheimnis ge-
> lüftet; sie macht, wenn nicht den ganzen Wert, so doch die
> Schönheit aus.«[18]

Das ist ondulierter, parfümüberstäubter und stilistisch ver-
zuckerter Pasolini. Selbstverständlich ist der gelegentlich steh-
lende, mit Rauschgift handelnde Lover des Barons »schön,

von zugleich muskulöser und weicher Schönheit«, hat schwarze Locken und seltsam getigerte Augen.[19]

Alexis, das die stolze Autorin unter dem Pseudonym Marg Yourcenar also beim Surrealisten-Verleger le Sans-Pareil eingereicht hatte, war erschienen und hatte ihr die ersten 150 Francs eingebracht, für die sie sich eine blaue Lalique-Vase kaufte. René Hilsum, der Leiter des Verlags, erinnert sich:

»Das Manuskript war mit der Post gekommen und von meinem Mitarbeiter Louis Martin-Chauffier lektoriert worden. Sein Kommentar lautete: ›Ein bemerkenswerter Text, sehr interessant, ein bißchen von Gide beeinflußt.‹ Dann haben wir über dieses ›Marg Yourcenar‹ gerätselt. Bestimmt ein Pseudonym. Aber wer verbarg sich dahinter? Ein Mann oder eine Frau? Wir tippten eher auf einen Mann, denn man löst sich schwer von Klischees wie ›Frauendichtung‹ oder ›Frauen-Schreibweise‹, und keines von beiden traf auf ›Alexis‹ zu. Ich frage mich, wie ich es anstellte, in meinem Brief weder ›Monsieur‹ noch ›Madame‹ zu schreiben [...] Als ich ihr schrieb, ich sei an ihrer Novelle – im Grunde ist es eine Novelle – interessiert, war sie in Lausanne. In ihrer Antwort teilte sie mir mit, sie sei eine Frau, mit Vornamen Marguerite, und Yourcenar ein Anagramm ihres Familiennamens, und sie wünsche nicht, unter ihrem wirklichen Namen, Crayencour, zu veröffentlichen. Bei unserer ersten Begegnung bemerkte ich, dieses Pseudonym sei ein wenig mysteriös. Sie erwiderte, eben dies sei ihr nicht unlieb.«[20]

Einen Erfolg bescherte es ihr nicht, doch einige Beachtung in der Kritik. Wobei das Stigma der französischen Literaturkritik auch hier deutlich wird – sie beschreibt enthusiastisch (oder verdammt kategorisch), aber sie analysiert nicht. Sie ist geschmäcklerisch, strapaziert häufig ein pathetisches Salonvokabular, das ebenso gut benutzt wird für Restaurantempfehlungen. So gut es heißt »J'adore cette soupe«, so schlecht war hier die Rede von der »eisigen Musik des Stils«, der »Tiefenschärfe der Seelenmalerei« und der Ebenbürtigkeit mit Rilke, Gide, Chateaubriand oder Helvetius. Das alles war gewiß übertrieben, das Wort des Kritikers Edmond Jaloux war wohl das gültigste, der konstatierte: »Das Buch ist kaum mehr als ein Vorwort – das lange Vorwort zu einem Buch, das noch nicht geschrieben ist, aber dies Vorwort ist großartig.«[21] Es wird Jahre dauern, bis das Buch zum Vorwort erscheint, ihr großer Roman *Ich zähmte die Wölfin. Die Erinnerungen des Kaisers Hadrian.* Da hatte Marguerite Yourcenar einen unruhigen Lebensweg hinter sich.

Sie ist ein freier Mensch. Ein kleines väterliches Erbe gestattet ihr Reisen quer durch Europa, zumal nach Griechenland, wo »der zweite André meines Lebens«, Andreas Embirikos, ein homosexueller Schriftsteller und Psychoanalytiker, ihr engster Vertrauter wird und von dem ihre sorgfältige Biographin Josyane Savigneau sagt: »Ich glaube, daß ihre Verbindung intim und physisch gewesen ist.« Sie publiziert Erzählungen, ist Autorin der renommierten *Nouvelle Revue Française*, 1934 erscheint *Eine Münze in neun Händen*, der vom Mussolini-Italien geprägte, halb realistische, halb symbolische Bericht über ein antifaschistisches Attentat, eines der wenigen Bücher Marguerite Yourcenars, das sich direkt auf das »mal politique« einläßt (und übrigens Jahrzehnte später von ihr radikal umgearbeitet wurde) und das ihr die erste harsche Kritik ihres jungen Schriftstellerlebens einbrachte:

»Die vielleicht symbolischen Figuren, die Madame Yourcenar ersonnen hat, versuchen sich mit Ach und Krach aus
den Realitäten zu befreien, in die irgendein absurder und
grausamer Demiurg sie verfrachtet hat. Sie, meine lieben
Leser, würden, denke ich, genauso handeln, wenn Ihr Leben
ebenso platt, grau, prosaisch, ohne jegliches Ideal wäre wie
das der Romanfiguren. Denn Madame Yourcenar erzählt uns
armselige und trübsinnige Geschichten. Sie hat geglaubt,
den Roman mit Schlüpfrigkeiten oder Blasphemien würzen
zu müssen; dies hat den Text nicht ansprechender gemacht,
sondern nur seine Mittelmäßigkeit umso stärker zutage tre-
ten lassen.«[22]

Die frühen dreißiger Jahre sind Kreuzfahrerjahre. Im übertra-
genen wie im wörtlichen Sinne. Ein Gedicht, ein paar Zeit-
schriftenartikel, viele Frauenaffären, die große – vielleicht,
weil unerreichbar, ihre intensivste – Liebe zu André Fraigneau
und eine lange Kreuzfahrt bis Istanbul mit Andreas Embirikos,
dem schönen und feinsinnigen Griechen, Kommunist, sur-
realistischer Dichter, Abkömmling einer der ersten griechischen Familien, der in den Jahren nach dem Zweiten Weltkrieg als eine Art Doyen der griechischen Literatur gefeiert
wurde und dem Marguerite Yourcenar ihre Begegnung mit
Kavafis verdankt, den sie zu übersetzen beginnt. Ein gemein-
samer Freund schildert die delikate Balance dieser nie defi-
nierten Beziehung:

»Wenn man Embirikos Fragen über Marguerite Yourcenar
stellte, zog Embirikos sich augenblicklich in sein Schneckenhaus zurück. Er zeigte in allen Lebenslagen die Haltung
eines vollkommenen Gentleman. Nie hätte er sich zu einer

Äußerung über den Grad ihrer Vertrautheit hinreißen lassen.«[23]

Das Klischee will es, daß jede Frau, die Frauen liebt, den geheimen Wunsch hegt, ein Mann zu sein. Ob Marguerite Yourcenars offensichtlicher Wunsch, die Geliebte von Männern zu sein, die Männer liebten, dieses Klischee bedient, ist zumindest fraglich. Es scheint eher umgekehrt: Sie wollte eine Frau sein, die auch für Männer begehrenswert ist; »es ist nicht so sehr der Wunsch«, schreibt Josyane Savigneau, »sich durch Übertragung eine Phantasie-Männlichkeit anzueignen, als vielmehr der Traum von einer absoluten Frau, die als solche anerkannt und trotzdem als Individuum geliebt wird, als ein Mensch außerhalb aller obligaten Ritualisierungen und Konventionen.«[23a]

Ihr Lebensmuster ist wohl gar noch komplizierter. Da Marguerite Yourcenar nicht eine beliebige Streunerin durch lesbische Bars, eine Flanierende durch die Welt der Homosexuellen beiderlei Geschlechts war, sondern ein kreativer Mensch, eine Künstlerin – finden wir bei ihr eben jenen Horror vor Zeugung und Geburt, den man von männlichen Künstlern kennt; von Kleist bis Richard Lindner, von Gottfried Benn bis Pessoa. Der Angst produzierender Männer vor der »normalen« Produktionsfähigkeit der Frau entspricht Marguerite Yourcenars nahezu schriller Abscheu vor dem Gebären. »Ein Kind ist eine Geisel«, sagte sie, »das Leben hat uns.«[24] Es gibt Augenzeugen, die berichten, daß sie fast empört Gespräche beendete und sich rasch abwandte, wenn sie bemerkte, daß eine Tischnachbarin schwanger war. Und es gibt jenen – wohl ihren härtesten – Text über die eigene Geburt, in dem sie das Entbindungszimmer dem »Ort eines Verbrechens« gleichen läßt, den helfenden Arzt mit einem »Schlächter« vergleicht[25], sich selber als »Das Wesen, das sich ›Ich‹ nennt«[26] bezeichnet und ihren Eintritt in diese Welt voller Widerwillen malt:

> »Die vom Blut und den Exkrementen der Entbindung besudelten Laken wurden zu einer Kugel gerollt und in die Waschküche getragen. Das schleimige und geheiligte Gekröse einer jeden Geburt, von dem der Erwachsene sich nur schwer vorstellen kann, daß es einmal zu ihm gehört hat, endete in der Glut des Küchenherdes. Man wusch das Neugeborene: Es war ein kräftiges Mädchen, dessen Schädel mit einem mausfellartigen, schwarzen Flaum bedeckt war.«[27]

Zeit ihres Lebens hat Marguerite Yourcenar – deren Mutter ja kurz nach der Entbindung starb – geleugnet, irgendeine Beziehung zu dieser »Fremden« gehabt, sie je vermißt zu haben. Man kann den Ton erboster Verweigerung heraushören, wenn sie schreibt:

> »Ich bestreite die Richtigkeit der oft gehörten Behauptung, der vorzeitige Tod einer Mutter sei immer ein Unglück oder ein mutterloses Kind habe sein ganzes Leben lang das Gefühl, daß ihm etwas fehlt, und sehne sich nach der Abwesenden. Bei mir zumindest verlief alles ganz anders.«[28]

Sie erzählt gar die Anekdote – und man kann sich bei Marguerite Yourcenar, die stets betont, ihre erfundenen Figuren seien auch wirkliche Figuren, die sie mit eigener Substanz nähre, um sie zum Leben zu erwecken, des Wahrheitsgehalts nie sicher sein –, derzufolge ein Antiquitätenhändler beim

Vater in Trauerkleidung, befragt nach der Auskunft über den Sterbefall, »Und das Kind?«, nachgefragt und auf die Antwort »Es lebt« gesagt habe: »Schade.« Die Antwort von Monsieur de Crayencour sei gewesen: »Ja. Schade«. In diesem autobiographischen Text wendet sie nun jenes Nicht-Gefühl einer Tochterliebe um und konstatiert kühl:

> »Der Mutterinstinkt ist nicht so zwingend, wie man glauben machen will, denn die Frauen der so genannten gehobenen Gesellschaftsschichten haben ihre Kinder im Säuglingsalter zu jeder Epoche leichten Herzens Subalternen anvertraut, in frühen Zeiten einer Amme, wenn die Bequemlichkeit und die mondänen Verpflichtungen der Eltern dies erforderten, später dann der Obhut von oft ungeschickten und nachlässigen Dienstmädchen und heutzutage, mit fortschreitender Demokratisierung, überlassen sie ihre Babys einer unpersönlichen Krippe. Man könnte auch über die Leichtigkeit meditieren, mit der so viele Frauen ihre Kinder dem Moloch Militär geopfert und sich auch noch Wunder was darauf eingebildet haben.«[29]

Einem ihrer kenntnisreichsten Interpreten, Matthieu Galey, dem sie viele Jahre später auf ihrer Insel ein langes Gespräch gewährte, sagte sie in diesem fast eine Woche dauernden Interview auf die Frage:

> »– Haben Sie nie darunter gelitten, eine Frau zu sein?
> – Nicht im geringsten, und ich habe sowenig gewünscht, ein Mann zu sein, wie ich als Mann gewünscht hätte, eine Frau zu sein. Was hätte ich im übrigen dabei gewonnen, außer dem Privileg, an einigen Kriegen etwas näher beteiligt

zu werden? Sicher, die Zukunft scheint nun auch den Frauen diese Aufstiegsmöglichkeit zu gewähren.

– Haben Sie in den Mittelmeerländern, in denen Sie lange Zeit gelebt haben, nie den Eindruck gehabt, ein ›Gegenstand des Anstoßes‹ zu sein?

– Nie […]

– In Ihren Büchern haben Sie sich jedoch bei der Beschreibung Ihrer Weltsicht immer hinter Männern versteckt.

– Versteckt? Das Wort finde ich anstößig.«[30]

Das Wort »kühl« indes ist nicht anstößig; es ist nicht absichtslos gewählt. Wobei etwas höchst Seltsames – in der Literatur geradezu Einzigartiges – zu beobachten ist. Marguerite Yourcenar war, wenn man allen Zeugen und Zeugnissen trauen darf, im Leben eine ihre Leidenschaften weg-kältende Frau. In der Literatur hat sie die gewärmt. Beiden ist das nicht immer bekommen. Der Coup de foudre ihres Lebens war – die große Explosion eines anderen Menschen; sie ließ zu, daß dieses Feuer sie wärmte.

Es gibt zwei Versionen über die Ereignisse jenes Januartages des Jahres 1937, Marguerite Yourcenar war soeben von ihrem Besuch bei Virginia Woolf aus London zurückgekehrt, saß an einem Tisch der Bar ihres Pariser Hotels Wagram im Gespräch mit einem französischen Schriftsteller. An Nebentisch saß alleine eine junge Amerikanerin, die Frankreich bereits vorher bereist hatte, gut französisch sprechende Absolventin eines College der Ostküste, aber der gebildeten und vermögenden Oberschicht der Südstaaten angehörend: Grace Frick, am 12. Januar 1903 – also ein halbes Jahr vor Marguerite Yourcenar – in Ohio geboren. Die eine Variante will, daß Miss Frick sich in das Gespräch am Nachbartisch, das um Reisen kreiste, mit der

Frage eingemischt habe, ob Mademoiselle nicht gerne einmal in die Vereinigten Staaten käme:

»Am nächsten Morgen brachte ein Page Marguerite Yourcenar eine Botschaft der ›jungen Amerikanerin‹. Grace schrieb, man könne von ihrem Fenster aus sehr hübsche Vögel auf dem Hoteldach sehen, und lud Marguerite ein, doch zu ihr heraufzukommen und sich das Schauspiel anzusehen. Marguerite kam hinauf, und sie wurden Freundinnen.«[31]

Die andere Variante will von einem mitgehörten Gespräch über Coleridge wissen:

»Sie sagten so falsche, ja blödsinnige Dinge, daß ich mich eingemischt habe mit der Bemerkung ›Sie täuschen sich von A bis Z‹.«[32]

Wie immer. Zwei Menschen haben sich gefunden, die nun für Jahrzehnte zusammenleben werden – wie Marguerite Yourcenar später lakonisch notiert: »Zuerst war es Leidenschaft, dann Gewohnheit« –, zwei Menschen, die füreinander geschaffen wirken. Die junge Amerikanerin, hübscher als Marguerite Yourcenar, hatte 1925 ihren Bachelor of Arts und 1927 ihr Master Degree in englischer Literatur am schicken Wellesley College gemacht, bereiste – da schon elternlos – 1928 zum ersten Mal Europa, 1934 ein zweites Mal, hält 1933 Vorlesungen an der Yale-Universität, lebt 1936 in London, von wo sie ins Hotel Wagram nach Paris fährt. Marguerite Yourcenar, ohne festen Wohnsitz durch Europa, damals vor allem Griechenland, reisend, war zwar noch keine

Berühmtheit, aber doch bereits jemand, der zum Pariser Literaturbetrieb gehörte mit seiner typischen Mischung aus Verlagsintrigen, mondänen Cocktails, Konferenzen in Zeitungsredaktionen und amourösen Affären.

Eine gemeinsame Freundin hat die Erinnerung an die beiden Frauen festgehalten:

»Grace war eine äußerst brillante Studentin. Sie wollte im Lehrfach Karriere machen. [...] Sie war groß und schlank. Nicht unattraktiv. Manchmal legte sie jedoch eine gewisse Arroganz an den Tag. [...] Als ich Marguerite kennenlernte, habe ich sofort begriffen, daß man sich Hals über Kopf in sie verlieben könnte. Ich war sofort von ihrer Intelligenz beeindruckt. Sie sprach ein perfektes Englisch, das man aber aufgrund ihres Akzents kaum verstand. Ich sprach französisch mit ihr. Das war ein wahres Vergnügen, so wie es die reine Wonne war, sie französisch sprechen zu hören. Sofort ist mir ihre Art zu gehen und sich zu geben aufgefallen – sehr gerade, auf natürliche Weise stolz. Ich sagte mir, ›wenn sie im Nachthemd aus dem Bett steigt, dann bewegt sie sich sicher genau so‹. Wie eine Königin. Als müßten sich die Türen vor ihr öffnen. Mit dieser Kopfhaltung, um die sie wohl alle Welt beneidete. Es war schwer, ihrem Charme und ihrer Autorität zu widerstehen.«[33]

Die erste gemeinsame Reise durch Italien und Griechenland endet auf Capri, von wo Grace sich nach USA einschifft, wohin Marguerite Yourcenar ihr im Herbst 1937 folgt; das Honorar für die Übersetzung von Virginia Woolfs *Die Wellen* zahlt die Reise – die nächste wird von einer Henry-James-Übersetzung finanziert. Erst einmal mietet sie, zurück aus

Amerika, im Mai 1938 die kleine Villa »La Casarella« in Capri. Hier entsteht nun – man darf unterstellen: unter dem Einfluß der Begegnung mit Grace – jener Kurzroman *Der Fangschuß*, der den inneren Schnitt von André Fraigneau vollzieht; gewiß der autobiographischste aller ihrer Texte. Bereits der *Titel Le coup de grâce* ist die Paraphrase einer Novellensammlung des Freundes *La grâce humaine*: Dieses Mal – Marguerite Yourcenar bescheinigt sich selber »eine neue Schärfe« – ist es die perfekt-schnörkellose Inszenierung einer »Assiette à trois«, der Liebe einer Sophie zu dem, natürlich schönen, Erich von Lhomond, der die Frauen nicht liebt, sondern seinen Copain Konrad vorzieht, was er der in tauber Hoffnung verharrenden Sophie leicht pathetisch erklärt:

> »Nach ein paar Wochen der Enttäuschung oder der Verzückung wäre ich meinem ebenso hoffnungslosen wie unentbehrlichen Laster wieder zum Opfer gefallen; und dieses Laster, wie immer man darüber auch denken mag, ist weit weniger die Liebe zu jungen Männern als die Einsamkeit. Frauen können ihr nicht leben und zerstören sie unweigerlich.«[34]

Es ist der Roman, der nicht nur zum zweiten Mal das Leitmotiv von Marguerite Yourcenars Werk anklingen läßt, sondern auch die Gefährdung ihrer literarischen Arbeit: ein etwas raschelndes historisches Gewand und die stets etwas zu elegante Pirouette der Figuren. Ohne Not ist die Handlung in den Balkankrieg versetzt, was manche Interpreten die falsche Fährte verfolgen ließ, Marguerite Yourcenar habe politische Konstellationen darstellen wollen. Im Nachwort zu einer späteren Auflage hat sie das emphatisch dementiert:

»Ich muß noch erwähnen, daß ›Der Fangschuß‹ keineswegs bezweckt, irgendeine Gruppe oder Klasse, irgendeine Partei oder irgendein Land zu verherrlichen oder in Verruf zu bringen. […] ›Der Fangschuß‹ wurde wegen seines Wertes nicht als politisches, sondern als menschliches Dokument (wenn es dies gibt) geschrieben, und so sollte dieses Buch auch beurteilt werden.«[35]

Mit demselben Lesezeichen stellt die Autorin auch klar, daß das Buch von einer tatsächlichen Begebenheit ausgeht, daß seine Schärfe sich jener Gereiztheit verdankt, »die man allem gegenüber zeigt, das man zu sehr geliebt hat«. Das Ende des Buches, in einer filmisch geschnittenen Szene der Erbarmungslosigkeit – der Geliebte erschießt die zu den Partisanen übergelaufene Sophie auf deren Geheiß und summiert das Erlebte »Mit solchen Frauen endet man immer in einer Falle« – macht aus Marguerite Yourcenars bisherigem Leben eine abgelegte Vergangenheit. In seinem posthum erschienenen Tagebuch hält Matthieu Galey die Reaktion des Modells fest:

»Fraigneau, der Marguerite Yourcenar vor dem Krieg bei Grasset sehr gefördert hat, behauptet, er und Boudot-Lamotte hätten als Modell für die beiden männlichen Figuren des ›Fangschuß‹ gedient, wobei Marguerite Yourcenar natürlich die junge – in ihn – verliebte Frau gewesen sei. Sie habe sich dann – so Fraigneau – mit Damen getröstet, weil sie kein Mann habe sein können, der die Männer liebt, oder die Maitresse von Männern, die Männer lieben. Na ja. Anscheinend verkehrte sie jedoch trotz allem im Tearoom Le Thé Colombin, wo sich gewisse Personen trafen.«[36]

Seltsamerweise haben die beiden Literaturkenner nicht auf jene zierliche Weichheit des Textes hingewiesen, manchmal die Glätte des Banalen nicht meidend, die spätere Arbeiten von Marguerite Yourcenar auswaschen wird. Da bietet die mit ihrer Jungfräulichkeit junge Frau »die bezaubernde Süße einer Frucht dar«; da zeigt ihr der Spiegel »die Augen eines Kindes und eines Engels, ein breites, etwas formloses Gesicht – ein blühendes Stück Frühlingserde –, von stillen Tränen überströmte Wangen aus Sonne und Schnee, einen Mund, dessen Röte fast erschreckend schön war, und blonde Haare – so blond wie das gute Bauernbrot, das es nicht mehr gab«[37]; und da hat Konrad »eine Natur, die alle Falten mit der zärtlichen Nachgiebigkeit eines schönen Samtstoffes annahm und behielt«[38].

Selbst unter dem Vorbehalt, die deutsche Übersetzung könne eine Schönheitsoperation sein, sind allzu häufige Spruchweisheiten wie »Frauen nehmen nichts wichtig, nur sich selber« doch wohl authentische Autorensprache – kein Übersetzer erfindet so einen Satz:

> »Was sich noch am ehesten mit den eintönigen Phasen einer Liebe vergleichen läßt, das sind die unermüdlichen und erhabenen Wiederholungen der Beethovenschen Quartette.«[39]

Und leider hat auch kein Lektor so ein Bild gerügt:

> »Tanzen verstand sie immer noch am besten. Sie wirbelte umher wie eine Flamme, wiegte sich wie eine Blume und glitt dahin wie ein Schwan.«[40]

Marguerite Yourcenar ist eine exakte Denkerin, eine brillante Essayistin, eine hervorragende Interpretin (vornehmlich eigener Arbeiten) und eine disziplinierte Übersetzerin. Sie ist eine bis zur Fahrlässigkeit ungenaue, stilistisch überladene, im historischen Kostüm ihrer Romane sich verheddernde Prosa-Autorin. Sie ist – das werden die beiden Hauptwerke *Ich zähmte die Wölfin* und *Die schwarze Flamme* zeigen – im engeren Sinne gar keine Romanschriftstellerin.

In ihren *Notizen zur Entstehung* des Hadrian-Romans hat sie ganz unumwunden die mehr künstliche als kunstvolle Draperie eines ursprünglich essayistischen Romanimpulses eingestanden:

> »Der Roman verschlingt heutzutage alle anderen Formen; man ist geradezu gezwungen, sich seinem Anspruch zu unterwerfen. Diese Studie über das Leben eines Menschen, der sich Hadrian nannte, wäre im 17. Jahrhundert eine Tragödie und zur Zeit der Renaissance ein Essay geworden.«[41]

Kann es sein, daß das mit jener »Kühle« zusammenhängt? Daß ihr Produktionsprozeß gleichsam der umgekehrte von Thomas Mann war? Der – wahrlich von der Joseph-Tetralogie über *Lotte in Weimar* bis zum *Faustus* auch Schöpfer historischer Legenden und Fabulierer vergangener Welten – goß seine immer zündelnde, ihn mit Versehren bedrohende Leidenschaft in Form; so sie bändigend. Marguerite Yourcenar lebte diese Versuchungen – wie es scheint, eher leidenschaftlos – aus; die strenge Zucht des Formalisierens von Riß, Abgrund und Vernichtungsbedrohung brauchte sie nicht.

In der Begegnung mit Grace Frick nahm sie gleichsam ein Angebot entgegen. Sie ließ es zu, geliebt zu werden. Verschlungen, auch nur bedroht vom Feuer kann sie nicht gewesen sein. Sie nimmt Briefe der in Amerika Gebliebenen –

»Vielgeliebte. So I love you, believe it or not« – entgegen. Und reist mit einer anderen Dame nach Kitzbühel, bricht kurz darauf zu einem mysteriösen »Abstecher« nach Polen auf, um wenig später mit der »wegen ihrer Eleganz und Schönheit vergötterten Lucy« durch Griechenland zu reisen.

Den Geschichten bereitet die Geschichte ein Ende. Im Mai 1939 war *Der Fangschuß* erschienen, von der Kritik als »brennende und eisige Erzählung der Vollblutromancière« gefeiert. Im Juli ist sie knappe vier Wochen in Griechenland, am 11. August lautet ihre Adresse Hotel Meurice, Lausanne. Am 3. September bricht der Krieg aus. In Paris erfährt sie, daß die für einen Besuch bei Grace gebuchte »Nieuw Amsterdam« nicht mehr auslaufen wird. Gaston Gallimard besorgt ihr eine Ausreiseerlaubnis. Im Oktober 1939 geht Marguerite Yourcenar in Bordeaux an Bord der »Manhattan«. Sie hat Europa für lange Zeit den Rücken gekehrt. Unentschieden bleibt, ob es die Reise weg von etwas oder eine Hinfahrt war.

Die beiden Frauen leben in Graces Wohnung am Riverside Drive in New York, jene Adresse, die uns heute unvergeßlich ist durch ihre feierliche Fixierung in Uwe Johnsons großem *Jahrestage*-Roman. Grace unterrichtet an einem College. Marguerite Yourcenar wird die kommenden elf Jahre – sie ist in Amerika völlig unbekannt – wenig publizieren. Ihr kleines Vermögen ist aufgebraucht, Honorare sind in Europa eingefroren. New York wird zu teuer, es wird ein kleines Haus in Hartford, Connecticut, gemietet, wo Grace Dekanin am Junior College ist. Nachhilfestunden in Französisch und Kunstgeschichte halten die Schriftstellerin über Wasser, gelegentlich nimmt sie ein benachbarter Hutmacher, der in New York Filz einkauft, mit in die Stadt.

Im Dezember 1948 landet eine riesige Flaschenpost an, einer der mächtigen Koffer, die Marguerite Yourcenar in diversen Hotels bei ihren Europa-Reisen zurückzulassen pflegte, eine Art Truhe, die ein befreundeter Kaufmann in einem Lausanner Hotel entdeckt und an sie expediert hatte. Eher gelangweilt wühlte Marguerite Yourcenar in den alten Papieren, warf sie in den Kamin, eine Abende während Nachlaßinventur:

»Mechanisch warf ich diesen Austausch toter Gedanken mit einer Marie, einem François oder Paul, alle längst entschwunden, ins Feuer. Ich entfaltete vier, fünf Maschinen geschriebene Blätter; das Papier war vergilbt. Ich las die Überschrift: *Mein lieber Marcus...* Marcus? Von welchem entfernten Freund, Geliebten, Verwandten war hier die Rede? Ich erinnerte mich an keinen solchen Namen. Eine Weile brauchte ich, ehe ich mich entsann, daß mit *Marcus* Mark Aurel gemeint war und daß ich ein Fragment des verlorengegangenen Manuskripts vor Augen hatte. Von diesem Augenblick an ging es nur noch darum, dieses Buch neu zu schreiben, koste es, was es wolle.«[42]

Es waren die skizzierten Vorarbeiten zum Hadrian-Roman, an denen sie schon zwischen 1924 und 1929 gearbeitet, die sie 1934 fortgeführt und 1937 neu aufgenommen hatte.

Von jetzt an hatte ihr Leben einen Mittelpunkt. Es galt, dieses Buch – von Marguerite Yourcenar stets als ihr wichtigstes angesehen – neu zu formen, das Griechenland ihrer frühen Reisen, kunsthistorische Studien, Erinnerungen und Motivstränge zusammenzuzwingen; Meditationen, obszöne Beschreibungen, Klimastudien, historische Darstellungen – alles unterzog sie einem gigantischen Verdauungsprozeß.

»Es war mir zur Gewohnheit geworden, Nacht für Nacht fast zwanghaft das Ergebnis langer, willentlich heraufbeschworener Vorstellungen niederzuschreiben, durch die ich mich ins Innere einer anderen Zeit versetzte.«[43]

Das ist, bei jedem historischen Roman, zuerst einmal ein formales Problem, eine Frage der ästhetischen Perspektive – wer erzählt mit welcher Kenntnis? Marguerite Yourcenar hat das gelöst, indem sie den schon müden, alternden, sein Ende voraussehenden wie stoisch akzeptierenden römischen Kaiser selber sprechen läßt. Wie in früheren Texten variiert sie die Fugen-Konstruktion von Tolstois *Kreutzersonate*, Mischung aus Brief, Beichtbuch, Selbstfindung und Rechenschaftslegung. Kaiser Hadrian schreibt – »Mein Marcus« – sein Lebenstestament an den prospektiven Nachfolger Mark Aurel.

Diese Prosa-Architektur – wenn es denn keine authentischen *Geständnisse* à la Rousseau sind – birgt viele Gefahren: die der Ausschmückung, die der Koketterie, die der falschen Bescheidenheit. Vor allem aber die der Monotonie. Es ist, wie alles in der Kunst, eine Frage der Proportion. Ob *Die Kreutzersonate* oder ihr eigener *Alexis*-Briefroman: das waren schmale Bücher von ganz eigener Rapidität. Auf über 500 Seiten kann ein historisches Sittenbild mit den endlosen »Wir machten in Jerusalem halt« und »Einen Monat darauf waren wir in Pelusium« und »Ich lag auf einem Teppich aus kostbarer Wolle« auslaufen; daraus baut sich kein Spannungsbogen, sondern die kolorierte Rundung des Cinemascope-Films. Die stampfenden Pferde, die tuschelnden Sklaven in der asiatischen Nacht, die leise im Wind knarrenden Palmen: Filmmusik. Zumal Marguerite Yourcenar in allzu prunkend-scheppernde Adjektivketten verliebt ist:

»Auf dem jenseitigen Ufer standen die Reiter der par-
thischen Königsgarde in ihren gleißenden Goldkürassen auf
herrlichen Pferden zu einer augenblendenden Front ausge-
richtet. Mein unzertrennlicher Phlegon war recht blaß.«[44]

Sie hat diese Gefahr wohl gespürt. Jedenfalls hat sie dem ko-
stümreichen Arrangement ein Gedankengebäude entgegengesetzt, ihr Gedankengebäude: den Sang und Preis der Lust,
des Leibes, des Fleisches. Das Hohelied der Liebe, nicht ver-
geistigt, nicht als eine der möglichen Wonnen nach Tafelfreu-
den und Becherrunden, sondern: die Zärtlichkeit und die Lust
als Zentrum des Lebens. Wahrlich ist kaum ein anderer als
Hadrian, der sich in seiner Leidenschaft zu Antinous über alle Konventionen und Hemmnisse hinwegsetzte, den Marguerite Yourcenar sagen läßt: »Nach dem Scharnier suchte
ich, das Wille und Schicksal verbindet, nach dem idealen
Punkt«, zum Träger und Künder dieser Lebensphilosophie der
Unbändigkeit besser geeignet:

»Diese Philosophie würde die Wollust als vollendete und
gleichzeitig sehr besondere Form der Annäherung an den
anderen verstehen, als ein Mittel mehr, um zur Kenntnis
dessen zu gelangen, was über uns selbst hinausgreift.«[45]

Dieser mächtige Kaiser Roms, Feldherr unzähliger Legionen,
Herrscher über ein Reich, das von Britannien bis Ägypten
reichte, der Friede für Kleinasien, Griechenland und bis zum
Kaukasus schuf – ist nun aber ein Geschöpf der Marguerite
Yourcenar. Und das heißt, der Mächtigste aller Mächtigen, ein
Gott, muß den Geboten, Verordnungen und Gesetzen einer
noch Mächtigeren folgen. So ist er ein Geschöpf nach ihrem

Willen – ein verheirateter Mann der Oberschicht, der sich gern gelegentlich mit Knaben verspielt, bis Himmel und Erde sich öffnen, um den zu gebären, der sein Leben in Bann schlägt: Antinous, der schöne Griechenjüngling.

An ihm, dem in tausend Statuen Verherrlichten, scheitert gepeinigt Hadrian. An ihm, dem in endlosen Hübschheiten Verniedlichten, scheitert peinlich Marguerite Yourcenar. Ihrer befremdlichen Herr-und-Knecht-Ästhetik folgend, nimmt sie diesem Jungen die Würde, degeneriert ihn zum Hand-schmeichler, der Spielzeug, nicht Partner ist. Der schöne Kna-be aus einer Familie, deren »herbes Blut die asiatische Um-welt wie der Tropfen Honig den reinen Wein trübt und durchduftet«, wird in Marguerite Yourcenars Lautmalerei zum bettwärmenden Tier. Neckische Infamie:

»Verspielt und träge, ungestüm und zutraulich, erinnerte er an einen jungen Hund. Dies schöne Windspiel, das nach Zärtlichkeit und Zucht lechzte, legte sich quer über meinen Lebensweg. […] Wenn die folgsam oder träumerisch ge-senkten Lider sich hoben, blickten mich sehr wachsame Au-gen an, und ich fühlte mich angeklagt. Aber doch so, wie ein Anbeter seinen Gott anklagt. […] Da sehe ich unter nachtschwarzem Gelock ein geneigtes Haupt, Augen, die hinter den lang geschnittenen Lidern aussehen, als stünden sie schräg. […] Es bedurfte nur einer Stunde unter der Son-ne, um den Jasmin dieser Haut golden wie Honig zu verfär-ben. Die Beine des Fohlens wurden länger […].«[46]

Marguerite Yourcenar verrät in ihrem Farbrausch aus bleicher Mondsichel, Sommerglut, taufeuchtem Gras und Glanz des hohen Tages, das Haar im Winde flatternd,[47] beide Gestalten:

Hadrian an die Idee einer herrschaftlichen Erlaubnis-Erotik, Antinous an das Klischee dienender wie dienlicher Verfügbarkeit. Vorgeführt wird eine unter Palmwedeln institutionalisierte Klassensexualität.

Die Romanschriftstellerin Yourcenar erhebt sich aus diesen Niederungen gepolsterter Gefälligkeit in dem Augenblick, in dem sie die Ebene des Romans verläßt. Das Leitmotiv ihres Werks, die Unerreichbarkeit, die »amour lointain«, die Fernenliebe, die wahre Erfüllung in der Unerfüllbarkeit – also: im Tod – wird eingelöst im Augenblick des freiwilligen Opfertods. Sich entziehen ist im Moralkosmos der Marguerite Yourcenar die höchste Gabe:

> »Wirklich empfand ich bei dem Gedanken daran, daß der Tod mir als Geschenk zugedacht war, eine Art von gräßlicher Genugtuung. Doch ich allein konnte ermessen, wieviel Bitterkeit in dieser Sanftmut war, welche Verzweiflung in dieser letzten Hingabe und wieviel Haß in der Liebe. Ein Gekränkter hatte mir diesen Beweis letzter Treue ins Antlitz geschleudert, ein Kind in seiner Furcht, alles zu verlieren, dieses Mittel gewählt, mich ewig zu binden.«[48]

Marguerite Yourcenar war ihre eigene Kaiserin, die mit fürstlicher Selbstverständlichkeit die Gabe der Liebe entgegennahm. Grace liest allabendlich Korrektur, Grace kocht, Grace nimmt ihr zunehmend die Korrespondenz ab, Grace deponiert eine Kopie des fertigen Manuskripts auf der Bank – und Grace, der das Buch gewidmet werden sollte, der es aber nicht gewidmet wird, kommt auch, dieses einzige Mal, in einem Text vor; als die hilfreich dienende Ehefrau, eine Mischung aus Katja Mann und Mary Tucholsky:

»[…] daß es zuweilen jemand Verborgenen geben muß in dem Erlebnis eines gelungenen Buches oder in einem glücklichen Schriftstellerdasein, jemand, der den falschen oder schlechten Satz, über den wir aus Müdigkeit hinwegsehen möchten, nicht durchgehen läßt; der, wenn es sein muß, zwanzigmal mit uns eine zweifelhafte Seite durchliest; jemand, der die dicken Bände, darin wir vielleicht einen nützlichen Hinweis finden, für uns aus den Regalen der Bibliotheken herunterholt […]; jemand der uns beisteht, uns lobt und mitunter widerlegt […]; der uns eine göttliche Freiheit gewährt und uns dennoch zwingt, in vollem Maße zu sein, was wir sind.«[48a]

Marguerite Yourcenar lebt von Literaturkursen, die sie am Sarah Lawrence College, u. a. über Proust, stets in Französisch, gibt, sie schreibt selbst auf Bahnfahrten, und als Grace 1950 auf der vor der Küste von Maine gelegenen Ile des Monts-Déserts das »Petite Plaisance« genannte kleine Bauernhaus kauft, das Klima ist kalt wie in Norwegen, im Winter bis 40 Grad unter Null, haben Hadrian und seine Gebieterin ein letztes Heim gefunden. Marguerite bezieht den besten Raum als ihr Schlafzimmer, zwei kleine Porträts, die Marie Laurencin von den beiden Frauen in ihrer Jugend gemalt hat, zieren ein bescheidenes Gästezimmer, im Wohn- und Eßzimmer hängen über simplen englischen Möbeln einige Piranesi-Stiche – hier wird der Ruhm einziehen; und der Tod.

Die beiden Frauen schockierten mit ihrem Aufzug – Marguerite in weiten langen Hosen und wehenden Schals, Grace in Kapuzenpelerinen – anfangs die Dorfbewohner, die sich erst langsam an das ungewöhnliche Paar gewöhnten. Marguerite hielt gelegentlich ›Audienzen‹, sie kochte auch, wenn Grace das Gemüse geputzt und alles andere vorbereitet, Telefonate abgewehrt, unwillkommene Besucher verscheucht hatte:

> »In den Läden gab Grace sich ziemlich anspruchsvoll, fast harsch, aber sie hatte auch sehr gute Seiten. Einen ausgeprägten Sinn für Humor. Sie lud Kinder zum Tee ein und auch zum Spielen in dem großen Garten. Madame (so wurde Marguerite Yourcenar in Northeast Harbor bezeichnet, wahrscheinlich auf Veranlassung Graces, die allein wirklich mit den Dorfleuten redete, so daß sich viele fragten, ob denn ›Madame‹ überhaupt englisch spreche …), Madame verließ das Haus nie, außer zu Spaziergängen. Sie lebte völlig zurückgezogen. Sie arbeitete. Nie sah man sie in der Stadt; jahrelang wußte man nicht, wer sie war. Grace ging in die Kirche, sie gehörte zur Gemeinde, selbst wenn man sie für exzentrisch hielt. Madame gehörte nicht dazu.«[49]

Am 5. Dezember 1951 erscheinen die *Mémoires d'Hadrien* in Paris. Hadrian trat seinen letzten Siegeszug an und Marguerite Yourcenar ihren ersten. Der Prix Goncourt ging zwar an Julien Gracq, sie erhielt den Prix Femina Vavaresco – aber in den kommenden Jahren werden 100 000 Exemplare verkauft (heute hat der Roman in Frankreich die Millionengrenze weit überschritten), die Presse feierte eine nach langer Pause der französischen Literatur wiedergewonnene Autorin, ihre Meditation über Geschichte.

> »[…] Aber die Meditation über Vergangenheit wäre unerheblich, würde sie uns nur aufzeigen, wie wir vergehen werden; sie muß uns auch helfen, zu leben, und sei es in einer todkranken Welt.«[50]

Die überschwenglich Gefeierte wehrte sich nicht nur gegen die zu direkte Identifizierung mit ihrem Helden –

>>Überall können Sie lesen: Hadrian, das bin ich. Das ist eine große und fahrlässige Sottise [...] Man müßte eher sagen, *ich bin Hadrian geworden.* Die Nuance mag haarfein erscheinen, aber sie ist grundlegend.«[51]

–, sie erläuterte auch sehr präzise ihren stilistischen Ehrgeiz (den tatsächlich die deutschen Übersetzungen nicht einlösen mögen):

>>Ich lege größten Wert auf die Beibehaltung des neuartigen Konditionalis *giserait*. Aus Gründen, die zu umständlich zu erklären wären, möchte ich auch *après-midi* als Femininum beibehalten, die Form *à ses côtés* in manchen Fällen und die Form *à son côté* in anderen; desgleichen die alte Schreibweise *payement, lys, frayer, essayer;* nicht unbedingt hinter das *Ah* ein Ausrufezeichen setzen; bestimmte alte, bis auf den heutigen Tag fakultative Schreibweisen wählen, wie *cuillère;* mir bei der Kongruenz des Partizips Perfekt, gefolgt von einem Infinitiv, einen gewissen Spielraum zugestehen, nach dem Vorbild der Grammatiker des 17. und 18. Jahrhunderts, wodurch ganz bestimmte, sonst zum Aussterben verurteilte Nuancen bewahrt werden können; und trotz des famosen *amours, délices et orgues* [Beispiele für Substantiva, die im Singular männlich und im Plural weiblich sind] möchte ich *nos amours vivants* in einem Satz beibehalten, in dem der Plural *amours* nicht wie gewöhnlich in seinem abstrakten Sinn verwendet wird [...]«[52]

Endlich kann Marguerite Yourcenar auch wieder reisen, nicht nur Frankreich wiedersehen, Paris, wo sie den vielfältigen Verpflichtungen eines erfolgreichen Autors gerne nachgeht, sondern mit Grace die Côte d'Azur bereisen, Spanien. Sie ist wieder eine europäische Intellektuelle, wenngleich sie ihren College-Verpflichtungen in den USA noch manche Jahre diszipliniert nachgehen wird. ›Mit Grace‹ – das allerdings wandelt sich; die Künstlerin von Mitte fünfzig ist jetzt dort angekommen, wohin sie lange strebte: bei sich. Sie ist nun unabhängig, auch finanziell. Sie ist, mehr denn je, ihr eigener Mittelpunkt, hat ihr existentielles Gelöbnis eingelöst. Andere Gelübde – gab es sie je – sind da nicht mehr bindend, andere Existenzen gar störend. Sehr bald findet sich im Tagebuch von Grace der Eintrag »Marguerite Yourcenar firmly declares hatred of Grace«. Haß wird es wohl nicht gewesen sein, auch keine Kriegserklärung, eher eine Bestimmung des eigenen Ortes, eine Entfernungsvermessung, ein Noli me tangere, wie sie es wenig später in dem Brief an die Essayistin Suzanne Lilar präzisiert:

> »Was die Liebe angeht, so bin ich nicht sicher, daß das vielgerühmte ›Paar‹ an sich schon die ideale Lösung ist, die uns von unseren Irrtümern und Fehlern befreit, wieviel Aggressivität, wieviel Egoismus zu zweit, wieviel Absonderung vom Rest der Welt, wieviel Pochen auf das ausschließliche Besitzrecht an einem anderen Menschen hat sich in diesen Begriff eingeschlichen: vielleicht müssen wir ihn von dem allen reinigen, ehe wir ihn wieder als sakrosankt erklären.«[53]

Deshalb verpuppt sie sich für lange in einen Kokon der Selbstinterpretation, nennt den Anteil des Autobiographischen in ihrem Werk »gleich Null und sehr groß [...]. Fiktion und Realität gehen, zumindest was mich betrifft, eine homogene Verbindung ein«[54] oder zeigt sich selbst bei einem Dinnergespräch entzückt vom Schicksal des Königs Alfons IV., der leidenschaftlich in eine Frau und zugleich in Knaben verliebt war.

Draußen explodiert die Welt, Kennedy wird ermordet, der Vietnam-Krieg zerreißt Amerika – doch Marguerite Yourcenars Biographin summiert: »Der Schnee, die Dämmerung, die kleinen Rituale: Das Leben in Petite Plaisance wird langsamer, stagniert.«[55] Das stimmt, wenn man von den selbstgebackenen Gewürzplätzchen, der Sorge um den kranken Cockerspaniel, den Kaffeestunden in der Abenddämmerung bei Kerzenschein liest. Das stimmt auch wieder nicht, da Marguerite Yourcenar durchaus ›an der Welt teilnahm‹, an Anti-Vietnam-Demonstrationen, da sie gegen die zunehmende Umweltverschmutzung öffentlich protestierte, da sie Laden- und Kaufhausketten schriftlich Boykott androhte, weil sie minderwertige Ware anboten. Es stimmt vor allem nicht, wenn man sich die zwei extremen Belastungen ins Gedächtnis ruft – die Krebserkrankung von Grace und Marguerite Yourcenars Arbeit am neuen Roman *Die schwarze Flamme*, die sie dem Wintertrübsinn auf der einsamen Insel, dem Ärger über wachsende Bodenspekulation oder der Wut über ihre Verleger abzwingt.

Noch einmal Geschichte. Sie erfindet die – aus Erasmus, Leonardo und Campanella zusammengesetzte – Biographie des Alchimisten, Arztes und Philosophen Zenon, eines häretischen Renaissance-Wissenschaftlers, der den mechanischen Webstuhl konstruiert und die Syphilis bekämpft; von dem man so geil erhofft wie gierig beargwöhnt, er könne Gold machen:

»Jener schändliche und erhabene, öffentlich angeprangerte und insgeheim angebetete oder gehätschelte Stoff, der den Schamteilen darin ähnelt, daß man wenig davon redet und stets daran denkt, die gelbe Substanz, ohne die Madame Imperia die Beine im Bett des Fürsten nicht breit machen würde und Monsignore die Edelsteine in seiner Mitra nicht bezahlen könnte.«[56]

Wir sind, ein letztes Mal, im Kosmos der Marguerite Yourcenar: historischer Faltenwurf, Lebensphilosophie und – natürlich – männliche Homosexualität. Zenon seziert nicht nur heimlich geraubte Leichen, er frönt auch – oft gar nicht so heimlich – einer ungesetzlichen Lust, weil er die »zarten und rosigen [...] Leiber [...], in die man eindringt wie Eroberer in eine jubelnde Stadt« verabscheut:

»›Ich‹, sagte Zenon, ›genieße das Vergnügen, das ein wenig heimlicher ist als das andere, über alles, diesen Körper, der meinem ähnlich sieht und meine Wonne widerspiegelt, die angenehme Abwesenheit all dessen, was die gezierten Mienen der Kurtisanen, die Sprechweise der Petrarkisten, die gestickten Hemden der Signora Livia und die Brusttücher der Madame Laure der Lust hinzufügen; ich genieße diesen Umgang, der sich nicht scheinheilig durch die Fortpflanzung der menschlichen Gesellschaft rechtfertigt, sondern aus einem Verlangen entsteht und mit ihm vergeht.‹«[57]

Wie auf dem Balkan die blonden Adligen, in den mondänen Palazzi eines blasierten Europa die feinsinnigen Künstler und im alten Rom ein melancholischer Gott-Kaiser – so hier, auf der Wanderschaft durch Klöster und Kneipen der Renaissance: ein Erwählter darf spielen mit den »Engeln mit langen Locken«[58], darf der »Begierde nach einem jungen Körper« frönen[59], und das sinnliche Abenteuer wird bestanden mit einem »Gerhart, der war so zärtlich wie ein Mädchen«. Marguerite Yourcenar hat eine Idee von der Schrankenlosigkeit – eine Vorstellung davon hat sie nicht. Wo sie Pamphletistin ist, hat ihr Text Härte und Stringenz:

> »›Es ist merkwürdig, daß für unsere Christen die sogenannten Verwirrungen des Fleisches das Böse par excellence sind‹, sagte Zenon nachdenklich. ›Niemand bestraft voller Zorn und Abscheu die Grausamkeit, die Rohheit, die Barbarei, die Ungerechtigkeit. Keiner wird sich morgen einfallen lassen, die guten Leute obszön zu finden, die kommen werden, um meine Zuckungen in den Flammen anzusehen.‹«[60]

Das erinnert an Henry Millers empörten Ausbruch »Nicht zwei Körper im Bett sind obszön, die Atombombe ist es«. Doch wenn Marguerite Yourcenar Menschen schildert, kommt sie über die Niederungen des Klischees selten hinaus:

> »Sie war ein kaum fünfzehnjähriges Mädchen, schlank wie ein Schilfrohr mit langen, fast weißblonden Haaren und Augen so klar wie eine Quelle. Dieses bleiche Haar und diese wasserklaren Augen erinnerten Zenon an den Jüngling, der in Lübeck sein unzertrennlicher Gefährte gewesen war.«[61]

Es ist unverständlich, daß die zeitgenössische französische Literaturkritik das Scheppern der Romanapparatur überlesen hat, die gänzlich sorglosen erzählerischen Anschlüsse, die sich viele Seiten entlanghangeln mit »murmelte er widerwillig«, »sagte der Prior mit trauriger Entrüstung«, »sagte lächelnd Sebastian«, »sagte der Arzt zweifelnd«, »antwortete Sebastian vorsichtig«, »wiederholte der Mönch schmerzlich«, »erwiderte der Franziskaner bedächtig«.[62]

Es war aber umgekehrt. Der Roman – sozusagen unzeitgemäß im Mai 1968 erschienen – wurde ein gigantischer Erfolg, ein literarisches Ereignis, an dem die »vollendet klassische Manier« gelobt wurde, ihre Fähigkeit »Porträts zu zeichnen«, der »Klassizismus«, mit dem die Autorin es verstünde, das »menschliche Denken und Verhalten immer subversiv umzuinterpretieren«.[63] Paris hatte beschlossen, ein Meisterwerk entdeckt zu haben.

Gallimard druckt anfangs 25 000 Exemplare, schon nach einem Monat weitere 15 000, sehr rasch sind 60 000 Bücher verkauft. Am Tag, an dem ihr der ›Prix Femina‹ zuerkannt wird, trifft Marguerite Yourcenar in Paris ein. Ihre Kollegin Dominique Rollin hat ihren Auftritt bei Gallimards Galadiner beleuchtet:

> »Anstatt als Star des Abends aufzutreten, hielt sie sich von der Menge fern wie irgendein Gast, der in seine eigenen Gedanken vertieft ist. Ihre gedrungene Gestalt, der freundliche, aber zerstreute Gesichtsausdruck, das unter dichten Brauen wachende Hell-Dunkel der blauen Augen haben mich sehr beeindruckt. In ihren dunklen Gewändern erinnerte sie mich unwillkürlich an Auguste Rodins imposanten Balzac. Denn diese bescheidene Zurückhaltung diente nur dazu, einen unbeugsamen Stolz zu kaschieren.«[64]

Marguerite Yourcenar war nun endgültig berühmt. In dem

kleinen Holzhaus auf der Insel gaben sich Journalisten, Fern-sehteams und Verleger die Klinke in die Hand. In Amerika – Grace hatte den *Hadrian* übersetzt – verlegte sie das vornehm-ste Haus. Wie immer ist die Autorin ihre eifersüchtigste Inter-pretin, weist Kritiker zurecht, korrigiert Rezensionen, inter-veniert qua Interview bei vermeintlichen Fehlanalysen. Und wie immer setzt sie sich vordringlich mit dem Problem Auto-biographie –Authentizität auseinander:

> »Wenn ich sage, ich hätte alles von mir selbst in meine Bü-cher gelegt, so glaube ich doch keineswegs, ich könne mich mit einer meiner Figuren identifizieren. […] Was mich be-trifft, so habe ich dauernd, wenn auch nicht immer be-wußt, Wert darauf gelegt, daß die Hauptfiguren, mit deren Hilfe ›ich mich ausgedrückt habe‹, sich in vielen Punkten, vor allem in ihrer äußeren Erscheinung, in ihrem Tempera-ment, in ihrer Konstitution von mir unterschieden […]. Ich bin überzeugt, daß wir immer dann am ›fruchtbarsten‹ sind, wenn wir uns auf Menschen aufpfropfen, die sich we-sentlich von uns unterscheiden.«[65]

Marguerite Yourcenar weiß ihre Literatur zu begründen. Ihr Lebensgrund versinkt. Sie kreuzt mit stolzgeschwellten Segeln. Ihr Liebesboot ist auf den Sand gespült. Josyane Savigneau zeichnet, behutsam und unsentimental wie stets, das Ende von dreißig Jahren, die das Paar mit Anbruch der siebziger Jahre nun in Überschwang und Abschwung, Riten, Manien und hingebungsvoller Liebe der einen, egozentrischem Narzissmus der anderen gemeinsam gelebt hat; nach dem Tode der von Schmerzen und immer neuen Operationen geplagten Grace wird Marguerite diese Zeit als eine lediglich nicht immer ganz friedliche Koexistenz bezeichnen.[66] Durchaus kann man sich des Eindrucks nicht erwehren: da hat jemand das eigene Leben dem Werk geopfert; das eines anderen noch dazu.

Der französische Publizist Patrick de Rosbo, der Marguerite Yourcenar öfter und lange zu ausführlichen Rundfunkgesprächen besucht hat, hielt in der Erinnerung kein angenehmes Bild fest:

> »Stolz und abweisend [...]. Yourcenar die Hochmütige, ihre Kopfbedeckung, halb Schottenmütze, halb Schlägerpfanne, in das Gesicht einer Kriegsgöttin gezogen, die Nasenlöcher kämpferisch gebläht, die weite Pelerine im Seewind flatternd. [...] Wer ihr begegnet, soll ihre Bildung zu spüren bekommen, ihr Denken hinterfragen und die Meditation, die daraus entspringt: Sie wird sich nicht widersetzen, ja es sogar wünschen. Aber die Zugbrücken gehen in der Sekunde hoch, in der man in das Innere dieses Port-Royal, dieses Montségur eindringen will. Die bis dahin gezügelte Heftigkeit oder Verachtung brechen sich dann auf diesem lauernden Gesicht blitzartig Bahn. [...] Alles im Griff haben. Alles beherrschen. Sich nie bei einem Irrtum ertappen lassen, nie eine Schwachstelle zeigen.«[67]

Marguerite Yourcenar hat sich ihre eigenen Verliese gebaut. Die werden vermessen. Einsamer werdend, beginnt sie, ihren Lebensbericht zu schreiben, dessen erster Band *Lebensquellen* in *Le Point* enthusiastisch begrüßt wird:

> »Diese Sprache ist eine der schönsten französischen Sprachen, weniger geschmeidig als die Sprache Aragons, weniger berechnend als die Montherlants, saftiger als die Spra-

che Gracqs oder Mandiargues. Sie besitzt zugleich Sinn für die Größe und den für das Triviale, das Familiäre.«[68]

Doch eine Lebensquelle versiegt. Am 18. November 1970 stirbt Grace Frick. Den größten Triumph der von ihr geliebten Schriftstellerin, zu deren Werk sie mit verehrender Hingabe und betreuender Sorge soviel beigetragen hat, durfte sie nicht mehr erleben: Am 22. Januar findet, ungewöhnlicherweise in Anwesenheit des Präsidenten der Republik, Marguerite Yourcenars Aufnahme in die Académie française statt – die erste Frau in dieser geradezu geheiligten Institution, für Frankreich weit bedeutender als der Nobelpreis. Statt des obligaten Degens hatte sie sich »einen Dolch zur Tötung des Ich« gewünscht. Ein Foto zeigt sie in dem langen schwarzen Samtkleid, das Yves Saint-Laurent für sie entworfen hat, einen weißen Seidenschal um das Haupt; er wird den indianischen Korb einhüllen, der ihre Asche bergen soll.

Wenn die Welle sich am höchsten türmt, bricht sie: Da sie nun zu den »Unsterblichen« zählt, beginnt die Kritik, vieles an ihrer Literatur als abgestorben zu charakterisieren. Man spricht von einer Schriftstellerin, die ihre Statue poliert, von den großen, falschen Attitüden, von ihrem kalten, schwerfälligen, provinziellen Stil und ihrer bleiernen Philosophie. Über die ersten Bände der Gesamtausgabe in der *Bibliothèque de la Pléiade* – auch das eine Ausnahmewürdigung; dieser Pantheon der französischen Literatur bleibt für gewöhnlich lebenden Schriftstellern verschlossen – schreibt der renommierte Kritiker François Weyergans:

»Ich habe soeben tausend Seiten gelesen. Die Hälfte davon taugt nichts. Man kann pro Seite zehn bis fünfzehn Adjektive streichen. Yourcenar vermittelt ihren Lesern die Illusion, daß sie tief schürfende, in gutem Französisch geschriebene Texte lesen, so wie Viollet-le-Duc jedermann glauben machte, er verstehe etwas von gotischer Architektur. [...] Sie ist eine Preziöse.«[69]

Doch Marguerite Yourcenar erreicht derlei wohl nicht mehr. Sie hat einen Zaun um den alten Lebensbezirk gezogen, und an die Pforte hat sie ein Verbotsschild für die gehängt, die neugierig nach ihr und Grace spähten; darauf stand »Die Sache ist ganz einfach: zuerst eine Leidenschaft, dann eine Gewohnheit und schließlich nur eine Frau, die eine kranke Frau pflegt«. Nun schlägt sie sich eine neue Schneise, das letzte Kapitel des Märchens ihres Lebens bekommt einen neuen Prinzen: Jerry Wilson, ein junger, blonder, blauäugiger Amerikaner, der perfekt französisch spricht, eine James-Dean-Erscheinung, den Bekannte als jenen Typ schildern, der überall in der Welt reiche ältere Damen begleitet. Mit ihm, dem sie unirritiert Urlaub gibt, damit er Monate mit seinem Freund Maurice Dumay verbringen kann, holt die inzwischen Achtzigjährige sich Jugend zurück. Sie zeigt ihm »ihr« Frankreich – La Rochelle, Albi, Vence –, wo sie James Baldwin besuchen, dessen Stück The Amen Corner Marguerite Yourcenar übersetzt –, weiter geht die Reise nach Spanien, Algerien, Marokko: Sie hat sich eine Zeitmaschine, zurück in die Vergangenheit, gebastelt, deren Tempo immer exzessiver wird – New York, Venedig, Paris, Brüssel, die Karibik; und die einen Namen hat.

»André«, sagt sie, 1985 nach einer schweren Herzoperation aus der Narkose erwachend. André Fraigneau ...

Sie hat sich den Schmerz dieser frühen, vielleicht einzigen Liebe zurückphantasiert. Mit der souveränen Noblesse des wahren Dandys, der Qualen und Verletzungen braucht, sie ausstellend, um sich zu definieren, steht sie unerfreuliche Szenen von Jerry, Rüpeleien, Alkoholexzesse und kleine Gaunereien durch – als wolle sie, im Alter, die Lebensfähigkeit der von ihr geschaffenen Figuren ausprobieren. Sie, Kaiserin Yourcenar, zähmt sich den jungen Wolf – blond, schön, jung, ein verspieltes wildes Tier; diesmal ein Mensch aus Fleisch und Blut. Der bald an seinem vergifteten Blut sterben wird. War es der Ausbruch lange brachliegender Sinnlichkeit? War es jener Wahn, den sie immer ausgerufen hatte als Elixier? War es Rache? Ob nur Traum oder auch Realität – an dieser vielfach hin- und hergewendeten Spekulation möchte ich mich nicht beteiligen. Für einen Schriftsteller mag die Welt ein Delirium sein. Sein Werk ist Wirklichkeit. Im Dezember 1987 – ermüdet von einer Indien-Reise, gelangweilt von mondänen Diners in Paris, bewegt von einer letzten Begegnung mit Borges in Genf – nimmt sie noch teil an den Dreharbeiten von André Delvaux' Verfilmung der *Schwarzen Flamme*. Kurz darauf liegt sie vom Schlaganfall hingemäht in einem kleinen Krankenzimmer des Spitals von Bar Harbor auf der kühlen Insel. Man brachte ihr das soeben erschienene letzte Buch *La voix des choses*. Sie führte es an die Lippen und lächelte glücklich. Um 21.30 Uhr, am 17. Dezember 1987, war Mademoiselle de Crayencour tot. Marguerite Yourcenar lebt.

Quellen

1 zitiert nach Josyane Savigneau: Marguerite Yourcenar – Die Erfindung eines Lebens. Aus dem Französischen von Rolf und Hedda Soellner. Fischer Taschenbuch Verlag, Frankfurt am Main, 1996; Lizenzausgabe (© Carl Hanser Verlag, München, Wien, 1993), S. 153

2 zitiert nach ebd., S. 60

3 ebd., S. 504

4 zitiert nach ebd., S. 250

5 ebd., S. 271

6 zitiert nach ebd., S. 20

7 zitiert nach ebd., S. 110

8 Marguerite Yourcenar: Liebesläufe – Eine Familiengeschichte. Aus dem Französischen von Rolf und Hedda Soellner. Fischer Taschenbuch Verlag, Frankfurt am Main, 1991; Lizenzausgabe (© Carl Hanser Verlag, München, 1989), S. 232

9 ebd., S. 234 f.

10 ebd.

11 Marguerite Yourcenar: Alexis oder der vergebliche Kampf. Aus dem Französischen von Peter Gan. Fischer Taschenbuch Verlag, Frankfurt am Main 1995; Lizenzausgabe (© Carl Hanser Verlag, München, Wien, 1993), S. 104

12 ebd., S. 122 f.

13 ebd., S. 119

14 ebd., S. 45

15 ebd., S. 132 f.

16 Yourcenar, Liebesläufe, S. 113

17 ebd., S. 148

18 ebd., S. 152

19 ebd., S. 155

20 zitiert nach Savigneau, S. 107

21 ebd., S. 109

22 ebd., S. 130

23 ebd., S. 135

23a ebd., S. 139

24 ebd., S. 143

25 Marguerite Yourcenar: Gedenkbilder – eine Familiengeschichte. Aus dem Französischen von Rolf und Hedda Soellner. Fischer Taschenbuch Verlag, Frankfurt am Main, 1986; Lizenzausgabe (© Carl Hanser Verlag, München, Wien, 1984), S. 27

26 ebd., S. 9

27 ebd., S. 28

28 ebd., S. 54

29 ebd., S. 21 f.

30 zitiert nach Savigneau, S. 140

31 ebd., 154

32 ebd.

33 zitiert nach ebd., S. 155

34 Marguerite Yourcenar: Der Fangschuß. Aus dem Französischen von Richard Moering. Fischer Taschenbuch Verlag, Frankfurt am Main, 1988; Lizenzausgabe (© Carl Hanser Verlag, München, Wien, 1986), S. 65

35 ebd., S. 111 f.

36 zitiert nach Savigneau, S. 166

37 Yourcenar, Fangschuß, S. 37 f.

38 ebd., S. 11

39 ebd., S. 56

40 ebd., S. 40

41 Marguerite Yourcenar: Ich zähmte die Wölfin – Die Erinnerungen des Kaisers Hadrian. Aus dem Französischen von Fritz Jaffé. dtv, München, 1989; Lizenzausgabe (© Deutsche Verlags-Anstalt, Stuttgart, München, 1953), S. 431

42 ebd., S. 414 f.

43 ebd., S. 431

44 ebd., S. 197

45 ebd., S. 23f.

46 ebd., S. 214 f.

47 ebd., S. 216 ff.

48 ebd., S. 279 f.

48a ebd., S. 434 f.

49 zitiert nach Savigneau, S. 261 f.

50 zitiert nach ebd., S. 287

51 Savigneau, S. 286

52 zitiert nach ebd., S. 289

53 zitiert nach ebd., S. 353 f.

54 zitiert nach ebd., S. 323

55 ebd., S. 355

56 Marguerite Yourcenar: Die schwarze Flamme (Aus dem Französischen von Anneliese Hager, René Cheval und Bettina Witsch). Fischer Taschenbuch Verlag, Frankfurt am Main, 1993; Lizenzausgabe (© Carl Hanser Verlag, München, Wien, 1991), S. 89

57 ebd., S. 124 f.

58 ebd., S. 187

59 ebd., S. 185

60 ebd., S. 339

61 ebd., S. 240

62 ebd., S. 204 ff.

63 zitiert nach Savigneau, S. 386 f.

64 zitiert nach ebd., S. 388 f.
65 zitiert nach ebd., S. 392 f.
66 ebd., S. 401,417
67 zitiert nach ebd., S. 425 f.
68 zitiert nach ebd., S. 448 f.
69 zitiert nach ebd., S. 521

Selbstverwirklichung als Selbstzerstörungsorgie

Yukio Mishima

In den Morgenstunden des 25. November 1970, gekleidet in eine theatralische Phantasieuniform und begleitet von vier Kadetten seiner ebenso theatralischen Phantasie-Privatarmee, nahm er den Kommandanten der japanischen Zivilverteidigung in Gefangenschaft. Er befahl, die Soldaten des 32. Regiments sollten im Hof der Kaserne Aufstellung nehmen. Er erschien – sein Freund Morita hatte ein Transparent mit antidemokratischen, prokaiserlichen Losungen entrollt – Punkt 12 Uhr mittags auf dem Balkon zu einer Ansprache, von der im Gegröle der Soldaten nur Wortfetzen wie »Steht auf und sterbt«, »Wir haben lange genug gewartet« zu verstehen waren. Er versuchte, das Stimmengewirr und die amüsiert gelangweilten Zurufe »Hör auf, den Helden zu spielen«, »Runter vom Balkon« mit dem dreifachen »Tenno Heika banzai« – »Lang lebe der Kaiser« – zu übertönen. Er verfiel in Schweigen wie die Menge im Hof: Er verließ den Balkon, er trat ins Zimmer, er sagte, »Sie haben mir nicht einmal zugehört«, er setzte sich auf den Boden, er knöpfte seine Uniformjacke auf, er nahm das Magoroku-Kurzschwert, er stach es in seine linke Seite, er zog langsam die Klinge quer durch den Körper nach rechts.

Yukio Mishima, Japans berühmtester Dichter der Neuzeit, 35 Jahre alt, hatte Seppuku begangen. Nachdem sein Liebhaber Morita nur den Nacken durchtrennt hatte, schlug einer seiner Kadetten ihm den Kopf ab, dann den Moritas mit einem einzigen Schwerthieb. Ein Leben der Exzesse hatte im erwählten Exzess geendet. »Sie hätten rote Rosen für ein Fest mitbringen sollen«, sagte seine Mutter bei der Beerdigung, »zum ersten Mal in seinem Leben hat er getan, was er dringlich und immer tun wollte. Seien Sie glücklich für ihn.«[1] Seinem amerikanischen Freund Donald Keen – dem einer seiner wenigen Abschiedsbriefe galt – erzählte er bereits Anfang 1970 vom Besuch eines Oberschülers, der sich – *Das Pferd, das durchging* war soeben erschienen – von dem gefeierten Schriftsteller nicht abweisen ließ:

> »Ich sagte zu ihm: ›Meine Zeit ist sehr knapp bemessen, und ich kann Ihnen nur eine Frage beantworten. Irgendeine.‹ Der Junge schwieg daraufhin eine Weile; dann sah er mir fest in die Augen und fragte: ›Wann werden Sie sich das Leben nehmen?‹«

Und getreu dem lebenslangen Hang zur zeremoniösen Selbstinszenierung des Oscar-Wilde-Bewunderers hatte Mishima vier Monate vor seinem Selbstmord den befreundeten Redakteur der größten Fernsehstation zu einem erlesenen Abendessen geladen und zu dessen Irritation gefragt, ob sein Tod wohl als Hauptabendnachricht kommen würde; der Versicherung des Journalisten setzte er nach: »Wenn ich Seppuku beginge, würden Sie das live filmen und senden?«[2]

Mishima hatte, ähnlich seinem narzißtischen Osamu im Roman *Kyokos Haus* die Grenze zwischen Tod als »coup de

théatre« und Tod als Realität verwischt; nein: Er hatte sie überschritten. Das eben ist das Faszinierende, Grausige und oft
auch Neckisch-Geschminkte seines Werks. Der 1925 in einer
eher kleinbürgerlichen Familie – bewacht von einer liebevoll-
tyrannischen Großmutter – geborene Kimitake Hiraoka beginnt schon mit zwölf Jahren Gedichte in einer Schülerzeitschrift zu publizieren; die Sehnsucht nach dem Unheil
verraten bereits die Verse des Fünfzehnjährigen:

»Abend für Abend stand ich am Fenster
und schaute aus nach Unerwartetem –
daß eine wilde Staubwolke des Schreckens
wie ein nächtlicher Regenbogen
sich von jenseits der Häuserfront heranschiebe.«[3]

Er ist ein verzärtelter, blasser, ewig kranker, mit einer Tuberku-
lose kämpfender Knabe (wie später viele seiner Romanfiguren noch bis zum Abschlußwerk, dem von der Kritik hinge-
richteten *Das Meer der Fruchtbarkeit*, dessen schwächlicher Kiyoki
durchaus Ebenbild seines Autors ist). Der Junge versenkt sich
zur Empörung des Vaters in das Phantasie-Düster künstlicher
Dome, deren Säulenheilige Rilke und Radiguet, Gide, Oscar
Wilde und Thomas Mann heißen. Erst spät sollte der Vater mit
dem Satz »Wenn du schon Romancier werden willst, dann
bitte der allererste Japans« aufgeben; Mishimas Antwort »Das
werde ich« ist überliefert.

Dem Jungendlichen riß Vater Azusa die Bücher aus der
Hand, zerfretzte sie und warf sie aus dem Fenster des europä-
isch gebauten Hauses; eine tränenüberströmte, doch traditionell schweigende Mutter hatte nicht mehr als ein Streicheln
und eine Tasse Tee. Doch in stummer Resistenz ließ sich der

Literatursüchtige aus seinen Domen nicht verjagen. Auf der hochvornehmen, 1870 für Kinder der kaiserlichen Familie und der Aristokratie gegründeten Schule Gakushu-in, die Mishima seit 1931 besuchte, wagte er sich sogar trotz seiner Schüchternheit in ihm unangemessenen Milieu mit Proben seiner Gedichte hervor. Einer der jungen Aristokratensöhne, Herausgeber der Schülerzeitschrift – man kann ihn gar Mishima-Entdecker nennen –, erinnert sich:

»Ich ging auf die Gruppe von Schülern der untersten Klasse zu und tippte einem von ihnen auf die Schulter. Er drehte sich um und nahm Haltung an. ›Ist Kimitake Hiraoka hier?‹ ›Jawohl.‹ Ich folgte seinem Blick zur ersten Bankreihe. ›Ruf ihn bitte.‹ Nach einer Minute bahnte sich ein schmächtig aussehender Junge seinen Weg zu mir durch die Menge. Er hatte einen mageren Hals und reinweiße Haut. Unter der Kappe, die er tief in die Stirn gezogen hatte, blickten riesige Augen hervor. ›Ich bin Kimitake Hiraoko.‹ Seine Stimme, weder hoch noch tief, gefiel mir. ›Ich bin Bojo, einer der Herausgeber.‹ Er mußte meinen Namen erkannt haben, denn sein Blick wurde entspannter. ›Du hast einige Gedichte eingesandt, und ich habe sie für die nächste Ausgabe vorgeschlagen. … Hier sind ein paar Exemplare unserer Zeitschrift. Du findest darin auch eine Erzählung von mir – lies sie. Ich habe auch einige Anmerkungen zu deinen Gedichten beigefügt.‹ Mishima, äußerst verlegen, nahm die Hefte. Ich nickte kurz zum Zeichen, daß er gehen könnte. Er zögerte, dann grüßte er. An seinem ungeschickten Gruß und seiner Schüchternheit erkannte ich in ihm einen zartbesaiteten Jungen. Ich drehte mich um und ging weg, aber ich bemerkte, daß er von seinen Klassenkameraden ausgefragt wurde. Ich konnte mir gut vorstellen, wie der blasse, schmächtige Junge unter den halb spötti-schen, halb neidischen Fragen seiner Kameraden zur vor-dersten Bankreihe zurückging.«[3a]

Er selber wählt das Pseudonym Mishima nach den »drei In-seln«, von denen man den schneebedeckten Fujiyama sehen kann, sein Japanischlehrer Shimizu rät zu dem Vornamen Yukio, abgeleitet von »Yuki« = »Schnee«. Nach einer ersten Erzählung debütiert Mishima, er ist vierundzwanzig Jahre alt, mit dem strikt autobiographischen Roman *Geständnis einer Maske* – ein Sensationserfolg. Frühere Prosa, oft in entlegenen, wenn auch renommierten Zeitschriften publiziert, war weitgehend unbeachtet geblieben; in ihnen war allerdings Mishimas Lebensthema bereits angeklungen, so als kennte er Platens elegisches »Wer die Schönheit angeschaut...«; tat-sächlich hatte einer der einflußreichsten Kritiker dieser Zeit, Zenmai Hasuda, mit seinem Satz »Sterben heißt, Kultur ha-ben« gleichsam einen ästhetischen Befehl erteilt. Zumindest der von Mishima so bewunderte Raymond Radiguet – dessen Roman *Le Bal du Compte d'Orgel* er wieder und wieder las, wenn er sich nicht gerade in Proust und Cocteau vertiefte – schien diesem Befehl gefolgt zu sein; mit zwanzig Jahren, nach Be-endigung des Romans, starb er 1923 an Typhus. Doch selbst in all den frühen Arbeiten – *Die Diebe* oder *Der blühende Wald* läßt Mishima, ähnlich einem Pianisten, der sein Leitmotiv anspielt, die zeitlebens ihn beherrschende Tonfolge Schönheit – Liebe – Tod durchscheinen; mal steht Akihide in *Die Diebe* am Meer und erkennt, daß seine Sehnsucht nach Yoshiko sich »auf wunder-bare Weise verwandelt in Todessehnsucht«, und mal endet es im gemeinsamen Tod der Liebenden.

Und dann erscheint 1949 *Geständnis einer Maske*. Der schmale Roman ist sein *Werther*, sein Coming-out (um im heutigen Sprachgebrauch zu bleiben), seine Geburt als Schriftsteller von ganz unerhört explosiver Rigidität wie sezierender Kälte. Er wollte seinen ästhetischen Nihilismus entlarven. Was er enthüllte, war seine Homosexualität. Im November 1948 schreibt er seinem Verleger:

»Dies wird mein erster ›autobiographischer‹ Roman. Ich meine nicht den konventionellen Ich-Roman, an den wir uns gewöhnt haben. Ich will das Skalpell der psychologischen Analyse, das ich an fünf Figuren geschärft habe, auf mich selbst anwenden. Ich will versuchen, mich bei lebendigem Leibe zu sezieren. Ich hoffe, dabei wissenschaftliche Genauigkeit zu erreichen, gleichzeitig – mit den Worten Baudelaires – der Verurteilte und der Scharfrichter zu sein. Das verlangt Entschlossenheit, aber ich werde standhalten und weiterschreiben.«[4]

Das, in der Tat, gelang. Was nun begann, war eine der rasendsten Selbstverwirklichungsgeschichten – und das heißt in Mishimas Fall: Selbstzerstörungsorgien der modernen Literatur. Mit poetischer Akribie entwirft Mishima in dem Buch, das man wegen seiner autobiographischen Authentizität kaum Roman nennen mag, den Magnetismus, der von männlichen Körpern, von Achselhaar, Muskeln, schweißglänzender Haut ausgeht, spricht durch die mühsam aufgesetzte Maske, mit deren Hilfe er sich zur Liebe ohne Begehr zwingt: der Liebe zu einem Mädchen. Das Buch ist eine schwarze Messe, Zeremonie von Lust aus Qual und Quälen, ein Gesang in der Tradition Walt Whitmans von der Schönheit zum Tode hin, Sehnsucht und Sucht zugleich:

»Und an noch etwas anderes erinnere ich mich: an den Geruch von Schweiß, einen Geruch, der mich vorwärts trieb, meine Sehnsüchte weckte und mich überwältigte... Doch es war einfach der Schweißgeruch der Soldaten, der mich anzog und einen Reiz ausübte, der sich hinter dem Wunsch verbarg, Patronenhülsen von ihnen zu bekommen. Der Schweißgeruch der Soldaten – jener Geruch, der wie die zu Gold verbrannte Luft über der Küste ist, wie eine Seebrise – drang in meine Nase und berauschte mich. ... Ich brauche nicht zu betonen, daß dieser Geruch, zumindest nicht in dieser frühen Zeit, irgendeinen unmittelbaren Zusammenhang mit sexuellen Empfindungen hatte; doch langsam und hartnäckig weckte er in mir etwas wie eine sinnliche Begier... In jeden Jüngling, der getötet wurde, war ich verliebt. ... Meine Vorliebe für Tod und Nacht und Blut ließ sich nicht verleugnen. ... Mich entzückten Vorstellungen, bei denen ich selber entweder auf dem Schlachtfeld starb oder ermordet wurde. ... Ich empfand ein unsagbares Entzücken darüber, erschossen worden zu sein und auf der Schwelle des Todes zu stehen.[5]

Was dann Basso continuo seines gesamten Werks werden sollte; seines Lebens, dessen schwarze Räusche und blutrünstige Phantasien er gleichsam aufschrieb in Romanen, Gedichten, No-Spielen: Das ist, einem Notenschlüssel gleich, alles bereits in dem furiosen Erstling angelegt. Der erschließt die Kadenzen einer hymnisch flackernden Gregorianik.

Die zentrale Passage des Romans führt die krude Gleichung eines ästhetisierten Tortur-Lebens mit dem poetischen Produkt vor: Der Knabe ist vor Guido Renis Bildnis des Heiligen Sebastian – seit dem 17. Jahrhundert bis auf den heutigen Tag

Ikonographie der narzißtisch-genußvollen Selbstverletzung – in einen ekstatischen Taumel geraten. Die Bildsprache des Caravaggio-Schülers, der makellose Nacktheit, schmerzliche Herrlichkeit und muskulöse Anmut zu einer weihevollen Feier der Agonie zusammenfügt, wirkt auf Mishimas Alter ego wie die Verkündigung melancholischer Wonne:

>Das Blut schoß mir ins Gesicht, und meine Lenden schwollen an wie im Zorn. Das monströse Glied war nahe daran zu zerplatzen und verlangte mit brennender neuer Heftigkeit, daß ich es gebrauche. ... Dies war meine erste Ejakulation.«[6]

Doch ist es nicht lediglich eine Romanszene von düsterer Dramatik. Es ist auch eine Art mosaisches Gesetz, das Mishima seiner Existenz auferlegt, zu leiden und zu jauchzen: Eines der eindringlichsten Fotos, die Mishima von sich in bizarren Inszenierungen und surrealen Draperien aufnehmen ließ, war eine Nachstellung genau dieses Guido-Reni-Gemäldes; der Autor als nackter Torso, seinen schönen Körper in gefälliger Biegung darbietend, die gefesselten Handgelenke über dem Kopf gekreuzt. Opfer, Heiliger, in Wollust Verletzter: Der Autor tritt als Verkörperung seiner Figur aus der Fiktion in die Realität, Regisseur einer Mörderbühne, die zugleich vom eigenen Blut rotgewaschen ist, wie wenig später im Roman ein wüster Traum zelebriert wird:

>Im Handumdrehen hatte er ihn splitternackt ausgezogen. Der nackte Jüngling lag so, wie er auf den Küchentisch geworfen worden war, mit dem Gesicht nach oben. Seine Lippen waren ein wenig geöffnet. Ich gab diesen Lippen einen

zögernden Kuß. ... ›Ich glaube, dies ist eine gute Stelle‹, sagte ich und stieß die Gabel mit aller Kraft in B.'s Herz. Ein Strahl roten Blutes spritzte mir mitten ins Gesicht. Ich hielt das Messer in der rechten Hand und begann langsam das Fleisch, vorerst in dünnen Scheiben, von der Brust zu lösen...«[7]

Yukio Mushima war nun ein Star. Seine Bücher wurden Bestseller, wurden verfilmt, wurden als Fortsetzung in auflagenstarken Zeitungen abgedruckt. Er war reich. Er führte ein so extrovertiertes wie extravagantes Leben, trat in den Verfilmungen seiner Bücher auf. Anfang der sechziger Jahre – Mishima verdiente inzwischen die damals fabulöse Summe von 75 000 Dollar pro Jahr –, nach dem literarischen Misserfolg seines Romans *Kyokos Haus*, der aber aufgewogen wurde durch die enorme Popularität vieler anderer Bücher, bald stand sein Name auf 140 Buchtiteln, bestand er darauf, einen Gangster zu spielen, wischte die Bedenken des Regisseurs, »Glauben Sie, daß Sie das Gesicht eines Filmstars haben?«, mit einem »Ohne Frage« beiseite und zeigte auf sein so stolz gepflegtes Brusthaar. Eine Woche später berichteten die Zeitungen in Balkenüberschriften: »Mishima spielt einen behaarten Banditen. Mishima, die Pistole in der Hand, protzt mit seinem Brusthaar.« Und wie zuvor vermengten sich Artist und Kunstfigur: Mishima kleidete sich wie ein Filmstar, trug auch nachts Sonnenbrillen, ließ sich in Marlon-Brando-Pose fotografieren und fütterte seine Interviewer mit frisch eingegangener Fanpost.

Er verstreute sein Geld in der Homosexuellenszene Tokyos, holte sich zur Verblüffung seiner Begleiter bei einer USA-Reise jeden Nachmittag siebzehnjährige Burschen aus den Parks von San Francisco, ließ Aktfotos von sich verbreiten, die einen durch extensiv betriebenes Bodybuilding kräftig-muskulösen Mann mit wilder Körperbehaarung zeigten; also einen Mann, wie Mishima ihn immer und immer wieder als Ideal maskuliner Schönheit porträtierte. Er war sein eigenes ästhetisches Idol geworden, hatte sich selber erschaffen – das Bildnis des Dorian Gray und Mr. Dorian Gray in einem. Der Skandal dieses Schriftstellers als Schausteller – noch dazu in Japan, noch dazu in den fünfziger, sechziger Jahren – mag durch einen Vergleich illustriert sein: Man stelle sich Nacktaufnahmen von Günter Grass vor, Uwe Johnson in schwulen Bars, Heinrich Böll als Gastgeber mondäner Partys oder Peter Weiß als Bodybuilder. Mishima formulierte auch das Motto für sein inszeniertes Leben: »Die meisten Schriftsteller sind im Kopf vollkommen normal und spielen nur den wilden Mann. Bei mir ist es umgekehrt – innen bin ich kaputt.«

Er trank Ruhm aus einem Schierlingsbecher. Während schon in den sechziger Jahren seine literarische Reputation sank – selbst ein so perfekt gebauter Roman wie *Der Seemann, der die See verriet* oder der von ihm bevorzugte *Nach dem Bankett* wurden von der Kritik abgewertet –, gefiel er sich in vielen mondänen Posen; so als Gastgeber von (damals in Japan unüblicher) europäischer Eleganz in seinem luxuriösen Haus, in das Filmdirektoren, Chefredakteure, Verlagschefs und Society Ladies zu Gänseleberpastete, Schnecken, Kaviar, Champagner und Crêpes suzette flambantes per Stahlsticheinladung gebeten wurden. Es schien, als geronne sein Porträt zur Kopie, sein Leben zu ausgeborgter Staffage – augenscheinlich wollte er europäischen Luxus imitieren, den er auf Reisen kennengelernt hatte und bewundernd beschrieb:

»Ich war erleichtert zu hören, daß es euch beiden gutgeht. Paris war, trotz all meiner Beunruhigung, ein großer Erfolg. Als wir abends ankamen, führten uns die Rothschilds zum Abendessen in den Tour d' Argent; am nächsten Tag war ich Ehrengast bei einem Lunch mit Kritikern; tags darauf Dinner mit weiteren Kritikern, diesmal war Madame Malraux anwesend. Auch Gallimard selbst lud mich ein, und ich habe so viele Interviews gegeben, daß ich sie hier nicht aufzählen kann; am Samstag bin ich in das Landhaus der Rothschilds eingeladen. Ihr Haus in Paris ist wie ein Palast – ich bewege mich in der Pariser High-Society in einer Welt, wie ich sie bisher nur aus Filmen und Romanen kannte. Und das nicht etwa als Tourist, sondern als eine Hauptperson.«[8]

Als wolle er das lateinische »persona«, das auch »Maske« heißt, in Leben und Werk raffiniert variieren, versuchte er, die Maske zu sein. Zu diesem Vexierspiel gehörte nicht nur die mondäne Attitüde, mit der er die Chefredakteure von *Time* oder *New York Times* wie ein Kulturminister in Tokyo empfing und in teuersten Etablissements bewirtete, sondern auch eine Art literarischer Spagat – er sah sich als Bewahrer und Erneuerer japanischer Tradition, und er band unendliche Einflüsse des europäischen Geisteslebens in seine Texte ein. Nicht nur in *Geständnis einer Maske* wird von Magnus Hirschfeld und Marcel Proust, den Brüdern Grimm und de la Motte Fouqué, von Stefan Zweig und Andersen so beiläufig gesprochen, als sei derlei selbstverständlicher Kanon des japanischen Lesers. Der häufig formulierten Vermutung, Yukio Mishima sei Opfer eines kulturellen Konflikts geworden, habe gleichsam die Verknotung seiner Einflüsse mit dem Samuraischwert durchschlagen, tritt sein Freund Donald Keen, herausragender Kenner von Mishimas Werk, entgegen:

»Ich kann dazu nur sagen, daß ich niemals den Eindruck hatte, Mishima werde zwischen Ost und West hin- und hergerissen. Er schätzte den Osten wie auch den Westen, ja mehr noch, beide waren für ihn wesentlich; von Unvereinbarkeit konnte keine Rede sein. Die Bewunderung, die Mishima für die japanische Vergangenheit hegte, hat niemals dazu geführt, daß er die westliche Kultur ablehnte. Ich kenne keinen anderen Romancier, der mit der europäischen Literatur, der klassischen wie der modernen, vertrauter gewesen wäre als Mishima. Er hing beiden Traditionen an und verband sie meisterhaft miteinander. ... Statt von einem Konflikt sollte man vielleicht lieber von zwei unteilbaren Aspekten seiner Persönlichkeit sprechen. Mishima selbst nannte diese beiden Aspekte ›die Chrysantheme und das Schwert‹.«[9]

Wir sehen einen Schriftsteller, der mit eiserner Disziplin täglich fünf Stunden am Schreibtisch eine Welt erfindet – und der abends der Gesellschaftswelt seine Reverenz erweist, und sei es, indem er auf einem Empfang der britischen Botschaft dem Ehrengast, Dame Margot Fonteyn, im maßgeschneiderten Smoking zwölf riesige weiße Orchideen überreicht oder Tennessee Williams den Grand Marnier an den Kamin bringt.

Der Künstler Mishima hat den Spagat nicht immer bewältigt. Er hat der Welt aufgewartet – genau beobachtet hat er offensichtlich nur sich. Sein großartiger Biograph John Nathan, dem viele Details dieses Essays zu danken sind, spricht von einer Mauer aus Eis, die ihn von der Umwelt isolierte. Als experimentiere da jemand mit Drogen und beobachte sich haargenau dabei, so legte er jede Tränenwimper unter das Mikroskop, fotografierte das Präparat; und siehe: Es war Kunst.

Nicht immer. Eben diese Introspektion macht so manche seiner Texte sentimental, schwächlich, dekorativ:

»Und was für sinnliche Schultern sie hatte! Wie Küstenlinien begannen sie ohne wirklichen Anfang und fielen in sanftem Bogen vom Kap ihres Halsansatzes ab. Anmutig hoheitsvoll waren sie und so geformt, daß ein Seidentuch an ihnen heruntergeglitten wäre. Wenn ich ihre Brüste umfaßte, dachte Ruyji, wie wunderbar feucht und schwer würden sie sich in meine Handflächen schmiegen. Ich fühle mich für den ganzen Körper dieser Frau verantwortlich, denn sie ist von der gleichen sanften, lockenden Zärtlichkeit erfüllt wie andere Dinge, die mir gehören. Die betörende Süße ihrer Nähe läßt mich erzittern, und wenn sie mein Zittern spürt, wird sie sich wie ein Blatt an einem windgepeitschtem Baum bewegen und schließlich sogar das Weiße ihrer Augen zeigen. ... Gleich einem Insekt, das seine Flügel zusammenfaltet, senkte Fusako ihre langen Wimpern. Ryuji glaubte vor Glück den Verstand zu verlieren.«[10]

Die bebende männliche Brust, selbstverständlich immer dicht behaart; die gewaltige Leidenschaft voll ozeanischer Dünung; die sinnlichen Schultern und die betörende Süße ihrer Nähe – in leichtsinniger Unachtsamkeit scheut Mishima keine Puderzuckerwolke, um seine Figuren zierlich zu überstäuben. Dem entsprechen Klischee-Sentenzen, die er ihnen anheftet wie kleine Plaketten:

»Ein Mann begegnet nur einmal im Leben der idealen Frau, und immer steht zwischen ihnen der Tod. ... Aus ihrer Stimme klang die Freude, die eine Frau empfindet, wenn sie einen Mann trösten kann.«[11]

Diese beiden Sätze verraten zweierlei: Yukio Mishima – inzwischen standesgemäß verheiratet nach dem Motto »Ich kann nur eine Frau an meiner Seite dulden, die an meinem Leben nicht teilnimmt« und Vater zweier Kinder – kann seinen Frauengestalten nicht Leben geben. Sie sind Dienerinnen, Ehebrecherinnen oder Mütter im schönen Kimono; Schmetterlinge. Sein erotisches Sensorium ist auf den männlichen Körper – tickhaft zumeist auf das Haar – fixiert und auf die Psyche des Mannes. Dessen Einsamkeit, Versunkenheit, dunkle Sehnsucht oder auch bambusbiegsame Verlogenheit umspannt sein Zirkel. Und Landschaft. Die ist da, sie will nichts, sie fordert nicht, ist Größe oder Gefahr per se; eine Landschaft kann nicht Partner sein. Mishimas Landschaftsbilder haben die pastellene Schönheit von Hokusai-Zeichnungen:

> »Mit zunehmender Dunkelheit setzte der Gesang der Baumzikaden ein, in den hier und da noch stehengebliebenen Pfützen spiegelte sich verlöschendes Abendlicht. In den Reisfeldern rechts und links spielte eine feuchte Brise. Dunklen Wogen gleich stand auf den Feldern mit gebeugten Ähren die Frucht. Ohne den kornsatten Schimmer des Mittags glich sie einer unüberschaubaren Masse bewußtloser Pflanzenleiber.«[12]

Wenn er dagegen Menschen miteinander in Beziehung zu setzen versucht, mißlingt es in der Regel. Bereits seine literarische Methode verrät das – auf verblüffend altmodische Weise spricht dann ein allwissender Erzähler, der entweder kommentiert »Denn Leidenschaft ist etwas Formhaftes« oder auf geradezu rührende Weise sein episches Unvermögen eingesteht:

> »Sie wußte es nicht, aber sie war vor allem verzweifelt, weil es keine Möglichkeit gibt, menschlichen Empfindungen angemessenen Ausdruck zu verleihen. Ist es nicht unsinnig, daß man den Tod von zehn Menschen nicht anderes beweinen kann als den Tod eines einzelnen?«[13]

Diese banale Technik des »Der Leser wird inzwischen begriffen haben, daß...«, die an obligateste Balzac-Fortsetzungsromane gemahnt, braucht Mishima nicht, wenn er auf sein eigentliches Thema kommt: die weltverlorene Einsamkeit zum Tode hin, die Verbindung von Eros und Tod; denn die Wirklichkeit interessierte den Autor, der schon 1955 von sich sagte: »Es ist erschreckend, wie sehr die äußere Welt aufgehört hat, mich zu beschäftigen«,[14] überhaupt nicht. Deshalb wurde der Roman Liebesdurst ein kleines Meisterwerk, ein erotischer Krimi, eine Legende von Gier und Mord. Es geht nicht um Leidenschaft, sondern um Verfallenheit, ein epischer Gegenentwurf zum existenzialistischen Gedanken, der Mensch sei frei in Wahl und Entscheidung. Diese Etsuko, Witwe und lustlose Beilägerin ihres sie knöchrig befingernden Schwiegervaters, hatte in ihrem Fatum sowenig Wahl wie das Wasser, das stets nach unten rinnt – da ihr Schoß den jungen Bauernburschen nicht in ihre imaginäre Herrlichkeit retten konnte, mußte er gerichtet werden. Ein anderes Mal also variiert Mishima sein Leitmotiv von Verlangen und Verlöschen. Es ist die Hymne, über der er seine Blutfahne hißt, so andächtig wie hoheitsvoll. Als er im Dezember 1966 zwei junge Leute kennenlernt, die sich »Neonationalisten« nennen, trifft er seine Todesboten – ein Cocteau-Film, der den Nachteil hat, Realität zu sein. Mishima, der eben noch die »stilistische Integrität« seines Werks als tief beeinflußt von westlicher Formsprache betonte, publiziert alsbald in einem rechtsgerichteten Winkelblättchen, in dem er bekennt: »Mein wahres Leben als Schriftsteller ist das reine Japan der japanischen Sprache, die ich jeden Abend in meinem Arbeitszimmer benutze.«[15]

Doch in einem zweiten Aufsatz, *Neujahrsdilemma*, verabschiedet er sich endgültig von der bislang kultivierten Position, »lässig in Blue jeans und Aloha-Hemd in einem Rokokosessel zu sitzen«; vielmehr stimmt er in das heldische Credo seiner attraktiv-heldischen Verführer »Wir wollen sterben« ein:

>»Ich werde mindestens fünf Jahre benötigen, um dieses wichtige Werk [*Das Meer der Fruchtbarkeit*] zu beenden. Dann bin ich 47. Das heißt, wenn diese Arbeit vollendet ist, werde ich mich auf ewig damit abfinden müssen, daß ein großartiges heroisches Ende für mich unmöglich geworden ist. Den Gedanken an den Heldentod aufzugeben oder aber mein Meisterwerk nicht zu vollenden – diese Entscheidung steht bevor und erfüllt mich mit Unruhe. Ich höre die Leute jetzt sagen: ›Aber Sie sind Schriftsteller, und für einen Schriftsteller ist es das wichtigste, eine Arbeit gut zu Ende zu bringen – wenn Sie Ihr Werk vollenden, werden Sie vielleicht ein literarischer Held.‹ Was mich betrifft, so ist es ein falscher Gebrauch der Sprache, von einem literarischen Helden zu sprechen. Der Held ist eine Vorstellung, die nur

am Gegenpol von Literatur zu finden ist. ... Wie immer ist es der Ruhm des Helden, der mich reizt, nicht der des Schriftstellers. Ich höre die Leute antworten: ›Sie verharren in der Vergangenheit. Versuche, diese Art aktiver Held zu werden, von der Sie sprechen, sind spätestens für einen über Dreißigjährigen müßig, und Sie sind 45. Weshalb also hören Sie nicht auf, eine alte Jungfer zu spielen, die sich hinter dickem Make-up versteckt, und geben das Leben der Aktionen auf, um sich auf die Literatur zu konzentrieren?‹ Und doch bin ich noch immer so stark und tatkräftig wie ein junger Mann und mit 42 gerade noch jung genug, ein Held zu werden. Takamori Saigo (ein anderer Fanatiker des 19. Jahrhunderts, der Seppuku beging) starb den Heldentod mit 50. ... Wenn ich jetzt handle, ist es gerade noch rechtzeitig. Andererseits ist da das wichtige Werk...«[16]

Bis vor kurzem noch perfekt gestylter Silberdiener einer immerwährenden Party im ›Hotel Abgrund‹, wird der Schriftsteller nun zum Hasser eben dieser Gesellschaft; die Maske wird Fratze. Er schlägt einen Weg ein, den Jahrzehnte vor ihm mit ihrem rigorosen Antiliberalismus europäische Schriftsteller gingen – Johannes R. Becher oder Gottfried Benn in Deutschland, Marinetti in Italien. Man spricht davon, daß Mishima »Faschist« wurde. Ich bin nicht sicher, ob das die richtige Kategorie für Mishimas ekstatische Rückgewandtheit ist. Faschismus, gar Nationalsozialismus, hatte ja praktische Gegenangebote; beide lebten wesentlich von dem Ideologiegebräu aus Krieg und Rassismus. Beider Rhythmus war der Marschtritt der Masse – keineswegs das Todesfanal des heroischen Einzelnen. Sie hatten konkrete politische Führer und präzise sozioökonomische Gesellschaftsmodelle. Nichts davon bei Mishima – er ist ein todessüchtiger Träumer jenseits der Wirklichkeit; für eine bessere hat er keine Entwürfe, weil Wirklichkeit überhaupt ihn nicht interessiert. Seine schließlich fanatische Kaiserverehrung war nicht Hingabe an diesen konkreten Kaiser – dessen korruptes Schranzensystem er vielmehr attackierte –, sondern Idolisierung des Kaisertums. Mishima persönlich wollte nichts werden, er wollte untergehen. Die Askese des penibel seine Zeit zwischen Körpertraining und Kopfarbeit Einteilenden war die eines Soldaten ohne Armee:

»Der Tag beginnt um sechs mit Morgenappell, Kaltwassermassage, einem Zwei-Meilen-Lauf. Ich kratze bei jeder Mahlzeit meinen Teller sauber. Und ich schlafe wie ein Baby in meinem Eisenbett, eingewickelt in eine Militärdecke. … So seltsam es klingen mag, zu etwa 40 Prozent bin ich für das Soldatenleben geschaffen.«[17]

Ganz ohne Armee war er nicht. Gemäß seinem Lebensentwurf, Wahn und Wirklichzeit zu vermengen, die Bühne für das Eigentliche zu nehmen und den theatralischen Akt für Handeln, schuf er sich eine ›Schwarze Armee Faktion‹, eine Garde junger antidemokratischer Fanatiker in Operettenuniformen, die ihren bürgerlichen Überdruß in geheimen Trainingslagern wegexerzierten. Yukio Mishima wurde zum Ödipus-Darsteller, der sich nicht hinter der Bühne die Augenhöhlen mit schwarzer Kohle zuschminkte, vielmehr sich auf offener Bühne die Augen ausstach. Da er Phantasiegebilde als Regisseur brauchte, wählte er die klassische Figur des Samurai als Vorbild:

»Der Beruf des Samurais ist das Geschäft des Todes. Gleich-
gültig, wie friedvoll die Zeiten, in denen er lebt, der Tod ist
die Basis für all seine Handlungen. In dem Moment, wo er
beginnt, den Tod zu fürchten und zu meiden, hört er auf,
ein Samurai zu sein.«[17a]

Wie jeder Literat vom Zitieren lebt, so borgte sich auch
Mishima selbst diesen Schwur zum Tode; in einem berühmten Manifest des Samurai Jocho Jamamoto aus dem 17. Jahrhundert heißt es:

»Wisse, daß das Wesentliche des bushido das Sterben ist.
Das bedeutet, daß ein Samurai vor der Wahl zwischen Leben
und Tod immer den Tod wählt. So einfach ist das. Der Gedanke, daß ein Tod, durch den nichts erreicht wird, ein ver-
geblicher Tod ist, gehört dem im Gebiet von Kyoto prakti-
zierten ›berechnenden bushido‹ an. ... Solange es der Tod
ist, für den du dich entschieden hast, kann er nicht ›vergeb-
lich‹ sein – der Tod kann keine Schande sein.«[18]

Doch der Dichter hatte wieder einmal Worte für Wahrheit genommen:
Yamamoto beging nicht Selbstmord, er wurde Mönch, diktierte jenes Manifest mit dem Titel *Hagakure* und starb friedlich
mit 61 Jahren.
Mishima dagegen, der einen ausführlichen Kommentar
zum *Hagakure* geschrieben und angegeben hatte, dieses Buch –
»ein Schlüssel zur Freiheit« – sei das einzige, das stets auf seinem Nachttisch liege, verfaßte gemeinsam mit seinen Getreu-
en im Februar 1968 einen »heiligen Eid«:

»Wir schwören im Geiste wahrer Männer von Yamamoto, uns mit dem Schwert in der Hand gegen jede Bedrohung der Kultur und geschichtlichen Kontinuität unseres Vaterlandes zu erheben.«[19]

Im Gestus pathetisch erhitzter Knaben signierten alle mit ihrem Blut. Im Herbst desselben Jahres, bei einem Universitäts-Teach-in, definierte Mishima das Richtungslose seiner Bewegung; er war ein Don Quichote ohne Windmühle geworden, der Ritt und die Lanze interessierten ihn, nicht das Ziel:

»Anfangs war ich eine Art Führer. Ich glaubte, daß ich nichts anderes zu tun brauchte, als die Festung Kunst zu verteidigen. Aber das reicht geistig nicht aus. Das mag einem ›lebenden Kulturerbe‹ genügen, jemandem, der Lackschachteln bemalt oder schöne Keramiken herstellt. Doch in mir gab es etwas, das mit Kunst allein nicht zufrieden war. Ich begriff, daß ich Taten brauchte, um mich geistig voranzubringen. Was konnte ich tun? Mir wurde klar, daß ich, um meinen Geist in Bewegung zu halten, zunächst meinen Körper in Bewegung bringen mußte. So bewegte ich meinen Körper, aber nur den Körper zu bewegen ist Unsinn, obwohl viele das in Fitneßclubs und ähnlichem tun. … Jede Aktion muß eine Reaktion zur Folge haben – und woher kommt die? Von einem Gegner. Ohne Gegner hat Aktion keinen Sinn. Ich brauchte also dringend einen Gegner, und so kam ich auf den Kommunismus. Nicht, daß die Kommunisten mich angegriffen oder mein Haus in Brand gesteckt hätten. Ich hatte eigentlich kaum einen Grund, ich wählte den Kommunismus einfach deswegen, weil ich einen Gegner brauchte, der mich zu Aktionen provozierte.«[20]

Ein paar Monate später, in einem berüchtigten konterrevolutionä-ren Manifest, zieht er endgültig die Wurzel aus Ästhetik und Po-litik: »Der Kampf wird ein einziges Mal ausgefochten, bis zum Tod. ... Wir sind die Verkörperung der japanischen Schönheit.«[21]

Die Apotheose, zu der er sich viele Romane hindurch hinauf-geschrieben und zu der er sich nun heruntergelebt hatte, war der Liebestod. In seinem Freund Morita hatte er den Liebha-ber gefunden, nach dem er sein ganzes Leben gefahndet hat-te. Indem der ihm den Kopf abschlug, erfuhr Yukio Mishima seine letzte große Befriedigung.

Quellen

1 zitiert nach John Nathan: Mishima – a biography. Charles E. Tuttle Company, Tokyo 1975 (Übersetzung: Fritz J. Raddatz), S. 281

2 Yukio Mishima: Tod im Hochsommer. Aus dem Amerikanischen von Ulla Hengst. Rowohlt Verlag, Reinbek 1971/1986, S. 301

3 zitiert nach Hans Eppendorfer: Der Magnolienkaiser – Nachdenken über Yukio Mishima. Rowohlt Taschenbuch Verlag, Reinbek b. Hamburg 1987, Lizenzausgabe (Verlag Vis-à-Vis, Berlin, 1984), S. 2

3a zitiert nach Nathan, S. 33 f.

4 zitiert nach ebd., S. 94

5 Yukio Mishima: Geständnis einer Maske. Aus dem Amerikanischen von Helmut Hilzheimer. Rowohlt Taschenbuch, © Rowohlt Verlag GmbH, Reinbek b. Hamburg 1985, S. 14, 18, 20, 22

6 ebd., S. 30

7 ebd., S. 60 f.

8 zitiert nach Nathan, S. 202f.

9 Mishima, Tod im Hochsommer, S. 296f.

10 Yukio Mishima: Der Seemann, der die See verriet. Deutsch von Sachiko Yatsushiro. Rowohlt Verlag, Reinbek b. Hamburg 1970

11 ebd., S. 46 f.

12 Yukio Mishima: Liebesdurst. Aus dem Japanischen von Siegfried Schaarschmidt. © Insel Verlag, Frankfurt am Main, 2000, S. 12

13 Mishima, Tod im Hochsommer, S. 19

14 zitiert nach Nathan, S. 127

15 zitiert nach ebd., S. 218

16 zitiert nach ebd., S. 219

17 zitiert nach ebd., S. 222

17a zitiert nach ebd., S. 223

18 zitiert nach ebd., S. 223

19 zitiert nach ebd., S. 225

20 zitiert nach ebd., S. 240

21 zitiert nach ebd., S. 242

»Ich war die Stunde meiner Reinwerdung«

STÉPHANE MALLARMÉ

Paul Valéry nannte ihn den »ersten Dichter seiner Zeit«[1] – aber als 1876 sein wohl berühmtestes Gedicht, der später von Debussy vertonte *L'Après-midi d'un Faune* mit einem Frontispiz von Manet erschien, schmähte der *National* diese Zusammenarbeit der beiden Künstler als »Complicité criminelle« und spottete mit einem Wortspiel über »Eau forte et colle forte«, was grob übersetzte heißt »ätzender Strich und klebriger Leim«.[2] Paul Verlaine pries seine »gigantische« Leistung in so hohen Tönen, daß er seinen Artikel mit den Worten abbrach: »Halten wir inne – eine Eloge ist wie die Sintflut: auf dem Höhepunkt muß sie enden«[3] – indes bereits einer seiner engsten Freunde ihm schon 1864 anläßlich des Abdrucks seines Gedichts *L'Azur* skeptisch schrieb:

»Manchmal scheint mir zugunsten der Klarheit die Poesie verlorenzugehen, manchmal dagegen werden Sie dunkel durch das Poetische. Die Form, die Idee, alles ist perfekt, mit Ausnahme einer vielleicht ein wenig zu weit getriebenen Verschachtelung des Satzes ... Nicht für mich spreche ich hier; für mich erhöht das Geheimnisvolle, das Ihre Poesie umgibt, sogar noch den Genuß; sondern ich denke an das Publikum, zu dem Sie sich nicht hinabbegeben sollen, dem man aber die Möglichkeit geben muß, sich zu Ihnen zu erheben.«[4]

Paul Claudel feierte seinen Geist, seine Intelligenz, seine spielerische Meisterschaft, den Atem seiner dichterischen Glückseligkeit[5] – doch einer der einflußreichsten Kritiker der Zeit schleuderte geradezu Donnerworte:

> »Er ist der erstaunlichste Zeitgenosse und für Liebhaber der Possenreisserei der überraschendste. Originell? Nein … Aber in seinem Ungestüm des Imitierens unübertroffen … Den Anstoß gibt natürlich Monsieur Baudelaire, aber der wilde Baudelaire ist im Vergleich zu diesem heißblütigen, ungezügelten und verwirrten Fohlen mit seiner zerzausten Mähne nur ein altmodischer, korrekter, gebürsteter und geschniegelter Académicien. Die Poesie der Parnassiens denkt und fühlt nicht. Sie ist nichts als eine gewöhnliche Übung mit Reimen, Zäsuren und Enjambements. Enjambements, wie die Rundungen der Beine von Tänzerinnen und all den Anstößigkeiten, die im Allgemeinen auf diese Rundungen folgen. Sie besingt weder Gott noch Vaterland, weder aufopfernde Liebe noch irgendeine der Tugenden unseres armen Herzens.«[6]

Der lobpreisende Brief, mit dem sich 1893 der junge Kritiker Francis Jammes ihm vorstellt, klingt bereits doppeldeutig:

> »Mir erscheint Ihre Poesie wie eine große, weiße mit Seerosen geschmückte Dame, die plötzlich, überrascht und gerührt lächelnd stehenbleibt vor einem kleinen Mädchen,

das mit Knöchelchen spielt: meiner Poesie. Lassen Sie nur, die beiden sind Freundinnen.«[7]

Und schließlich wird es Jean-Paul Sartre sein, der – mit Vergnügen André Gides bösartiges Verdikt über »diese Aprioristen-Literatur« zitierend[8] – in Mallarmés Werk einerseits das Höchste sieht, das die französische Literatur je erreicht hat, um in dialektischer Volte zugleich eher vernichtende Urteile zu fällen: »Diese kleinen vagen Seelen, die immer der Ohnmacht nahe waren ... Die Wahrheit ist, daß er nichts zu sagen hat ... Nein, er wird die Welt nicht in die Luft sprengen; er wird sie ausklammern«[9] – und gleichsam mit einer Pinzette zieht Sartre als Demonstrationsobjekt einen Brief von Mallarmé hervor:

»Ich habe so wenig Leben, daß ... mein Kopf ... mir auf die Brust fällt ... Ich schleppe mich dahin wie ein Greis. Ich bin ein Toter, ein Leichnam. Die Krankheit der Idealität überläßt mich nicht einmal dem Ennui, den ich anrufe und den ich träume. Ich bin ein Impotenter des Ennui.«[10]

Es ist also die volle Wahrheit, wenn Paul Valéry einmal zu Mallarmé sagte:

»Die einen tadeln Sie, die anderen verspotten Sie. Sie irritieren, sie erregen Mitleid. Der Glossator amüsiert auf Ihre Kosten mit Leichtigkeit die Welt, und Ihre Freunde schütteln den Kopf ...
Aber wissen Sie, spüren Sie, daß es in jeder Stadt Frankreichs im Verborgenen einen jungen Mann gibt, der sich für Ihre Verse und für Sie in Stücke reißen ließe?

Sie sind sein Stolz, sein Geheimnis, sein Laster. Er isoliert sich von allen in der ungeteilten Liebe und im vertraulichen Umgang mit Ihrem Werk, das schwer zu finden, zu verstehen, zu verteidigen ist …«[11]

Wer also war dieser Stéphane Mallarmé, der auf seiner Geburtsurkunde vom 18. März 1842 noch Etienne hieß, Sohn einer gutbürgerlichen Pariser Beamtenfamilie, dessen Mutter nach einer Italienreise starb, als er fünf Jahre alt war, dessen Vater fünf Jahre später – was von der Familie noch immer als unziemlich rasch unverziehen blieb – sich wieder verheiratet und der nach Jahren in einem aristokratischen Pensionat und nach Absolvieren eines vornehmen Gymnasiums mit zwanzig Jahren sein erstes Gedicht veröffentlicht? Ist er – bald Englischlehrer in wechselnden Provinzstädten – ein obskurer Freizeitdichter, ein geschmäcklerischer Wortfeiler, ein Neutöner der von Baudelaire, Verlaine und Rimbaud bereits illuminierten französischen Sprache, oder ist er ein sich mit müder Zierlichkeit von der Welt Verabschiedender, ›l'homme blasé‹ und ›l'homme blessé‹ zugleich?

Stéphane Mallarmé ist alles in einem. Er ist ein hochmütig Bescheidener, der die Welt verachtet, da sie ohnehin für den Künstler nur herablassende Verachtung aufzubieten hat, und der jeglichem Ruhm, jeglicher Anerkennung, jeglichem Erfolg entsagt – was leicht ist, da nichts davon im Angebot der entstehenden Warenwelt ist. Er ist ein depravierter Kleinbürger, schmollend in den muffigen Schulklassen der verabscheuten Provinz und sich in eine immer hermetischere Alchimie der Worte rettend, die er zu prunkendem Geschmeide hämmert, da die großen Gefühle verlodert sind: »Sie begehren den Haß und haben nur den Groll.«[12]

Die Räusche sind zerronnen zum Rausch der Industrialisierung – und so wird ihm Poesie zur Technik, für die er – als könne er ein Fabrikationspatent anmelden – ein ganz eigenes Herstellungsverfahren entwickelt, das schon Verlaine hatte:

»Uns, die wir die Wörter ziselieren wie Schalen
Und die wir ganz kalt bewegte Verse machen.«[13]

Mallarmés Lebensthema, mal grandios, mal weinerlich variiert, wird das Nicht-Sein (»le néant«):

»Ein gut Teil Unglück und ein gut Teil Galle.
Die Imagination, unruhig und debil,
Macht in ihnen zunichte das Streben der Vernunft.
In ihren Venen das Blut, durchdringend wie Gift,
Brennend wie eine Lava, und rar, es fließt und strömt
und läßt ihr tristes Ideal, das brüchig ist, zusammenschrumpfen.«[14]

Im ungeliebten Tournon – in dem seine bedeutendsten Gedichte wie L'Azur, L'Après-midi d'un Faune oder Brise Marine entstehen und in dem zugleich seine verhaßten Schüler die ihnen sinnlose Gedichtzeile »Je suis hanté. L'Azur! L'Azur! L'Azur!« mit Kreide an die Tafel schmieren, das »Ich bin besiegt!« wohl besonders auskostend – in diesem Tournon, 2, allée du Château, wird eines Tages eine Marmortafel angebracht werden:

»In diesem Haus
errichtet auf den Ruinen des Schloßturms,
wo PIERRE DE RONSARD
im August 1536 den

sterbenden Dauphin wiedersah,
verfaßte Stéphane Mallarmé,
Lehrer am Gymnasium,
seine schönsten Gedichte
(1863–1866).«[15]

Zeitlebens verfolgt Mallarmé, der ja Englisch gelernt hatte,
um den verehrten E. A. Poe im Original lesen zu können, die
Schulmisere; noch im vornehmen Pariser Lycée Fontanes, in
dem er seit 1871 unterrichtet, muß er sich Rüffel der Inspek-
toren erteilen lassen:

> »Dieser Lehrer kümmert sich mehr um andere Dinge als
> um seine Schüler und seinen Unterricht. Er sucht Bekannt-
> heit und zweifellos auch einen gewissen materiellen Nut-
> zen zu gewinnen durch Publikationen, die nicht das
> geringste mit der Art seiner Aufgaben am Gymnasium zu
> tun haben: unsinnige Hervorbringungen in Prosa und Ver-
> sen. Wer die seltsamen Hirngespinste von M. Mallarmé liest,
> muß sich wundern, daß er ein Lehramt am Gymnasium
> innehat.«[16]

Das sind die kleinen Querelen eines quälenden Alltags. Das
große Elend ist der Zustand der französischen Gesellschaft.
Das einst emanzipatorische Bürgertum, durch Aufklärung an
die Macht gekommen, ist nun die herrschende Klasse: Deu-
tung und Bedeutung des Wortes ist verabschiedet. Das zur
Unkenntlichkeit undeutliche Wort kann nicht gefährlich sein.
Nicht mehr Appell ist gefragt, Appliquen sind beliebt. Keine
Donnerworte von Zola, keine Elendsromane von Hugo, und
vom 1850 verstorbenen Giganten Balzac bleibt ein hübsches

Denkmal von Rodin. »Etre Chateaubriand ou rien«[17] hatte einst ein Zwölfjähriger proklamiert – aus ihm wurde Victor Hugo. »Rien« lautet das erste Wort des Eingangsgedichts von Mallarmés einzig zu Lebzeiten erschienenem Gedichtband. Es ist das Credo-Wort des von Gott abgefallenen, aus der Gesellschaft gestürzten Einzelnen: der Mensch ein Zufall, Mineral im unbegreifbar gewordenen Universum, unbeachtliches – damit auch nicht mehr zu achtendes – Staubkorn; so hat es Mallarmés Gefährte Leconte de Lisle begriffen:

»O Mensch, Erbe des Menschen und seiner wachsenden Übel,
Mit deinem toten Erdball und deinen entschwundenen Göttern,
Flieg, gemeiner Staub …«
»Menschen, Göttertöter, die Zeiten sind nicht fern,
Wo …
Ihr blöde sterben werdet …«[18]

Die Seelenverkäufer des jungen Kapitalismus machten aus Mallarmé einen Seelenklöppler. Seine Forderung nach der reinen Form, dem puren Gedicht ist Echo auf besitzpredigenden Fortschritt; sie gleicht darin dem Anspruch von Robert Delaunay, der nur Farbe und Klang für seine Bilder forderte, aber immer den Eiffelturm malte. Stéphane Mallarmé ist der Repräsentant der Postmoderne nach der gescheiterten Revolution von 1848. Indem er sich adelt, legt er sich den geliehenen Hermelin der untergegangenen Aristokratie um; indem er sich versiegelt, legt er Distanz zu einer noch verpöbelten Klasse, deren Hochkommen das Bürgertum fürchtet und die er »Menschenvieh« nennt; indem er Schande schüttet über die Gesellschaftsschicht, der er angehört, bleibt er ihr Bestandteil: im selben Gedicht *Le Guignon, Unstern,* heißt es:

> »Hoch über dem Gewühl bestürzter Menschheit wehn
> im hellen Lichte die barbarisch wilden Mähnen
> der Himmelsschwärmer, die auf unsren Wegen gehn.«[19]

Sartre kommentiert das mit dem Hinweis, daß nur einer auf das Geraune seines Genies lauschen kann, wenn eine eiserne Faust den Lärm von draußen erstickt hat; der so gerne von Tod und Tränen und Verzweiflung und Qualen Fabulierende hat durchaus Interesse am Aufrechterhalten der Ordnung, denn

> »Und was hätte er außerdem bei einem Triumph des Pöbels zu gewinnen: dieser ist ja nicht sein Publikum. Ein Künstler muß zwar das gottesmörderische Bürgertum verabscheuen: aber schließlich ist es der Bürger, der ihn hat geboren werden lassen und ernährt. Besser ist es, die infame Klasse zu behalten, um sie mit Schande zu bedecken, als sie in den Abgrund zu stürzen auf die Gefahr, mit ihr hineinzurollen. Gleichviel: der Dichter hat ein schlechtes Gewissen.«[20]

Stéphane Mallarmé ist durchaus ein Kind seiner Zeit: Und die ist gekennzeichnet durch den Übergang vom Bürgerkönigstum des Louis-Philippe zum zweiten Kaiserreich des Napoleon III. Die Republik hatte die Aristokratie abgeschafft – um eine Finanzaristokratie zu etablieren. Kaum einer hat das so treffend analysiert wie Karl Marx:

> »Nicht die französische Bourgeoisie herrschte unter Louis-Philippe, sondern eine Fraktion derselben, Bankiers, Bör-

senkönige, Eisenbahnkönige, Besitzer von Kohlen- und Eisenbergwerken und Waldungen, ein Teil des mit ihnen ralliierten Grundeigentums – die sogenannte Finanzaristokratie. Sie saß auf dem Throne, sie diktierte in den Kammern Gesetze, sie vergab die Staatsstellen vom Ministerium bis zum Tabaksbüro. [...] Indem die Finanzaristokratie die Gesetze gab, die Staatsverwaltung leitete, über sämtliche organisierte öffentliche Gewalten verfügte, die öffentliche Meinung durch die Tatsachen und durch die Presse beherrschte, wiederholte sich in allen Sphären, vom Hofe bis zum Café Borgne (Bezeichnung für verrufene Kaffeehäuser und Kneipen in Paris) dieselbe Prostitution, derselbe schamlose Betrug, dieselbc Sucht, sich zu bereichern, nicht durch die Produktion, sondern durch die Eskamotage schon vorhandenen fremden Reichtums, brach namentlich an den Spitzen der bürgerlichen Gesellschaft die schrankenlose, mit den bürgerlichen Gesetzen selbst jeden Augenblick kollidierende Geltendmachung der ungesunden und liederlichen Gelüste aus, worin der aus dem Spiele entspringende Reichtum naturgemäß seine Befriedigung sucht, wo der Genuß ausschweifend wird, wo Geld, Schmutz und Blut zusammenfließen. Die Finanzaristokratie, in ihrer Erwerbsweise wie in ihren Genüssen, ist nichts als die Wiedergeburt des Lumpenproletariats auf den Höhen der bürgerlichen Gesellschaft.«[21]

Die Februarrevolution in Paris wurde deshalb blutig niedergeschlagen, weil diese Bourgeoisie sich bedroht sah durch die bislang machtlose Unterschicht; so ersetzte sie »Liberté, Égalité, Fraternité« durch Infanterie, Kavallerie, Artillerie. Die Forderungen des Pariser Proletariats wurden nicht nur als utopistische Flausen abgetan, sondern bei der bedrohlichen Juni-Insurrektion niederkartätscht. Marx bilanzierte:

>»Die bürgerliche Republik siegte. Auf ihrer Seite stand die Finanzaristokratie, die industrielle Bourgeoisie, der Mittelstand, die Kleinbürger, die Armee, das als Mobilgarde organisierte Lumpenproletariat, die geistigen Kapazitäten, die Pfaffen und die Landbevölkerung. Auf der Seite des Pariser Proletariats stand niemand als es selbst. Über 3000 Insurgenten wurden niedergemetzelt nach dem Siege, 15 000 ohne Urteil transportiert. [...] Jede Forderung der einfachsten bürgerlichen Finanzreform, des ordinärsten Liberalismus, des formalsten Republikanertums, der plattesten Demokratie, wird gleichzeitig als ›Attentat auf die Gesellschaft‹ bestraft und als ›Sozialismus‹ gebrandmarkt. Und schließlich werden die Hohenpriester der ›Religion und Ordnung‹ selbst mit Fußtritten von ihren Pythiastühlen verjagt, bei Nacht und Nebel aus ihren Betten geholt, in Zellenwagen gesteckt, in Kerker geworfen oder ins Exil geschickt, ihr Tempel wird der Erde gleichgemacht, ihr Mund wird versiegelt, ihre Feder zerbrochen, ihr Gesetz zerrissen, im Namen der Religion, des Eigentums, der Familie, der Ordnung. Ordnungsfanatische Bourgeois auf ihren Balkonen werden von besoffenen Soldatenhaufen zusammengeschossen, ihr Familienheiligtum wird entweiht, ihre Häuser werden zum Zeitvertreib bombardiert – im Namen des Eigentums, der Familie, der Religion und der Ordnung. Der Auswurf der bürgerlichen Gesellschaft bildet schließlich die heilige Phalanx der Ordnung, und Held Krapulinki zieht in die Tuilerien ein als ›Retter der Gesellschaft‹.«[22]

Die Bourgeoisie erstickte den revolutionären Impuls, dem sie ihr Dasein verdankte. Um sich zu schützen, dekorierte sie sich: Den ursprünglich nur zum Präsidenten gewählten Neffen Napoleons Charles Louis ernannte man 1852 zum erblichen Kaiser Napoleon III. Dieses zweite Kaiserreich, das bis 1870 währte, bot an, was man heute »Law and Order« nennt, und schuf eine von der Hygiene des Geldes sauber geputzte Gesellschaft der machtgeschützten Innerlichkeit.

Ablesbar bis ins Detail der kitschig überladenen Interieurs hatte die Gesellschaft sich in ein um 100 Jahre verschobenes Spätrokoko hineindekoriert, in dem allenfalls das Spiel des Echos goutiert wurde – Response, Diskurs, Dialog wurden im Ornament der neuen Macht erstickt. Daß Mallarmés spätere Geliebte Méry Laurant die üppig ausgehaltene Mätresse des amerikanischen Zahnarztes von Napoleon III. war, residierend in unglaublichem Makart-Bombast, ist nur ein illustratives Aperçu. Kunst war als Zierrat genehm; als Sprengsatz abgewehrt. Sie durfte Bankpaläste oder die neu entstehenden Kaufhausdome schmücken oder, war es Wortkunst, als Vorspruch bei Banketten klingeln. Ohnmächtig allemal.

Die hermetische Verkrochenheit der Literatur des Stéphane Mallarmé ist geradezu Barometer dieser Großwetterlage. Sie ist deshalb stets geprägt von beiden Elementen: einem trotzigen Sich-Versagen – und einer gefährlich geschminkten Hübschheit. Schon in seinem Aufsatz des Jahres 1862 *Ketzereien, die Kunst betreffend* wehrt sich Mallarmé emphatisch gegen »die Vulgarisierung der Kunst«, verbietet (vor Erregtheit gar in einem schiefen Bild, da Blicke üblicherweise nicht riechen) den »Blicken, die nach Straße riechen« die Rubens und Delacroix und entfernt sich hochmütig von jenem Publikum, das er ohnehin nicht hat:

»O goldene Schließen der alten Meßbücher! O unversehrte Hieroglyphen der Papyrusrollen! Wozu führt diese Abwesenheit von Mysterium? Wie alles, was absolut schön ist, erzwingt die Dichtung sich Bewunderung; doch diese Bewunderung wird fern, vage – dumm sein, sie geht von der Masse aus. [...] daß ein Dichter, ein Verehrer der Schönheit, die dem Gemeinen verschlossen ist – sich nicht mit den Stimmen des Sanhedrins der Kunst begnügt, das bringt mich auf, und ich verstehe es nicht. Der Mensch kann Demokrat sein, der Künstler halbiert sich und muß Aristokrat bleiben. [...] Die Massen mögen die Moral lesen, aber bitte laßt sie nicht unsere Dichtkunst besudeln. O Dichter, ihr wart immer Hochmütige; seid mehr, werdet Verächter.«[23]

Schon jenes Eröffnungsgedicht seiner Sammlung *Poésies*, das mit dem Wort »Rien« – »Nichts« – beginnt, gibt sich kunstvoll-opak:

»Ein Nichts, ein Schaum, keusch ein Gedicht,
dies Glas, ein Augenblick, ein scheuer;
Sirenen stürzen ungeheuer
sich so ins Meer, das schäumend bricht.

Wir segeln voller Zuversicht,
ihr Freunde steht, ich nach dem Steuer,
am stolzen Bug der Abenteuer
durch Schneesturm und Gewitterlicht;

In schöner Trunkenheit kein Wanken,
ich fürchte nicht die schrägen Planken
und bringe aufrecht diesen Gruß:

Riff, Einsamkeit, der Sterne Regel
und alles, was uns wert sein muß
die weiße Sorge um das Segel.«[24]

Generationen von Exegeten haben den Schaum als Symbol
des reinen Verses, das einsame Ich als Metapher für den Dichter und die schöne Trunkenheit als lyrische Ekstase in-
terpretiert. Zuerst einmal war das Gedicht aber ein realer
Trinkspruch, den Mallarmé bei einem Bankett einigen Dich-
terfreunden zusprach, es hieß ursprünglich auch *Toast*: Der
Schaum war der des Champagners, die Freunde am stolzen
Bug des Abenteuers waren die Kollegen, die er für Avantgar-
disten hielt, und die schöne Trunkenheit muß in solchem Zusammenhang keineswegs als Rausch des schönen Lichts verstanden werden.

Es ist wohl keine Bildungsklöppelei, wenn man das Gedicht
Schaum eines Autors des 20. Jahrhunderts gewissermaßen als
Antwort liest: Hans Magnus Enzensberger ist kein naiver
Schriftsteller, und sein rasend-frecher Weltsturz ist − gerade
in der Variante »Ich bin keiner von uns« − eine deutliche
Replik:

»Ich bin geblendet geboren, Schaum in den Augen,
brüllend vor Wehmut, ohne den Himmel zu sehen,
am schwarzen Freitag, heute vor dreißig Jahren.

Schaum vor dem Mund des Jahrhunderts! Schaum
in den Kassenschränken! Jaulender Schaum
in den Gebärmüttern und den Luxusbunkern!
Schaum in den rosa Bidets!

Dagegen hilft kein himmlischer Blitz! Das blüht,
das überzieht die Erde an Haupt und Gliedern
mit rasendem Rotz! Das reutet kein Feuer,
kein Schwert! Das endet nicht! Dagegen gibt es,
ehrlich gesagt, keinen Rat, kein Beil, kein Geheimnis.
Das ist zu süß! Das steigt aus dem Abgrund auf
und schäumt! und schmunzelt! und schäumt!
[…]
Das hat keinen Zweck! Da hilft kein himmlischer Blitz!
Da hilft kein Rilke und kein Dior! Das stinkt
auf den automatischen Bachwochen zum Himmel!
Das sind Gesichter aus Mayonnaise und Kitt!
Das schlägt in der Stunde seines Absterbens zu
mit Schaumlöscher, Gasrohr und Aktennotiz!

Loslassen! Schluß! Davon weiß ich nichts!
Ich bin keiner von uns! Ich bin niemand!
Finger weg! Ich bin allein! Laßt mich los!

Ich will euch nicht ändern! Vergelts Gott!
Das läßt mich kalt! Das hat keinen Zweck!
[…]
das schwimmt, geblendet, im kochenden Schaum
und rostet, und schwimmt,
unsterblich wie eine Büroklammer,
wohin wohin
in die rosige Zukunft.«[25]

Stéphane Mallarmé ist ein Ausgestoßener. Doch zunächst
nicht als Lehrer, Seher und Künder ferner Welten, als Maler
des »Rubin am Flammenfirmament«, des »Purpurrads Un-

tergehen« oder »des klaren Eises nie erblühten Flügel-
schlags« – schon dies alles recht preziös glitzernd. Zuerst und
vor allem ist Stéphane Mallarmé ein Abgewiesener in seiner
gesamten Existenz, ein lustlos in das Wuschelhaar seiner
Schüler in Tournon oder Besançon oder Avignon Grammatik
Hineinpaukender, der bei subalternen Behördenvorstehern
Krankenscheine und Urlaubsgesuche einreichen muß. Er will
niemandem und auf nichts antworten – aber es fragt ihn auch
niemand.

Selbst seine Ehe scheint nicht sehr dialogisch. Allerdings, er
hatte der sieben Jahre älteren deutschen Gouvernante Maria-
Christina Gerhard, fünftes von zehn Kindern eines Kantors
aus Camberg bei Württemberg, als er sie 1862 kennenlernte,
Liebesbriefe geschrieben, die gemeinhin »glühend« genannt
werden. Genau gelesen wirken die im Tone »Mon adorable
adorée« gehaltenen Schönschreibübungen des Wortstellers
Mallarmé wie Fallenstellerei – und wie Schmucktelegramme,
in die die so geliebten Tränen, die Tristesse und Angoisse, die
er sich zum Lebensgesetz erkoren hat, hineincollagiert sind:

»Mademoiselle, einige Tage lang habe ich Sie nicht mehr
gesehen. Während eine Träne über meine Wange rann, fand
ich in meiner Traurigkeit Trost darin, ein Blatt Papier zur
Hand zu nehmen und zu versuchen, darauf zu übertragen,
was in dieser Träne an Bitterkeit, an Herzensangst, an Liebe
und, ich sage es offen, an Hoffnung enthalten war... Heute
enthalten meine Tränen nur noch Verzweiflung. Diese Briefe, die ich aufbewahrte und jeden Morgen aufeinander legte, weil ich sie Ihnen übergeben wollte und zu glauben
wagte, nicht, daß Sie sie alle läsen, aber daß Sie einen Blick
auf einige Sätze darin werfen würden und daß diese weni-

gen Sätze Ihnen dieses Leuchten zeigen würde, das berauscht und das man abwehrt, wenn man geliebt wird. Dieser Lichtstrahl sollte in Ihrem Herzen die geheimsvolle blaue Blume öffnen, und das Parfum, das ihr Erblühen hervorbringen würde, wäre, so hoffte ich, nicht unerquicklich. Ich würde es einatmen. Dieses Parfum, man nennt es Liebe ... Verzeihen Sie, o meine Königin, daß ich Sie in dieser ekstatischen Litanei mit Du anredete. Sehen Sie, das rührt daher, daß ich seit einigen Tagen wie außer mir und ganz verloren bin. Wenn ein Pfeil sich in eine Tür bohrt, vibriert diese Tür noch lange danach: Mich hat ein goldener Pfeil getroffen, verzweiflungsvoll zittre ich. Ziehen Sie ihn heraus oder bohren Sie ihn tiefer hinein, aber amüsieren Sie sich nicht damit, mein Herz aufzuwühlen. Sagen Sie ja oder nein, doch sprechen Sie. Antworten Sie. Macht es Ihnen denn also Spaß, mich leiden zu sehen? Ich weine, ich wehklage, ich verzweifle. Warum diese Strenge? Ist es denn ein Verbrechen, Sie zu lieben? Sie sind anbetungswürdig, und Sie verlangen, daß man Sie verabscheut, denn um Sie nicht zu lieben, müßte man Sie verabscheuen – Sie, die Sie ein göttlicher Blick und ein Lächeln des Himmels sind.

Sie werden bestraft dafür, daß Sie ein Engel sind: denn ich liebe Sie. Um mich zu bestrafen, weil ich Sie liebe, müßten Sie aufhören, ein Engel zu sein, und das ist unmöglich. Also lassen Sie mich Sie betrachten und Sie anbeten – und hoffen. Adieu, ich umarme Sie mit Tränen in den Augen: Trocknen Sie sie mit einem Kuß oder wenigstens mit einem Lächeln ... Ich werde wieder zum Gymnasium gehen, um Sie zu sehen; es macht mich glücklich, Sie zu sehen, selbst von ferne; wenn Sie in die Straße einbiegen, meine ich ein Phantom aus Licht zu sehen, und alles leuchtet ...«[26]

Das Gold und die Königin, der Engel und die Litanei, das Phantom und die Ekstase: Es klingt so kostbar und so glorifizierend, daß man den Satz »Liebe ist ein Parfum« nicht überhören kann.

Mallarmés Liebesbriefe sind eine Mischung aus erlesen und angelesen, obligat allemal. Es wird auch nicht lange dauern, bis er »seine kleine Deutsche«, wie er sie nennt, mit »Schwester«, dann mit »Mutter« anredet. Darin liegt beides: die künstliche Verruchtheit des Inzest wie die steifleinene Huld des Familienpatriarchen. Schon kurz nach der ersten Begegnung feiert Mallarmé in einem Brief an seinen Freund Cazalis nicht diese, sondern sich:

»Sie ist traurig und langweilt sich hier. Ich bin traurig und langweile mich. Aus unserer beider Melancholie könnten wir vielleicht ein Glück machen. Es wäre nicht verwunderlich, wenn sie anfinge, mich ein wenig zu lieben; ganz gewiß bin ich bereits in ihr Leben getreten. Ich begehe möglicherweise eine Dummheit. Aber nein. Ich werde in den Ferien vielleicht weniger allein sein.«[27]

Sofort nach der Heirat 1863 in London schreibt er demselben Freund: »Mon Henri, ich tue das nicht für mich, sondern ausschließlich ihretwegen.«[28] Aus seiner Korrespondenz mit dem Freund geht deutlich hervor, daß Mallarmé den Gesetzen seiner Kleinbürgerexistenz folgt, wenn er diese ältere deutsche Erzieherin heiratet, von der er wohl weiß, daß sie weder schön noch gebildet noch vermögend ist:

»Was ich auf dem Herzen habe, darüber denke nicht nach; ich ziehe es vor zu weinen, oft zu weinen. Ich gebe zu, daß sie für jeden anderen nicht sehr hübsch ist, daß sie keine große Künstlerseele ist – obwohl ihr Gesicht großen Charme und Sympathie, auch eine feine Intelligenz und Herzensbildung erkennen läßt–, ich gebe es zu. Das ist es nicht, was ich in ihr gesucht habe. Ich wollte geliebt werden, und ich bin es mehr als man es sein kann.«[29]

Mallarmé beschwört zwar gerne seine »priapische Vergangenheit«, von der allerdings keinerlei Zeugnisse existieren; immerhin ist er erst 21 Jahre alt, als er heiratet und alsbald fast im Tone, in dem Heinrich Heine von »seiner Französin« Mathilde sprach, seine Position sieht:

»Meine kleine Deutsche, Marie, ist einen Moment hinausgegangen und hat ihre Stopfstrümpfe auf meinem Baudelaire liegen lassen. Das amüsiert mich so, daß ich es nicht fertigbringe, sie wegzuräumen.«[30]

Aber zugrunde liegt ein ganz anderes, tiefwurzelndes Lebensgesetz: Mischung aus Frauenverachtung und Angst vor der Weiblichkeit. Mallarmé ist Schüler nicht nur von Baudelaire, der die Frau »natürlich, das heißt abscheulich«[31] fand, sondern auch Flauberts, der im Mai 1845 an Alfred Le Poittevin schrieb: »Das ewige Mittel, nicht unglücklich zu sein, ist, sich in der Kunst einzuschließen und alles übrige für nichts anzusehen.«[32] Mallarmés entsprechendes Bekenntnis – er war Stéphane übrigens nach dem Vornamen Stéphanie der Großmutter getauft worden – klingt fast wortgleich:

»Im übrigen, gibt es das Glück auf dieser Erde? Kann man es ernsthaft anderswo suchen als im Traum? Es ist das falsche Lebensziel; das wahre ist die Pflicht. Die Pflicht, die sich Kunst nennt, oder Kampf, oder wie man will.«[33]

Leben, Natur, Gebären, Wirklichkeit: alles abscheulich; über die im November 1864 geborene Tochter Geneviève heißt es alsbald: »Sie ist charmant, wenn man sie zehn Minuten in den Armen hält – aber danach?«[34] Und zur selben Zeit definiert er sein Lebensgefühl:

> »Geneviève, die ihre Mutter aufzehrt, ist natürlich wie eine Rose, aber meine arme Marie, die von ihr aufgezehrt wird, ist blaß und ständig erschöpft. Ich selbst schleppe mich dahin wie ein Greis und bringe Stunden damit zu, im Spiegel zu beobachten, wie unter der sich ausbreitenden Dummheit meine Augen unter den schweren Lidern schon erlöschen und die Lippen herabhängen ... Die Dinge des täglichen Lebens scheinen mir zu vage, als daß ich Gefallen daran finden könnte.«[35]

Jean-Paul Sartre, der ja in seiner gigantischen Flaubert-Studie wie in seinem Baudelaire-Essay schon dieser Verbindung aus erotischem Geiz und ästhetischer Konstruktion nachgegangen ist, sieht hier auch die Ursache für Mallarmés Negation der Allgemeinheit:

> »Der Poet verabscheut die Frau, ›natürlich, das heißt abscheulich‹, er haßt das Aufblühen, das Entfalten, alles, was dem Sein Sinn hinzuzufügen scheint; er hat Angst vor seiner eigenen Natürlichkeit: irgendein Affe ist in seiner Haut eingeschlossen. Eng zugeknöpft, geschraubt, steif lehnt er jede Nachlässigkeit ab: wem gibt man sich denn hin, wenn nicht

der Natur? Er wird seine Aufschwünge zügeln und seine Begierden drosseln: denn Stillung ist Fülle, und jede Fülle ist Seinsfülle. Ebenso wie die pralle Feuchtigkeit der Frau verabscheut er den Schweiß des Männchens, seine Behaarung und seinen starken Ledergeruch. Anstatt sich dem hinzugeben, was sie sind, spielen sie lieber eine Rolle: sie sind zumindest sicher, daß diese von ihnen selbst stammt, und außerdem hat sie den Vorzug, nicht zu sein. Und dieser Kult des Künstlichen treibt sie häufig dazu, sich mit einer abstrakten Femininität zu schmücken. Ähnlich wie Päderasten verabscheuen sie in der Frau ihre fleischliche Wirklichkeit, aber sie werden von der Idee des Weibes angezogen: ganz einfach, weil es darum geht, zu spielen, was sie nicht sein können, und anzufechten, was sie sind. Ihre Herzensergüsse, ihre Ohnmachten, ihre Reinheitsmanien, ihre Empfindlichkeiten, ihre Geziertheit manchmal, dieses ganze Gehabe könnte sie einen für Tunten halten lassen. Aber nein: von wenigen Ausnahmen abgesehen praktizieren sie keine Homosexualität. Eher impotent oder frigide mit einem gelegentlichen jähen Ausbruch von Priapismus, den sie unweigerlich bereuen, und meist mit einer Erotik der Außenhaut, der leichten Berührung oder der Worte: kurz, Streichlerinnen. Man begreift, daß sie die Fruchtbarkeit der Romantik entsetzt. Jene ständig schwangeren massigen Genies von 1830 kamen mitten unter Schleim und Exkrementen mit lebendigen Kindern, mit Mißgeburten und toten Kindern nieder; wozu sich der Kunst verschreiben, wenn man nur wieder auf die Natur stieße? Läuft man nicht Gefahr, das Gedicht für einen Honig zu halten, von dem der Mensch die Biene wäre? Entsetzlicher Gedanke! Man wird diese vulgäre Gebärfreudigkeit durch eine dosierte Sterilität ersetzen. Die Dichtung verzichtet auf Massenproduktion, um sich der Qualität zu widmen; sie ersetzt die regellose Fülle ihrer Vorläufer, die schließlich eine Wortinflation hervorgerufen hatten, durch die Ästhetik des Seltenen: man wird sich auf den Luxusartikel spezialisieren. Bis zur Verstopfung eingeschnürt, entziehen die Neuankömmlinge ihre Gedichte eifersüchtig der Menge, die sich darum nicht kümmert; um sie vor Fingern zu schützen, die gar nicht versuchen, sie aufzuschlagen, legen sie ihre Werke unter einen goldenen Verschluß; das Publikum wird gebeten, sich fernzuhalten: man schreibt zunächst für sich selbst und dann für die Berufsgenossen und für einige Sammler seltener Stücke.«[36]

Es gibt ein Gedicht von Mallarmé, das aufs deutlichste seinen Horror vor aller Fleischlichkeit vorführt. Es nimmt eine Auslagerung der voluptuösen Sexualität ins Exotisch-Fremde und ins andere vor:

»Ein Negerweib, das wild Dämonentriebe hetzen,
verführt ein Mädchen in der Not von Früchten, neu
und sündenheiß, und macht sich unter Röckefetzen
mit Schläue an das Werk, den geilen Trieben treu:

Sie sieht den eignen Leib und sieht die jungen Brüste
und wirft, daß keine Hand mehr ihre Schuhe fängt,
die beiden Füße hoch im Rasen finstrer Lüste,
wie eine Zunge, die es zum Genusse drängt.

Die scheue Nacktheit der Gazelle an sich pressend,
liegt wie ein Elefant, der toll ein Kunststück macht,

sie auf dem Rücken, frech die eignen Reize messend,
und lachend zeigt dem Kind sie ihrer Zähne Pracht;

Das Opfer windet stumm sich zwischen ihren Beinen,
sie hebt, die schwarze Haut geöffnet unterm Haar,
den Gaumenmund heran, den bleichen, rosareinen,
der Meeresmuschel gleich, so fremd und sonderbar.«[37]

Das Wortraster ist so aufschlußreich wie verräterisch: Negerweib – Dämonentriebe – Schläue – geile Triebe – Opfer –
Meeresmuschel, so fremd und sonderbar; die Szene einer Verführung, gar Vergewaltigung ist einerseits bedrohlich-tierisch
(ein Elefant, der toll ein Kunststück macht) und von dschun-
gelhafter Wildheit; sie ist andererseits, da ins Lesbische trans-
poniert, ferngerückt der Norm. Und sie endet als Drohung
des zur Meeresmuschel umdekorierten weiblichen Geschlechts. Angstbesetzt und ausgeschmückt. Aber wie wir es
später bei Oscar Wildes *Salomé* erfahren – auch Mallarmé wollte eine *Salomé* schreiben –, ist die Kostümierung mit Accessoires immer eine Neutralisierung des Natürlichen. Noch die
Ballade vom ertrunkenen Mädchen Bertolt Brechts – der ja nicht nur
Rimbaud, sondern auch seinen Mallarmé sehr genau gelesen
hatte – ist gleichsam eine schöne Salomé-Leiche, in ausge-
suchte Wortgewänder gehüllt, eine Art edle ›Unbekannte aus
der Seine‹, die unter opalenem Himmel in einem Gewand
von Tang, Algen und Pflanzen gleitend versinkt:

»Als sie ertrunken war und hinunterschwamm
Von den Bächen in die größeren Flüsse
Schien der Opal des Himmels sehr wundersam
Als ob er die Leiche begütigen müsse.

Tang und Algen hielten sich an ihr ein
So daß sie langsam viel schwerer ward.
Kühl die Fische schwammen an ihrem Bein
Pflanzen und Tiere beschwerten noch ihre letzte Fahrt.

Und der Himmel ward abends dunkel wie Rauch
Und hielt nachts mit den Sternen das Licht in Schwebe.
Aber früh ward er hell, daß es auch
Noch für sie Morgen und Abend gebe.

Als ihr bleicher Leib im Wasser verfaulet war
Geschah es (sehr langsam), daß Gott sie allmählich vergaß
Erst ihr Gesicht, dann die Hände und ganz zuletzt erst ihr
Haar.
Dann ward sie Aas in Flüssen mit vielem Aas.«[38]

Die Analyse eines Mallarmé-Forschers zeigt sehr konsequent
den Weg von der schwarzen, wilden zur späteren, so reich
drapierten und oft absichtlich obskur gemachten Lyrik Mallarmés; bekanntlich antwortete er nach einer Lesung auf die
Bitte eines Zuhörers, ihm das Manuskript zu überlassen:
»Nein, lassen Sie mir noch etwas Zeit, um es etwas obskurer
zu machen.«

»Es stimmt, daß diese Negerin – nackt bis auf die Knöpf-
stiefel, auf dem Rücken liegend ›wie ein toller Elefant‹ und
bereit, sich für ihre Lust eines unschuldigen weißen Kindes
›von der Nacktheit einer Gazelle‹ zu bedienen – das Bild einer recht freizügigen Gruppe hervorruft. Aber man darf
nicht vergessen, daß diese Freizügigkeit Teil der Phantasie
Mallarmés ist und ebenso wie das Preziöse ihre Spuren in

den Gedichten aller Epochen seines Schaffens hinterlassen wird, vom ›Faun‹ bis zu ›M'introduire dans ton histoire‹. Wenn er in diesem ersten erotischen Gedicht seiner Inspiration noch direkt und unverschleiert folgt – aus Sorge vor ›plastischer und äußerlicher‹ Beschreibung, wie er angibt –, wird er später seiner latenten Erotik auf sehr viel indirektere Art Ausdruck geben. (Erstaunlich übrigens, daß die Psychoanalytiker diesen ›seltsamen Mund – bleich und rosig wie eine Meeresmuschel‹ als Metapher für das weibliche Geschlecht nicht zum Anlaß nehmen, Mallarmé mit einem handfesten Kastrationskomplex auszustatten. Außer Roger Caillois hat kaum einer Notiz davon genommen. Ursache des Kastrationskomplexes, bemerkt er, ist bekanntlich im allgemeinen die Angst, daß die gezähnte Vagina das männliche Glied nach dessen Eindringen abtrennen könnte. In Anbetracht der sozusagen klassischen Gleichsetzung des Penis mit dem Körper insgesamt und der unbewußten von Mund und Vagina, scheint es nicht abwegig, die Kastrationsangst als eine spezifisch menschliche Form der Angst des Männchens vor dem Verschlungenwerden durch das Weibchen während oder nach der Kopulation zu betrachten, wie es z. B. die Paarungsgewohnheiten einiger Heuschrecken repräsentieren – so weit geht die Symmetrie, oder besser gesagt die Kontinuität der Natur und des Bewußtseins.«[39]

Tatsächlich ist das Gedicht bei Mallarmé bewußt kostbar gemacht, sei es durch den Einsatz entlegener Worte wie »Sandel« und »Rah«, »Lavendel«, »Iridaceen« und »der Verzweiflung Nacht Juwelenfeuer« – sei es gar durch angestrengte Fragwürdigkeiten wie »weihrauchfarbenen Duft« (Weihrauch ist eher farblos) oder »Das Schweigen grabestief in Moi-

ré gebunden«. Wenn man das Bild vom Schwan – in dessen
graziöser Majestät sich der Dichter selber meint –, vom Azur,
vom Eis und vom Lilienduft addiert, ergibt sich ein recht en-
ges Schema des Exquisiten. Die frühe Einleitung zur *Herodiade*,
dem Stück, an dem er zeitlebens meißelte und das er bei seinem Tode unfertig hinterließ, beginnt mit solchem Gepränge:

>»Tot, voller Grauen hier sein Fittich in den Tränen
>des Beckens, tot, aus dem nur Schrecken spiegelnd gähnen,
>peitschend mit nacktem Gold den Raum, der blutig loht,
>ließ sich, heraldisches Gefieder, Morgenrot
>herab auf unsern Turm der Opfer und der Asche,
>des finstrem Grab entfloh der edle Schwan, der rasche,
>einsam in Morgenrots schwarz bangem Flügelwehn …
>Verfallen Park und Schloß, ein trauernd Untergehn!« [40]

Zwei Seiten weiter ranken sich die Worte zierlich ineinander:
Eissee und Abendglühen und Schwan und das diamantene
Sein des Sterns und die bleichen Lilien. Es ist – typischerwei-
se oft japanische Bildvorlagen verwendend, wie es dann Gallé
oder Majorelle für ihre Intarsien und Lasuren bei Möbeln und
Lampen benutzten – ein Jugendstil avant la lettre. Ob Tränen-
kelch, Iris oder weißer Lilien Duft: Mallarmés Bestreben »aus
dem Reich des kostbar Schönen / neu ein Vers sich lösen
mag«[41] ist auch ein Schmuckstreben, mit dem er Gefühle des
Ennui, der Einsamkeit und der Verlorenheit zum Tode hin dra-
piert. Es ist kein Zufall, daß er in späteren Jahren – Herbst und
Winter 1874 – eine Modezeitschrift herausgab, mit der ein
Weltverweigerer sich der Mondänität durchaus öffnete. Einer
seiner Biographen, Guy Michaud, charakterisiert das Unternehmen:

»In Valvins redigierte und korrigierte Mallarmé 1874 während der Sommerferien die Fahnen von ›Dernière Mode‹, dessen erste Ausgabe im September herauskommt. Was auf den ersten Blick als seltsame Unternehmung eines Dichters erscheinen mag, ist doch weniger absonderlich, wenn man sich die feminine Preziosität in Mallarmés Charakter klarmacht und wenn man weiß, daß er seit seiner Ankunft in Paris davon träumte, eine Zeitschrift zu gründen. Schon 1872 hatte er die Subskription für ›L'Art Décoratif‹ organisiert, eine luxuriöse Zeitschrift, die dann aber nicht erschien. Diesmal führte er den Plan zu Ende. Es wird ihm sogar gelingen, acht im Abstand von vierzehn Tagen aufeinanderfolgende Ausgaben zu veröffentlichen und sie in einer wahren tour de force als alleiniger Verfasser zu redigieren, mit Ausnahme von Erzählungen und Gedichten, um die er Freunde gebeten hatte. In wechselnden Rollen, als Miss Satin, Marasquin, Marguerite de Ponty, Küchenchef bei Brébant, meistert er alles, von gastronomischen Ratschlägen zu Artikeln über Damenmode, von Theaterkritiken zu Reiseberichten und der unvermeidlichen Korrespondenz mit den Abonnenten, wo er mit Ratschlägen in Modedingen, zur Wahl von Accessoires oder zur Erziehung junger Mädchen nicht geizt.«[42]

Noch Jahre später schrieb er im Auftrage von Méry Laurent Artikel für so schicke Zeitschriften wie L'Art et la Mode.

Méry Laurent hatte er im Atelier von Manet kennengelernt, dessen Modell – und wohl ein wenig mehr – sie war. Ein Jahr vor dessen Tod 1883 begann Mallarmé ein sich rasch regelrecht etablierendes Verhältnis mit der etwas aufgedonnerten Blondine, reich durch diverse Liaisons und Hof haltend in ihrem Stadtpalais »Les Talus« am Boulevard Lannes, das die korpulente Schönheit lieber per Kutsche als zu Fuß verließ. Bei den Guermantes wäre sie wohl nicht zugelassen worden; ihr in Draperien, Palmen, dreifachen Portieren, Kissen und schwellenden Fauteuils ertrinkender Salon zeigte den Protz des zweiten Kaiserreichs, neureich mit Samt die Treppe polsternd, die man sozial emporgeklettert war. Wenn Mallarmés Liebesschwüre auch leicht müde klingen – »Ich liebe Dich sehr, mein großes Kind; und auf mancherlei Weise, denn Du bist wirklich die perfekte Kameradin, beruhigend und fröhlich, und gleichzeitig eine ganz andere, die unvergleichliche Wonnen schenkt ...«[43] –, das Verhältnis zu Méry Laurent war kein flüchtiges Abenteuer. Es war sogar rasch etabliert, offenbar keineswegs verborgen vor der nach einer zweiten Geburt und dem frühen Tod des Sohnes in graue Apathie versunkenen Ehefrau, die fortan – meist zusammen mit der heranwachsenden Tochter in gönnerhafter Eleganz als »meine beiden Damen« angeredet – mit höflich-liebenswürdigen Briefen bedacht wurde. Mallarmés Biograph Henri Mondor schildert die Beziehung:

»Die Briefe Mallarmés an Méry, er nennt sie immer noch ›petit paon‹, kleiner Pfau, geben keinerlei Anhaltspunkt dafür, daß er jener rasende, sich verzehrende und in sich versunkene Verliebte gewesen sein könnte, als den man ihn beschrieben hat. Der Eintritt Mérys in sein Leben hatte die Gefühle, Verstörungen und Ausbrüche nicht zur Folge, die ihm manche Autoren, sei es aus Unkenntnis oder aus einem Hang zu trivialem Romantisieren angedichtet haben. Es lag nicht in seiner Bestimmung, so sehr er auch großartigen Plänen und endlosen Träumerein nachhing, Opfer einer einfältigen und blinden Liebe zu werden. Eine Frau, mochte sie erotisch auch bewanderter sein als er und, sei es impulsiv oder bewußt, gefeit gegen eine besessene Leidenschaft, konnte ihn nicht dazu bringen, ihre Schönheit, ihre Zuwendung oder ihre erotische Erfahrenheit über sein Entzücken am Denken und an der Einsamkeit zu stellen. In dieser Beziehung hatten beide Partner nicht die zitternde Neugier füreinander, nicht den Drang, in Unerforschtes vorzudringen oder sich Anlaß zu Delirium und Raserei zu sein. Sie, mit den Erfahrungen, durch die sie sich entweder aus der Armut ihrer frühen Jahre befreit oder ein wenig die Dürftigkeit ihres Geistes und ihrer Sprache korrigiert hat, ist nahe daran zu erkennen, daß seine brillante Laufbahn dem Ende zugeht; bei ihm, der vor und nach einer Liebe, die sich bald in Pflicht verwandelte, nur leichte Ketten wollte, stellte sich rasch Überdruß ein. Die Aufrichtigkeit ihrer Beziehung und das, was sie einander in den Grenzen dieser so wenig entwickelten Gefühle gaben, sind dadurch nicht weniger angenehm. Sie riskieren weder unklare Ansprüche noch die Demütigungen einer übertriebenen Neigung zur Anpassung. Ihr Lachen ist Ausdruck reiner, gefahrloser Freude und eines Beisammenseins ohne Heftigkeiten. Méry in ihrer unkapriziösen Gemütsverfassung und unverstellten Zärtlichkeit schenkt Mallarmé Freuden, die, wie sie feststellt, er bis dahin nicht kannte. Sie ist glücklich, wenn er über ihre Toiletten verblüfft ist und amüsant und kunstvoll darüber spricht. Da er bei Tisch nichts von einem griesgrämigen Asketen, sondern im Gegenteil, Gourmand und Gourmet zugleich, großen Appetit hatte, sorgt sie dafür, daß ihm Abwechslung geboten wird und ist entzückt von den überraschenden Vergleichen, mit denen er in safti-

gen Formulierungen über die Gerichte und Weine urteilt.«[44]

Viele der angeblich so unentzifferbaren, mysteriösen und sich
einer manichäischen Wortalchemie verdankenden Gedichte
Mallarmés sind in Wahrheit nur knapp verschleierte Botschaf-
ten an Méry, die ja auch gelegentlich namentlich vorkommt;
jedenfalls war sie eine Quelle der »inspiration mal-
larméenne«, wie Mondor sehr einleuchtend erklärt:

»Das lange offene Haar ist für ihn Sinnbild der dunklen oder
beredten Bindungen zwischen Frau und Natur. Farbe und
Beschaffenheit des Haars, so anders als die der Haut, lassen
ihn an die Kühle des Mineral- oder Pflanzenreichs denken.
Aber sein Duft, seine laue Wärme, das geheimnisvolle Dunkel, das es schützend bedeckt, der rosige Körper, den es nur
verläßt, um ihn gleich wieder zu berühren, die Unordnung,
in die es durch Stürme der Seele und der Liebe gerät, die
Flamme, die Fackel der Wollust, die es bedeuten kann, und
schließlich jene schöne blonde, goldene Dämmerung, wo
das Leben in Schlaf versinkt, wo die Nacht zögert – das ist
es, zusammen mit den Erinnerungen an Baudelaire und den
Träumen seiner Jugend, wodurch ihm die üppige Haar-
pracht Mérys noch schöner erscheint, wenn sie deren Fülle
zusammenwindet oder das Feuer ihres Haars über ihre
Schultern breitet und über die schöne Linie ihres Rückens
fallen läßt, die Berührung erwartend, wenn es sich löst.«[45]

Ohnehin gilt es, sich klarzumachen, daß viele Gedichte Mallarmés Auftragsarbeiten für Zeitschriften waren, Epitaphe oft
für bewunderte Vorbilder wie Baudelaire oder E. A. Poe,

manchmal oft auch purer Gesellschaftstand, Juwelierarbeiten eines verbalen Lalique, der seine mal funkelnd geschliffenen, mal matt polierten Perlen, Diamanten, Amethyste und Opale in Schatullen darbot, ausgeschlagen mit schimmerndem Samt und hermetisch gemacht mit einer »Schließe«. Das berühmte Gedicht *Der Fächer*, Analyseobjekt Dutzender Kabbalisten, die darin »die Krise der Bedeutung des Bedeutens« sehen, »den Weg der Literatur in die Sprachverweigerung und Inkommunikabilität«[46] oder die Raffinesse eines Schmerzensmannes, der mit hexenhaftem Abrakadabra die Konsonanten s, f, v in geheimnisvolle Verbindung zu Silbenenden oder Vokalen setzt – dieses Gedicht hatte Mallarmé als eine Art »jeu de mots« für einen Fächer seiner Frau geschrieben, den er in roter und schwarzer Lackarbeit hatte anfertigen lassen, um dann in Goldfarbe die beim Auf- und Zuklappen je verschwindenden Worte daraufzusetzen:

»Niemals je mit andren Tönen
als zum Himmel Fittichschlag
aus dem Reich des kostbar Schönen
neu ein Vers sich lösen mag

leise Botschaft bringt der Flügel
ists der gleiche Fächer wie
dieser hinter dir im Spiegel
der von ihm sein Leuchten lieh

silberhell – im Niedersinken
schnell verjagt ein Körnchen nur
sichtbar kaum ein Ascheblinken
mir zum Kummer eine Spur –

soll er immerfort mich blenden
ohne Rast in deinen Händen.«[47]

Die Bilder sind eigentlich recht lesbar: Madame Mallarmé
steht offenbar vor einem Spiegel, der den Fittichschlag des Fä-
chers aufleuchten läßt, und der Betrachter Mallarmé denkt –
»Ascheblinken« – an die Vergänglichkeit des Schönen, gar seiner Frau, der er – »ohne Rast in deinen Händen« – noch Rast
auf dieser Erde wünscht. Gewiß, man kann die Hebung und
Senkung der Verse zählen, einen »geflügelten Boten« und
»vorsprachlichen Statthalter des künftigen Verses« erkennen,
wie das in seminaristischen Einübungen heißt.

Man kann aber auch die Schönheit einer meisterlich ausba-
lancierten und rhythmisierten Verssprache genießen; Mallarmé selber war ein Genußmensch, er liebte und kannte sehr
genau Musik, publizierte in der dem »Gott Richard Wagner«
geweihten *Revue Wagnerienne*, und schätzte Debussy; er entdeckte, kannte, verteidigte und interpretierte Manet, Monet,
Whistler. Er war ein Ton- und Augengenießer. Deshalb das Fä-
cher-Bild, und deshalb dessen Tonalität.

»Avec comme pur langage
Rien qu'un battement aux cieux
Le futur vers se dégage
Du logis très précieux

Aile tout bas la courrière
Cet éventail si c'est lui
Le même par qui derrière
Toi quelque miroir a lui

Limpinde (où va redescendre
Pourchassée en chaque grain
Un peu d'invisible cendre
Seule à me rendre chagrin)

Toujours tel il apparaisse
Entre tes mains sans paresse.«[48]

Worin liegt nun diese Schönheit von Mallarmés Poesie? Mir scheint, sie ist einfacher, klarer, genauer, als man das durch die Weihrauchschwaden seiner Adepten und Panegyriker erkennen kann. Allein das Hymnenvokabular der zahlreichen Aufsätze Paul Valérys über Mallarmé trägt wenig zum Erkennen bei – »dichterische Meditation« und »Märtyrer der Idee« heißt es da, vom »Instinkt des mnemonischen Wertes«, der »betäubenden Zauberformel« und »der Dunkelheit der Liturgien« ist die Rede, gefeiert werden »kristallene Rätsel«, »eine Stimme, wichtiger als das, was sie an Verstehbarem weckt« und das »Heidnische«. Priesterliche Zeremonien an einem Altar, vor dessen Marmorstufen uns eine undurchsichtige Transsubstantiation zugeraunt wird, eine feierliche Handreichung, die uns glauben machen soll, die Oblate sei der Leib des Herrn und der Wein sein Blut. Mallarmé sollte von dieser Heiligkeit befreit werden.

Wir sind ja der Zeit vorausgeeilt. Noch lebt er keineswegs in Paris, noch ist er Englischlehrer in der französischen Provinz, seit 1866 am Gymnasium in Besançon, seit 1867 endlich in Avignon, das er liebt, von dessen provençalischem Licht er beglückt ist, wo er Gleichgesinnte trifft. Im Herbst 1865 war in Paris die Zeitschrift *Le Parnasse Contemporain* gegründet worden, deren Chefredakteur Catulle Mendès ihm schreibt:

»Senden Sie mir schnell Ihre Verse und eine generelle Erlaubnis, so viele wie möglich. Versuchen Sie, mehr als 400 Zeilen zu schicken. Als Honorar werden Ihnen 100 Francs überwiesen. Es ist nicht mehr der ›Art‹, sondern der ›Parnasse Contemporain‹, dessen Chef ich bin. Hervorragender Druck. Alle guten zeitgenössischen Dichter. Ich erwarte ungeduldig Ihre Gedichte, und der Drucker auch.«[49]

Mallarmé übergibt peu-à-peu zehn Gedichte, von denen einige zuvor schon in anderen Zeitschriften publiziert waren; darunter *Die Fenster*, *Angst*, *L'Azur* und *Sommerschwermut*. Er wird im Kreis der Dichter, die sich als »Ecole parnassienne« um die Zeitschrift scharen, bekannt; auch mit ihnen – mit Leconte de Lisle, Théophile Gautier, Sully Prudhomme und Verlaine. Nur Baudelaire hat er nie getroffen – man erzählte ihm, daß der Meister geschwiegen habe, nachdem ihm Verse Mallarmés vorgelesen worden waren. Baudelaires Schweigen galt als Einvernehmen.

Das *Angst*-Gedicht des 22jährigen Mallarmé ist direkte Antwort auf Baudelaire, der in seinem Gedicht *A celle qui est trop gaie* seine Frauenfeindschaft, sein Huren-Preis und Wollust-Verdikt, seine Furcht vor Laster, Gift und Wunde artikuliert hatte. Dies ist nun das Vokabular Mallarmés, der sich dem »Tier Weib«, der »Sünden Hort« entziehen, der »Qual der Küsse« verweigern und »deinen schwarzen Lügen« wehren will:

»Ich komm heut abend nicht, um deinen Leib zu zwingen,
o Tier, der Sünden Hort des ganzen Volks, will nicht
in dein verworfnes Haar den Sturm der Trauer bringen,
wenn unheilbare Qual aus meinen Küssen bricht:

Ich will auf deinem Bett nur Schlaf, nicht Traumbetrügen,
wie ihn der Vorhang hüllt, wo keine Reue brennt,
wie dir er wird zuteil nach deinen schwarzen Lügen,
die du das Nichts kennst, so wie es kein Toter kennt.

Das Laster, das schon lang an meinem Adel zehrte,
es zeichnet dich und mich mit unfruchtbarem Sein,
indes in deiner Brust, so fühllos wie ein Stein,

ein Herz wohnt, das der Biss des Bösen nie versehrte,
flieh ich mein Leichentuch erblaßt, erschreckt, in Not,
und habe Angst allein zu schlafen, Angst vorm Tod.«[50]

Doch – folgend Walter Benjamins Warnung, wer meine, ein
Gedicht verstanden zu haben, habe es *nicht* verstanden – wollen
wir uns hüten, einer »Handlung« aufzusitzen.

Es ist vielmehr jene Musikalität, von der Mallarmé in seinem
späteren Aufsatz *La musique et les lettres* betont, die Musik
und die Buchstaben bedingten sich gegenseitig, sie sind »la
face alternative d'un phénomène, le seul, je l'appelais,
l'idee«[51]:

»Je demande à ton lit le lourd sommeil sans songes
Planant sous les rideaux inconnus du remords,
Et que tu peux goûter après tes noirs mensonges,
Toi qui sur le néant en sais plus que les morts.

Car le Vice, rongeant ma native noblesse
M'a comme toi marqué de sa stérilité,
Mais tandis que ton sein de pierre est habité.«[52]

Die Genialität dieses Dichters, dessen Werk so unerhört schmal und dessen Veröffentlichungen zu Lebzeiten gering an Zahl, wurzelt in einem höchst sonderbaren Widerspruch: Er war ein geradezu mathematisch Denkender, der sich ein härenes Kunstprinzip baute – und er war ein fast schlafwandlerisch sicherer Ausbalancierer der Worte, die er akrobatisch einander in der Schwebe hielt. Das Verblüffende an diesem Schriftsteller ist, daß er ein gläsern-klarer Theoretiker war – aber das Hauchglas seiner Poesie, mal Lichtstrahlen brechend und mal in huschende Schatten gehüllt, bot viele Farben. Seinem Freund Cazalis schrieb er, ihre gegenseitige Arbeit abwägend und Einwände gegen seinen puristischen Anspruch abwehrend:

»Es gibt nur die Schönheit; – und sie hat nur den einen vollkommenen Ausdruck – die Poesie. Alles übrige ist Lüge – ausgenommen die Liebe bei denen, deren Leben das Körperliche ist, und jene Liebe des Geistes, die Freundschaft. Ich hoffe, die Königin von Saba und meine Hérodiade werden Freundinnen sein ... Für mich nimmt die Poesie die Stelle der Liebe ein, weil sie in sich selbst verliebt ist, und ihre Lust an sich selbst fällt köstlich in meine Seele zurück ... Ja, *ich weiß es*, wir sind nur vage Formen der Materie – aber sehr sublime, haben wir doch Gott und die Seele erfunden.«[53]

Eines der letzten Gedichte Mallarmés, das bereits keinen Titel mehr trägt – also sich selbst nicht benennen will –, gilt als besonders sich jeglicher Aufschlüsselung verweigernd. Es ist ein Untergangsgedicht und mag Beispiel sein für die Etikettierung »Symbolismus«, die die Literaturgeschichte

Mallarmé angetan hat. Sie will besagen, daß keines seiner Worte sich selber meint, daß stets ein Unterstrom an Beziehungen, Verweisen, Mehrdeutigkeiten die Worte inei-nanderschwemmt. Das stimmt – und es stimmt auch nicht. In der Mallarmé-Literatur ist das Paradigma beliebt, er habe Worte wie Namen eingesetzt, aber ein Name »bedeute« eben nichts. Gewiß – Giovanni oder José, Myriam oder Yukio, Rabindranath, Torsten oder Sulamith benennen zuerst einmal nichts als den Namensträger. Auf der höheren Ebene aber benennen sie, bedeuten sie mehr als ein Individuum: die Worte, der Name ›haben einen Hof‹. Zu Recht assoziieren wir beim Lesen von Giovanni oder Torsten oder Sulamith etwas, und wenn es das Klischee »schwarzhaarig«, »Schweden«, »jüdisch« ist. Nun ist ja das Wesen des Klischees, daß es – cum grano salis – stimmt: Es mag blonde Italiener, Spanier und Japaner geben, es mag Türken geben, die Torsten heißen, und eine Berlinerin, die man Sulamith nennt – die REGEL ist es nicht. Mallarmés poetisches Prinzip benutzt beide Spiel-ebenen: Er benennt exakt – und er verhakt seine Bilder, Meta-phern, Symbole mit entfernten Begriffswelten:

»Verheimlicht träger Wolkenlast
Basalt und tiefen Lavafalten
wo keine Echos sklavisch hallten
erstickten Hornrufs dumpfer Hast

welch Untergang – o Gischt du sahst
was deine Schäume überwallten –
riß mit der Trümmer Ungestalten
auch ihn hinab den nackten Mast

wer weiß es was erzürnten Mutes
um den Verlust des hohen Gutes
verschlang des Abgrunds Ohnmacht hier

vielleicht auch weißes Haargeranke
riß noch hinab aus Hassesgier
des jungen Meerweibs Schuppenflanke.«[54]

Wenn wir einmal außer acht lassen, daß es wie von allen seinen Gedichten auch von diesem mehrere Übersetzungen
gibt; und daß das Original immer größere Stringenz hat, kann
man an diesem zutiefst verstörenden sehr genau Mallarmés
Spiel der zwei Ebenen beobachten. Zum einen ist es die Erzählung eines Schiffsuntergangs, einer dräuenden Lockung in
den nassen Tod. Zum anderen webt Mallarmé aus vielen pro-
baten Wortstricken ein Netz aus Begriffen seines gesamten
Œuvre – Lavafalte, Echo, Wolke, Schaum, Trümmer, Abgrund,
Haß –, das sich zu einem anderen Bedeutungsgeflecht ver-
knüpft. Aus der Untergangsballade ist das Lied vom Tod geworden; aus dem Exempel das Existentielle; aus den Wörtern
die Worte. Das ist die Unvergleichlichkeit Mallarmés: Er ist ein
Schamane, der aus Buchstaben Töne lockt und den Klang Begriff werden läßt. Mit der seit Monets im Salon ausgestellten
Bild L'Impression – Soleil lévant gehandhabten Formel »Impressio-
nismus« hat das rein gar nichts zu tun: Manets Porträts,
Monets Seerosen, Degas' Absinthtrinkerin exekutierten zwar
eine neue Malweise – mehrdeutig waren sie nie und nirgend-
wo.

Stéphane Mallarmé war unbekannt, aber berühmt. Sein
Ruhm hatte sich unverhältnismäßig rasch in der kleinen Welt
der Literatur verbreitet. Als er 1871 in Paris eintrifft, ist er

zwar immer nur Lehrer am allerdings vornehmen Lycée Fontanes, aber ein heimlicher König. Bald hat er sogar seinen eigenen Hof. Anfangs in der Rue de Moscou – das Quartier um die Gare St. Lazare haben viele zeitgenössische Maler festgehalten – richtet er eine bürgerliche Wohnung ein, die ab 1875 bezogene Wohnung in der benachbarten rue de Rome wird durch das Ritual seiner regelmäßigen Empfänge dienstags abends bald zum Zentrum eines veritablen Cercle: André Gide, Paul Valéry, Victor Marguerite, Verhaeren, Leconte de Lisle – den er bald als offizieller »Prinz der Literatur« ablösen wird –, Maupassant, Maeterlinck, selten Stefan George, gelegentlich Oscar Wilde versammelten sich in dem Salon, über den es viele Berichte gibt:

»Gauguin, ohne feste Unterkunft, er kampiert in einem Zimmer eines elenden Hotels und arbeitet in ihm zeitweise überlassenen Ateliers, leidet unter einer Armut, die ihn nur der Alkoholismus manchmal vergessen läßt. Man hat ihn auf den ›Mardis‹ gesehen. Schwer, kompakt, mit riesigen Händen. Das ausgebleichte rote Haar und die permanent gebräunte, gegerbte Haut verraten den früheren Aufenthalt in den Tropen. Er erschien in blauer Basken- oder Schirmmütze, einem langen grünlichen Cape, einer mit Farb- und Ölflecken gesprenkelten Jacke, zu weiten Hosen und oft in Holzpantinen. Statt einer Weste trug er ein marineblaues Trikot mit bretonischer Stickerei. Neben diesem lärmend auftretenden, groben Kerl vom Typ ›Küstenschifferkapitän‹ wirkte Odilon Redon zart, asketisch und von beherrschter Ruhe. Beide machen mit einem Blick auf Oscar Wilde aufmerksam, der eine Sonnenblume trägt und quer durch Paris hierher gekommen ist; er ist unfähig, anderen als seinen eigenen Worten Gehör zu schenken, und seine dicken Finger spielen mit einem ägyptischen Skarabäus aus Lapislazuli, der in einer beweglichen Fassung auf seinem Lieblingsring sitzt. P. Louys, dessen schöne Stirn hinter kalkuliert unordentlichem Haar verborgen ist, erscheint zerstreut oder abgelenkt: Er bittet André Gide, sich unbedingt am nächsten Sonntag im Umgang des Concert Lamoureux einzufinden: ›Mallarmé wird rechts, hinter Platz 58, auf der Bank sitzen.‹«[55]

Es ist keine luxuriöse Behausung – der kleine Flur, in dem mit der Pfeife in der Hand der Gastgeber persönlich seine Gäste begrüßt, führt zu einem Raum, der halb Salon halb Eßzimmer ist und in dem die Tochter Geneviève die Stühle gruppiert:

»Mallarmé hält sich in der Nische vor dem Fayenceofen auf, fast immer stehend, einige Aufmerksamkeit auf Haltung, Gesten und Tonfall verwendend. An den Wänden einige liebenswürdige Werke: das Porträt des Gastgebers von Monet, eine Skizze vom selben Künstler, die Hamlet und den Geist auf der Terrasse von Elseneur darstellt; ein Pastell von Odilon Redon und einige Stiche. Die Sammlung vergrößert sich von Jahr zu Jahr. Bäuerliche Fayencen auf einer Anrichte, eine schmale Bank aus Rohr, strohgeflochtene Sitze, ein Schaukelstuhl, von Villiers nervös hin und her bewegt oder von Herolds Statur und Sanftmut in bewegungsloser Balance gehalten, ergänzen das Bild. Dicker Rauch verbindet die Linien, Farben und Gesichter ... Die anderen Räume der Wohnung hat George Moore beschrieben. Neben dem berühmten Eßzimmer befindet sich ein kleiner Schlaf- und Arbeitsraum. Das Renaissancebett ist aus Schmiedeeisen.

Auf dem Tisch, auf dem keinerlei Unordnung zu bemerken ist, sieht man eine Rose in einer blauen chinesischen Vase. Dahinter das Schlafzimmer von Madame und Mademoiselle Mallarmé mit dem apricotfarbenen Klavier, einem Geschenk von Madame Banville an Geneviève. Am Ende ein großes Badezimmer und die Küche.«[56]

Man sprach über Literatur, Techniken des Reimes, über Musik und Malerei; wobei es zumeist recht ehrfürchtig zuging, die meisten Schriftsteller sahen sich in der Rolle von Schülern eines veritablen Sokrates, dessen Sprüchen man lauschte, und man empfand sich als eine »Ecole de la Gloire«. Da es sich aber schließlich um einen Pariser Salon handelte, genoß man auch mancherlei Sottisen – etwa wenn Mallarmé auf Rodins Einwurf »Aber Sie sind ja ein Monster« antwortete: »Das will ich wohl hoffen«[57], oder wenn er die typische Schnippischkeit eines Autors der jungen Generation, die stets die Väter mordet, Zola habe kein Fünkchen Talent, gönnerhaft zurückwies:

»Es gibt immerhin einige anschauliche Zeilen von ihm. In ›Nana‹ ist es das Kapitel, in dem er uns das Mädchen zeigt, wie es sich nackt an einem Holzfeuer wärmt. Man glaubt, ihre Haut zu sehen und zu fühlen.«[58]

Aber ebenso goutierte Mallarmé auch Dünnlippigkeiten seiner Gäste, vor allem, wenn es sein Freund Manet war:

»Ingres hat Père Bertin gewählt, um eine Epoche darzustellen; er hat den Buddha der Bourgeoisie aus ihm gemacht, vollgestopft, begütert, triumphierend.«

Oder über Gustave Moreau:

»Er geht einen schlechten Weg ... Er führt uns, die wir möchten, daß alles verständlich sei, zum Unverständlichen zurück.«[59]

Mallarmé, der Jahre in der Provinz sozusagen verdurstet war, schlürfte in vollen Zügen das Pariser Leben – mal ein Diner, dessen Ehrengast Flaubert war, mal ein Souper, bei dem er Rimbaud traf:

»Man würde sagen, ein junger Mann aus schlechtem Milieu, vernachlässigt und struppig, mit einem bäurisch roten Gesicht und darin zwei stählernen, goldgesprenkelten Augen, ›Sommernachtsaugen‹, und ein von Auflehnung, Sarkasmus und wilder Sexualität aufgeworfener und verzerrter Mund. Seine blauroten, riesigen und ostentativ müßigen Hände waren furchteinflößend. Eines Abends brachte ihn seine grausame Exzentrizität dazu, sie einen schwertartigen Stock gegen Carjat ergreifen zu lassen, weil dieser den reizbaren jungen Mann, der über einen langweiligen Vortrag Jean Aicards und mit viel Wein ganz außer sich geraten war, eine Rotznase genannt hatte.[60]

Und mal erreicht ihn eine Abendeinladung, die nonchalant betonte »Monet und Renoir werden auch da sein« – was Mallarmé so inspirierte, daß er im Verlauf des Abends nicht nur eigene Gedichte vortrug, sondern auch auswendig das Postscriptum eines Briefes von Victor Hugo an Charles Baudelaire zitierte, der als Vorwort zu einem Buch über Théophile Gautier gedient hatte.[61] Es kam durchaus vor, daß er sich Erläuterungen zu seinen Gedichten verbat, sie seien schließlich klar und einfach genug – dann wieder lehnte er blaß und in der Pose des Resignierten am Klavier, um der Welt ein müdes Adieu zuzutrinken:

»Im Grunde interessiert mich nichts mehr ... Es kommt mir vor, als habe ich aufgehört, ein Zeitgenosse zu sein ... Ich bin durchaus bereit, von mir, in der dritten Person, im Präteritum zu sprechen. Ich habe ein Gefühl, als sei ich schon tot. [62]

Er war nach wie vor ein strenger Richter über die Sitten – anderer. Mit derselben Rigorosität, mit der er einem seiner ältesten Freunde Hausverbot erteilt hatte, weil der es gewagt – und damit Madame Mallarmé beleidigt – hatte, zum Tee mit einer ihm nicht angetrauten Dame zu erscheinen, mit derselben Kathedersteifheit mokierte er sich über einen Freund Zolas, der den bei einem London-Besuch wegen seines Zylinders zum Busfahren genötigt habe; oder über den jungen Maurice Barrès, der auf einem Bankett einen Trinkspruch »Baudelaire zum Gedenken« angebracht hatte – »dégoutant«, sagte Mallarmé. Das alles hinderte ihn jedoch nicht, auf Bitten seiner keineswegs heimlichen Geliebten Méry Laurent sich an dem damals so beliebten Gesellschaftsspiel zu beteiligen und jenen Fragebogen auszufüllen, den wir von Karl Marx wie Marcel Proust kennen und der wohl als amüsanter Beichtersatz galt – statt verschwiegen in das Ohr des Priesters geflüstert, hinter die Fächer der vor Spiegeln, Palmen und Putten paradierenden Damen gehaucht:

»*Ihre Lieblingstugend* Kindisch zu sein
Ihre Lieblingseigenschaften bei Männern Zuverlässigkeit bei mir zu-

stehenden Zahlungen

Ihre Lieblingseigenschaften bei Frauen Alle

Ihre Lieblingsbeschäftigung (Das ist indiskret)

Das Hauptmerkmal Ihres Lebens Daß es keines gibt

Ihr Traum vom Glück Träumen

Ihre Vorstellung von Unglück Keine Zigarre anzuzünden

Ihre Lieblingsfarbe und Ihre Lieblingsblume Das Weiß des Papiers, der Mund

Wenn Sie nicht Sie selbst wären, wer hätten Sie sein mögen Jeder

Wo möchten Sie leben Das sage ich nicht, um allein dorthin zu gehen

Ihre Lieblingsprosaautoren Diejenigen, die Verse schreiben

Ihre Lieblingslyriker Mehrere, mich selbst eingeschlossen

Ihre Lieblingsmaler und -komponisten Der Sonnenuntergang und der Wind

Ihre Lieblingshelden in der Wirklichkeit,
in der Geschichte
Ihre Lieblingsheldinnen in der Wirklichkeit,
in der Geschichte
} Die unbekannten

Ihre Lieblingshelden in der Literatur Hamlet

Ihre Lieblingsheldinnen in der Literatur Medusa

Ihr Lieblingsgericht und Ihr Lieblingsgetränk Das, was mir meine Tischnachbarin vorlegt und einschenkt

Ihre Lieblingsnamen Zuerst Méry, dann Laurent

Das Objekt Ihrer stärksten Abneigung Ein anderer

Welche geschichtlichen Gestalten verachten Sie am meisten Die führenden

Ihre gegenwärtige Geistesverfassung Neigung zur Illusion

Welche Fehler entschuldigen Sie am ehesten Diejenigen, die man vor mir verbergen kann

Ihr Lieblingsmotto Geradeaus«[63]

Ein zeitgenössischer Bericht über solche Abende in der Rue de Rome, wo man zwar Gott Wagner opferte, aber auch durchaus der eigenen Eitelkeit, hört sich an wie der Klatschbericht aus einem Gesellschaftsmagazin:

»Regnier ist groß, mager, früh kahlköpfig, er trägt ständig ein Monokel und hat einen herabhängenden Schnurrbart, dem ein stark vorspringender Oberkiefer Halt gibt. Hinter seiner eleganten, ein wenig hochmütigen Liebenswürdigkeit verbirgt sich, so glaubt Gide, ein stetiges, aber diskretes Überlegenheitsgefühl. Bei Mallarmé spricht er wenig, gibt nur kurze, gewandte Erwiderungen. In intimerer Gesellschaft zeigt er mit seiner musikalischen, sonoren Stimme von liebenswürdiger Schärfe und kunstvoller Gemessenheit viel Charme. André Gide, den sein Rhetorikkollege an der Ecole Alsacienne P. Louys hierhergeführt, hat sehr langes Haar, fleischige Lippen, die Andeutung eines Schnurrbarts und trägt eine verblaßte schwarze Küstlerschleife. Er ist bleich, zerbrechlich und reserviert. Mauclair findet ihn romantisch, ›goethisch‹, vollgesogen mit Novalis, ein bißchen affektiert, ein bißchen Quäker und abwechselnd dem Franz Liszt von Deveria und dem jungen Wagner ähnlich. In ihrer Nähe sieht der elegante Pierre Louys – von fast femininer Liebenswürdigkeit, geziert und mal unerschütterlich, mal aus Schüchternheit schalkhaft – mit schönen, fiebrigen und höflich erstaunten Augen unter langen braunen Haaren hervor. Er gefällt sich darin, beiläufig zwischen zwei griechischen Zitaten zu erwähnen: ›Ich reise heute abend ab nach Ägypten.‹ Mikhaël wirkt vernachlässigt. Seine lange Nase, auf der ein gewöhnlicher Kneifer sitzt, scheint den langen gebogenen Hals und die sorgenvolle Stirn zu ermü-

den. Er starb kurz darauf, möglicherweise an einem Rendezvous, das er mitten im Winter auf dem offenen Deck der
Linie Trocadero – Gare de l'Est hatte, wo man garantiert un-
gestört war ... Oscar Wilde, in Begleitung des faden Doug-
las oder auch ohne ihn, erscheint nur in großen Abständen.
Die stumme Mißbilligung hätte, wie Dujardin meinte, diesem abscheulichen Ästheten deutlich machen müssen, daß
man zu Mallarmé nicht zum Schwatzen kam. Sein Dünkel
steht seiner Aufgeblasenheit in nichts nach. Die Anmut dieses affektierten Benehmens leidet allerdings etwas durch
seine Überheblichkeit. An diesem Ort, wo die Poesie zu ori-
ginären Gedanken inspiriert, zu wesentlichen Betrachtun-
gen und ohne Geschrei vorgetragenen Aussagen, reiht er
mit Bravour Gemeinplätze aneinander und benebelt die Zuhörer mit abgestandenen Anekdoten. Eines Tages nach einem brillanten Vortrag von Whistler rief Oscar Wilde, fast
ohnmächtig werdend wie eine in Bann geschlagene dicke
Dame: ›Wie schön das ist, wie gern hätte ich das gesagt!‹ ›Sie
werden es sagen, Oscar‹, erwiderte Whistler grimmig.
Claude Debussy, kraus, mit glänzender, gewölbter Stirn, zar-
tem Bart und Augen voller zielloser Zärtlichkeit, bringt
manchmal ein frisches Lachen hervor, manchmal wird er
geschüttelt von einem grotesken Tick.«[64]

Es waren also sehr säkulare Heilige, die ihren Exerzitien frön-
ten. Der Hohepriester Mallarmé war beides: Burgherr und
mönchischer Asket des Wortes, das er in einem Tabernakel wie
die Hostie hütete, feierte und als Sakrament verabreichte. Die
strenge Messe, als die man seinen rätselhaften Text *Igitur* verstehen kann, ist Teil dieser Handlung. Der komplette Titel
heißt *Igitur oder der Wahn der Elbehnon* und ist damit Anspielung auf

das 2. Kapitel des 1. Buches Mose – die Genesis –, das mit den Worten beginnt »Igitur perfecti sunt coeli et terra et omnis ornatus eorum«, die wir kennen in dem Wortlaut »So wurden vollendet Himmel und Erde mit ihrem ganzen Heer«. Gott ist tot in der Gesellschaft, in der Mallarmé wohnt – an seine Stelle, hochmütig und tiefmütig zugleich, ist der neue Schöpfer getreten: der Künstler. Er schafft eine eigene Schöpfung, creatio ex nihilo; deshalb kann Mallarmé in diesem Text sagen »Ich war die Stunde meiner Reinwerdung. […] Reinheit, Inbegriff des absoluten Nichts«[65]. Denn »El behnon« bezeichnet im Hebräischen die Söhne der Elohim, Jehovas Sternenkinder, Wesen aus Nichts und das Wesen des All. Igitur ist Schaffensprinzip per se, Archetyp des Nicht-Faßbaren; jener Absatz der Genesis endet bekanntlich mit den Worten »So sind Himmel und Erde geworden, als sie geschaffen wurden«. Der Sisyphus namens Stéphane Mallarmé antwortet an zentraler Stelle seines hymnischen Textes, der Raum und Zeit ineinanderschiebt, wie es dann Richard Wagners wahnsinnige Götter tun werden, auf diesen Schöpfungsakt – indem er ihn sich aneignet und zugleich verwirft:

»Unvordenkliche Ahnen, deren lastende Zeit, übertrieben, in die Vergangenheit gestürzt ist, und die, erfüllt vom Zufall, fortan nur von ihrer Zukunft gelebt hat. – Da dieser Zufall nur dank eines Anachronismus verneint wurde, hat eine Gestalt – die höchste Verkörperung dieser Ahnenreihe – die dank des Absurden die Existenz des Absoluten in sich fühlt, ganz allein, das Menschenwort im Zauberbuch und den Gedanken in einem Licht vergessen, das eine diese Verneinung des Zufalls verkündend, der andere den Traum beleuchtend, in dem er lebt. Die an die Existenz des einzig Absoluten glaubende Gestalt meint überall in einem Traum zu sein (sie handelt aus dem Gesichtspunkt des Absoluten) und hält den Akt für sinnlos, denn es gibt den Zufall und es gibt ihn nicht – sie beschränkt den Zufall auf das Unendliche – das, so sagt sie, irgendwo existieren muß.«[66]

Doch am Rande hat Mallarmé eine Art Regiebemerkung notiert: »Er liest die Prophzeiung vor, über die er innerlich lacht. Das war Wahn.«

Es ist der Wahn – man kann es auch nennen: die Hoffahrt – des Dichters. Er ist ein gottloser Gottsucher. Der Gott, den er findet, trägt den Namen Stéphane. Ein vertändelter Himmelsstürmer – doch der Himmel, den er stürmte, ist leer; es ist das Néant, das Nichts. Dort will er thronen, ein schwarzer, kichernder Teufel; da er Partner für seinen Pakt ablehnt, kündigt er auch sich selber alle Verträge auf. Sein Credo ist die Bindungslosigkeit. Da die Gesellschaft, in der er lebt, nur Werte kennt, die an der Börse notiert werden und selbst die Elemente zur Handelsware verkommen läßt, entbindet Mallarmé sich auch aller überkommenen ästhetischen Regeln. Er löst sie schließlich ins Spiel mit dem Bedeutungslosen auf. Das ist *sein* diabolisches Prinzip.

Doch die Feuerfunken, die er ins Firmament schießt, regnen als fahle Asche herab. Die Grenze von Mallarmés Kunst zum Kunstgewerbe ist sehr schmal, nicht selten überschreitet er sie zum Banalen. Der Text *Ein Würfelwurf*, 1897 in der in Berlin und London erscheinenden Zeitschrift *Cosmopolis* veröffentlicht und bezeichnenderweise mit dem törichten Satz »Mir wäre lieber, man würde diese Vorbemerkung nicht lesen«[67] eingeleitet, ist eine lettristische Plattheit: Das Weiß des Papiers, über das oft wenige Worte verstreut sind, solle mehr sa-

gen als die Worte selber. Die sind in wechselnden Buchstaben-
typen und verschiedenen Größen gedruckt, »NIEMALS«
selbstverständlich am größten, aber auch »ZUFALL« und
»NICHTS« noch sehr erhaben. Es ist jener majestätische Unsinn, mit dem seine Nachfahren etwa Gedicht genannte Wort-
gebilde in Form einer Sanduhr drucken ließen, um über den
Ablauf der Zeit und die Vergeblichkeit des Lebens zu sinnie-
ren, und dem er selber mit pompösen Leerformeln Vorschub
geleistet hat:

»Im Grunde bin ich ein Einzelgänger, ich glaube, daß die
Poesie für die Prunksucht festlicher Aufzüge einer etablier-
ten Gesellschaft gedacht ist, in der die Herrlichkeit, von der
die Menschen keinen Begriff mehr zu haben scheinen, ihren Platz hätte.«[68]

Das leere Weiß, durch das hier der solitäre Dichterschwan
zieht – »le cygne«, »der Schwan«, und »le signe«, »das Zeichen«, sind gleichlautende Worte im Französischen –, hat naturgemäß zahllose Interpreten angelockt, von Jean-Marie
Straub, in dessen Film Passanten an den Seine-Quais schlen-
dernd den Text sprechen, bis zu Gerhard Goebel-Schillings
Piano solo, bei dem jedem typographischen Motiv eine Ton-
serie entspricht. Wie sehr dünn, ja durchsichtig die Kleider
des Kaisers sind, blieb ungesagt.

Ein Kaiser – im zweiten Kaiserreich der Franzosen – war er
immerhin; wenn auch Napoleon III. nach seiner Gefangen-
nahme 1871 in Sedan abdankte. Wie vor ihm vielleicht nur
Stendhal mit seinem lodernden Furor gegen das Vertuschen
und Beschönigen und Heucheln der Franzosen nach Revolution und napoleonischer Diktatur – ob bei Victor Hugo oder

Alfred de Vigny – hatte Mallarmé die Sprache gereinigt, ihre innere Autonomie verteidigt gegen den Schmutz der baren Münze in den Händen der Wechsler; so sehr, daß es einer ganzen Generation von Schriftstellern bedurfte – Céline, Aragon, Genet –, um das Französische wieder einzutauchen in den Dreck dieser Welt – sie haben die azurnen Paradiese in der schmutzigen Pfütze des Irdischen gespiegelt. Doch keiner, der ohne ihn zu denken. Und kaum einer, der seiner nicht gedachte – von Verlaine bis Sartre. Eine bescheidene Stele auf dem Friedhof von Samoreau, unweit seines winzigen Arbeitshäuschens in Valois am Ufer der Seine, erinnert an ihn. Dort empfing er sehr gelegentlich auch Freunde. Als im August 1898 eine Dame bei einem Déjeuner ängstlich bemerkte, es seien ja dreizehn Gäste, sagte er:

»Mach dir keine Sorgen, mein Kind, es ist der Älteste, der stirbt. Und das bin ich.«

Wenige Wochen später war er tot.

Quellen

1   Paul Valéry: Brief über Mallarmé, in: Paul Valéry: Werke. Frankfurter
    Ausgabe in 7 Bänden, hrsg. von Jürgen Schmidt-Radefeldt, Bd. 3. © In-
    sel Verlag, Frankfurt am Main, 1989[1], S. 258

2   zitiert nach Henri Mondor: Vie de Mallarmé. Gallimard, Paris, 1941
    (Übersetzung: Fritz J. Raddatz), S. 392

3   zitiert nach ebd., S. 426

4   Armand Renaud an Mallarmé, zitiert nach Mondor, S. 216 f.

5   Mondor, S. 710

6   Armand Renaud an Mallarmé, zitiert nach Mondor, S. 231

7   zitiert nach Mondor, S. 661

8   Jean-Paul Sartre: Mallarmés Engagement, Mallarmé (1842–1898), in:
    Jean-Paul Sartre: Gesammelte Werke in Einzelausgaben. Schriften zur
    Literatur, Bd. 12. © Rowohlt Verlag GmbH, Reinbek b. Hamburg
    1983[1], S. 153

9   ebd., S. 45, 151, 179

10 zitiert nach ebd., S. 80 f.

11 Paul Valéry: Ich sagte manchmal zu Stéphane Mallarmé …, in: Werke,
    Bd. 3 S. 268

12 zitiert nach Sartre, S. 20

13 zitiert nach ebd., S. 18

14 zitiert nach ebd., S. 21

15 zitiert nach Pierre-Olivier Walzer: Stéphane Mallarmé. Seghers, Paris,
    1963(Übersetzung: Fritz J. Raddatz), S. 36

16 zitiert nach Mondor, S. 377

17 zitiert nach Walzer, S. 1

18 zitiert nach Sartre, S. 11

19 Stéphane Mallarmé: Sämtliche Dichtungen. Aus dem Französischen
    von Carl Fischer und Ralf Stabel. © Carl Hanser Verlag, München,
    Wien, 1992, S. 11

20 zitiert nach Sartre, S. 26

21 Karl Marx: Die Juni-Niederlage 1848, in: Karl Marx, Friedrich Engels:
    Werke, Bd. 7. Dietz Verlag, Berlin, 1964, S. 12, 14 f.

22 Karl Marx: Der achtzehnte Brumaire des Louis Bonaparte, in: Karl Marx,
    Friedrich Engels: Werke, Bd. 8. Dietz Verlag, Berlin, 1964, S. 121 ff.

23 Mallarmé, Sämtliche Dichtungen, S. 268–272

24 ebd., S. 9

25 Hans Magnus Enzensberger: Schaum, in: Hans Magnus Enzensberger:
    Gedichte 1955–1970. © Suhrkamp Verlag, Frankfurt am Main, 1971[1],
    S. 37, 44 f.

26 zitiert nach Mondor, S. 59 ff.

27 zitiert nach ebd., S. 56

28 Stéphane Mallarmé an Henri Cazalis, zitiert nach Walzer, S. 34

29 Walzer, S. 30

30 zitiert nach Mondor, S. 100
31 zitiert nach Sartre, S. 30
32 zitiert nach Sartre, S. 53
33 zitiert nach Mondor, S. 87
34 Stéphane Mallarmé an Henri Cazalis, Februar 1865, zitiert nach Mondor, S. 157
35 zitiert nach Mondor, S. 149
36 Sartre, S. 30–32
37 Mallarmé, Sämtliche Dichtungen, S. 19
38 Bertolt Brecht: Vom ertrunkenen Mädchen, in: Brecht: Große Berliner und Frankfurter Ausgabe, Bd. 11, © Suhrkamp Verlag Frankfurt am Main, 1988
39 Walzer, S. 51 f.
40 Stéphane Mallarmé: »Hérodiade I, Die Amme«, in: Mallarmé, Sämtliche Dichtungen, S. 41
41 Stéphane Mallarmé: »Fächer«, in: Mallarmé, Sämtliche Dichtungen, S. 77
42 Guy Michaud: Mallarmé. L'homme et l'oeuvre. Hatier Boivin, Paris, 1953 (Übersetzung: Fritz J. Raddatz)
43 zitiert nach Mondor, S. 667
44 ebd., S. 695 f.
45 ebd., S. 454
46 George Steiner, zitiert nach Bettina Rommel: Einführung, in: Mallarmé, Sämtliche Dichtungen, S. 13
47 Mallarmé, Sämtliche Dichtungen, S. 77
48 Mallarmé, Sämtliche Dichtungen, S. 76
49 zitiert nach Mondor, S. 176 f.
50 Mallarmé, Sämtliche Dichtungen, S. 27
51 zitiert nach Petra Leutner: Wege durch die Zeichen-Zone. Stéphane Mallarmé und Paul Celan. J. B. Metzler, Stuttgart, Weimar, 1994, S. 110
52 Mallarmé, Sämtliche Dichtungen, S. 26
53 zitiert nach Mondor, S. 238, 193 f.
54 Mallarmé, Sämtliche Dichtungen, S. 121
55 Mondor, S. 596 f.
56 ebd., S. 466 f.
57 zitiert nach ebd., S. 42
58 zitiert nach ebd., S. 648 f.
59 zitiert nach ebd., S. 393
60 ebd., S. 332
61 ebd., S. 501
62 zitiert nach ebd., S. 325
63 Documents Stéphane Mallarmé, présentés par Carl Paul Barbier. Librairie Nizet, Paris, 1968 (Übersetzung: Fritz J. Raddatz), S. 111 f.
64 zitiert nach Mondor, S. 645
65 Mallarmé, Sämtliche Dichtungen, S. 185, 193
66 ebd., S. 201
67 ebd., S. 223
68 zitiert nach Mondor, S. 600

Die ausgestopfte Welt des luxuriösen Irrsinns

EDITH SITWELL

»Ein Genie«, gab die Fünfjährige zur Antwort, als sie zur Tee-stunde von einer Freundin der empörten Mutter huldreich gefragt wurde: »Was willst du werden, wenn du mal groß bist, meine Kleine?« Damit hatte sie nicht nur, ohne es zu wissen, den Snobismus ihres Vaters variiert, der mit vier Jahren der Nachfrage eines Nachbarn »Wer bist denn du?« mit dem Satz Bescheid gab: »Ich bin Sir George Sitwell, Baron. Ich bin vier Jahre alt und der jüngste Baron in England.« Vielmehr hatte das häßliche Entlein damit den Spannungsbogen ihres Lebensentwurfs aufgerissen. Edith Sitwell wollte ein Genie werden. Sie wurde ein Genie – zumindest der Selbstdarstellung. Die formbesessene Lyrikerin, theatralische Theaterlieb-haberin und Förderin wie Hasserin junger Talente wurde ein Genius der Inszenierung ihrer selbst, eine Performance-Künstlerin der ersten Hälfte des 20. Jahrhunderts, als man das Wort noch nicht kannte. Eine Pop-Ikone *avant la lettre* von so schriller Exzentrik, daß Andy Warhol dagegen wie ein Kauf-hausschwengel wirkt und Michael Jackson verbleicht zum Tango-Eintänzer einer Damenwahl-Bar.

Als sie 1887 in Scarborough auf dem eleganten Landsitz der

Großmutter geboren wurde, war es wohl einem der als lästig-ekelhaft empfundenen Akte zu verdanken, auf die ihr Vater sich durch anregende Lektüre vorbereitete, um dann seiner jungen Frau zu verkünden: »Ida, ich bin soweit.«

Sir George Sitwell, ein dilettierender Historiker und Hobby-gärtner, hatte eine frühere Favoritin abgewiesen, weil ihm die Linie ihrer unaristokratischen Nase nicht gefiel, und dann, nach zwei kurzen Mittagessen, die siebzehnjährige Ida Dison geheiratet, aus vornehmer und wohlhabender Familie, die sich gar auf die Plantagenets zurückdatierte. Lady Ida, deren Vater, der Earl of Londesborough, seinen Reichtum mit prunkvollen Galadiners, bei denen die Pavlova tanzte, oder mit Einladungen an den Prince of Wales vorführte, rächte sich für den Verkauf in die Sklaverei nicht nur mit Schnippischkei-ten wie »Ein Baron, mein Gott, wahrlich die niedrigste Form der Existenz« oder »Mit einem Fingerschnipp gab mein Vater eine Million aus«; allerdings blieb unerwähnt, welche Ursa-che die gelegentliche Großzügigkeit von Ediths Großvater sei-ner Frau gegenüber hatte:

»Eine Zeitlang hatten die ungeheuren, mit dem Glanz der Niagarafälle wetteifernden Ströme von Smaragden sie über-rascht, die Juweliere im Auftrag meines Großvaters auf sie herniederregnen ließen.

Erst an dem Tag, von dem ich spreche, entdeckte sie, daß er die Gewohnheit hatte, Damen aufzusuchen, die man als die hinter jenen Strömen verborgenen Najaden ansehen konn-te – Nymphen, die ansonsten damit beschäftigt waren, in musikalischen Komödien kreischend über die Bühne zu hüpfen. Nach jedem dieser Besuche packte meinen Großva-ter das schlechte Gewissen – daher die Smaragde.

Meine Großmutter sagte alles, was ihr in den Sinn kam. Die Smaragde aber behielt sie.«[1]

Lady Ida trat auch früh in eine Art Mutterstreik, den Edith Sitwell später in ihren Memoiren kühl und genau beschrieb:

»Vom Augenblick der Geburt an war ich meine ganze Kindheit und Jugend hindurch bei meinen Eltern unbeliebt. Ich war in Ungnade, weil ich ein Mädchen war. Schlimmer noch war, daß sich während meines Heranwachsens zeigte, daß ich den Vorstellungen, die mein Vater von weiblicher Schönheit hatte, nicht entsprechen würde. In keiner Weise ähnelte ich einem Pekinesen oder einer der aufgedunsenen rosa Nachahmungen von Rosen, die mein Vater [...] so bewunderte. [...] Es ließ sich auch nicht leugnen, daß ich schon in frühester Kindheit deutliche Anzeichen für das Vorhandensein von Großhirn, Kleinhirn und Rückenmark an den Tag legte. Ich war eine Enttäuschung. Meine achtzehnjährige Mutter hatte geglaubt, sie habe eine neue Puppe bekommen – eine, die auf ihre Aufforderung hin die Augen öffnete und schloß und ›Papa‹ und ›Mama‹ sagte. In dieser Hinsicht wie in jeder anderen erfüllte ich die in mich gesetzten Erwartungen nicht. [...]
Meine Mutter flüchtete sich wenige Tage nach der Hochzeit ins Elternhaus, aber meine Großmutter schickte sie zurück. Der Wechselbalg, der ich bin, wurde neun Monate nach Beginn jener Sklaverei geboren. Kein Wunder, daß mich meine Mutter während meiner ganzen Kindheit und Jugend haßte. [...]
Auf Renishaw verbrachte sie ihre Vormittage grundsätzlich im Bett – (das tue ich auch, aber die meinigen sind ganz und

gar ausgefüllt) – weil es nichts zu tun gegeben hätte, wenn sie aufgestanden wäre. Ein weiterer Grund, warum sie liegenblieb, war, daß ihre Füße, auf die sie stolz war, schmerzten, denn sie bestand darauf, sich ihre Schuhe stets eine Nummer zu klein machen zu lassen. So las sie im Bett liegend die Zeitungen; doch nicht einmal das nützte ihr, denn am Ende des Tages konnte sie sich an kein einziges der darin berichteten Ereignisse erinnern, an keinen einzigen Satz, und das galt auch für Romane, die sie wahllos verschlang.

›Hab' ich das schon gelesen?‹ fragte sie regelmäßig, wenn von einem Buch die Rede war.

›Mir ist egal, *was* ich lese‹, sagte sie, ›solang ich lese. Es vertreibt mir die Zeit.‹

So brachte sie die Inhaltslosigkeit ihrer Tage zu, den leeren Zeitraum zwischen einer Stunde und der nächsten. Sie konnte unmöglich wissen, was Versunkenheit bedeutet, denn in ihr hallte stets der hohle Klang der Zeit und gemahnte sie – nicht etwa an sie selbst, denn sie besaß kein Selbst, war nichts als ein Bündel kleiner Kümmernisse, Befürchtungen und sich bergehoch türmender Raserei – daran, daß die Tage in finsterem und trauervollem Zug zum Grabe hin vergingen.[2]

Das Leben des englischen Landadels dieser Epoche kann man sich wohl nicht skurril, langweilig, burschikos und zeremoniös genug vorstellen. Einerseits galt es als unvorstellbar, daß die Dame des Hauses Blumen in einer Vase eigenhändig geordnet hätte, andererseits durfte der Kammerherr nach dem Tod und Begräbnis der Gnädigen ungestraft bemerken: »Nun, zumindest weiß Sir Georg jetzt, wo Ihre Ladyschaft künftig ihre Nachmittage verbringen wird.« Der Bruch zwischen der vornehmeren und reicheren Familie von Ida und ihrem Ehemann wurde unvermeidlich, als dieser sein Buch *On the Making of Gardens* veröffentlichte – es war ein Verrat an seiner Klasse; denn ein Gentleman schreibt keine Bücher.

Der Hauptsitz der Sitwells, ein monströser Landsitz inmitten endloser Parkanlagen, war von sinistrer Melancholie, so weltabgeschieden, daß D. H. Lawrence davon sprach, die Sitwell-Geschwister seien wie auf einer verlassenen Insel aufgewachsen. Menschliche Gefühle galten als unschicklich, selbst die Kinder hatten sie eingefroren. Als die Schwester einer kleinen Spielgefährtin von Edith Sitwell ihre tote Mutter beweinte, fragte die eine andere Kameradin, warum die Kleine denn geweint habe: »Weil ihre Mutter tot ist. – Ja, ich weiß. Aber warum hat sie *geweint*?«[3]

Der Herr von Renishaw – bevor er den Spleen kultivierte, einen enormen Besitz in Italien zu kaufen und sein Vermögen dort in den riesigen Park zu investieren – verbrachte die Tage zwar nicht im Bett, aber in einer Art ritualisiertem Nichtstun, das er mit Schweigen, Absonderung – er aß mittags nie mit seiner Frau – und Forschen über Genealogie, Gartenarchitektur und Heraldik auspolsterte; er lebte zwischen dem Jahr 1100 und dem Ende der Königin Anna:

»Mein Vater war körperlich äußerst aktiv und hatte es sich in späteren Lebensjahren angewöhnt, mit großen Schritten durch die langen Gänge von Renishaw zu gehen, denn wie er sagte, spielte es für einen Menschen, der eine solche Gewohnheit kultivierte, keine Rolle mehr, ob die Tage kalt und trübe seien oder von drückender Hitze, länger oder kürzer würden. Eine Sache, der man keine Aufmerksamkeit mehr widme, höre auf zu existieren. Ihm war aber durchaus bewußt, daß das Wetter als Gesprächsgrundlage von Nutzen war (und er äußerte sich billigend über lautstarke weibliche Niemande, die dafür sorgten, daß ›der Ball im Rollen‹ blieb, womit er meinte, daß sie bei allen Mahlzeiten unaufhörlich seichten Unsinn herausplapperten und damit den Ablauf der Zeit zukleisterten). Von diesen Zwischenspielen abgesehen, blieben für ihn lediglich der Widerhall seiner Schritte und die Sorge um seine Gesundheit Bindeglieder zur Realität. Er hielt jedoch nichts davon, Risiken einzugehen, und obwohl er ein eingefleischter Agnostiker war, betete er allabendlich, für den Fall, daß es sich dabei doch um eine gute Investition handelte.

Bei seinem Auf- und Abschreiten ging er sehr langsam und verwendete soviel Zeit wie möglich darauf, damit ihm das Haus noch größer vorkam, als es ist, denn er hielt es gern für sehr groß. Gelegentlich (etwa ein-, zweimal täglich) hielt er vor einer Tür inne, wenn er in dem dahinterliegenden Raum Stimmen hörte – nicht um zu lauschen oder jemandem nachzuspionieren, denn es gab nichts zu hören, das für ihn von Interesse war, sondern weil er auf diese Weise einen Augenblick lang Berührung mit der Welt hatte, in der sich andere bewegten, dachten, handelten, ohne daß er Teil davon hätte werden müssen.«[4]

Die Berichte von endlosen Diners – bei denen die Dienerschaft einander nicht ansehen und schon gar nicht miteinander sprechen durfte –, die Damen des Hauses in extravagante Seidenroben gekleidet und die Herren des Nachmittags in ihren Tweedanzügen noch ganze Zooladungen erlegten Wilds heranschleppend, das Ganze mehr umspült als umspielt von ungarischen Kapellen, Laienspielen unter Aufsicht einer Heerschar französischer und deutscher Gouvernanten: diese Berichte lesen sich bereits wie Romane des Ennui. Selbst die gerühmte Kinderliebe des Earl of Londesborough scheint eher die Vernarrtheit in Spielzeug gewesen zu sein, mit der Edith Sitwells Großvater die Sprößlinge seiner Tochter in einem »Buckbord« durch die Gegend kutschierte, wenn die smaragd-getröstete Großmutter nicht auf Ausfahrten bestand, bei denen sie nach dem Befehl, täglich eine andere Strecke zu nehmen, sofort in Schlaf verfiel – solchermaßen weder bemerkend, daß man Tag für Tag denselben Weg nahm, noch daß der geliebte Papagei in der Kutsche ausgestopft war.

Es war eine ausgestopfte Welt des luxuriösen Irrsinns, der sich in Kulissen austobte, die man für die Welt hielt und in denen das Klirren einer Teetasse schon wie die Trompete von Jericho klang. Ediths 1892 geborener Bruder Osbert berichtet über sie:

»Zweifellos fühlte sich meine Schwester am unglücklichsten von allen Kindern, eine Fremde im Kreise ihrer nächsten erwachsenen Verwandten. Von großer Sensibilität und mit einer seit dem fünften Lebensjahr durch die Vernachlässigung und Trübsal ihrer Kindheit nahezu unmäßig entwickelten Phantasie, konnte sie unter jenen fremden Dächern keinen Trost finden. … Und womöglich steigerte die Anwesenheit Dritter noch den Hang meines Vaters, an ihr herumzunörgeln, wie auch den meiner Mutter, ihr gegenüber in unbeherrschte und geradezu grauenerregende Wutanfälle auszubrechen. War Besuch da, nahm die Unzufriedenheit der Mutter mit Edith zu. Zum einen setzten die anderen Kinder Maßstäbe, zum anderen ärgerte es sie, daß Edith anders war als jene. ›Liebste, du müßtest sie einfach dazu bringen, daß ihr das Töten von Kaninchen Spaß macht‹, hörte man den Amüsierklub meiner Mutter nahelegen.«[5]

Kinder waren also Bestandteil dieser inszenierten Realität, sie gehörten zum Mobiliar wie Palmenkübel oder Piano, auch als Staffage der von zweitklassigen Künstlern beflissen hergestellten Familienporträts, die man mit Gobelins, kostbaren Möbeln und liebreizendem Lächeln ausstaffierte. Glück-Gaukelei. Edith konnte sich noch Jahre später ereifern über die auf einem solchen Öl-Schinken liebevoll ihr auf die Schulter gelegte Hand des Vaters, die sie nie in ihrem Leben gespürt hatte. Da Kinder, entsprungen ohnehin einer beidseits als peinlichwidrig empfundenen Tätigkeit, Zubehör waren wie die Rosen im Garten oder die Heckenwege vor der Terrasse, durfte man sie ganz selbstverständlich zurechtschneiden, stutzen und ziehen wie Spalierobst. Da an der jungen Edith alles als mißlungen, mißwachsen und mißraten galt, beginnend mit ihrem – leider nicht zu ändernden – Geschlecht, endend aber mit dem Bau der Nase, der Körperhaltung, den zu großen Füßen, versuchte man sie wie die Pfefferkuchen zu Weihnachten umzubacken:

»Ich wurde in eine Art stählerne Bastille eingesperrt. Dieser Kerker begann unter den Armen, so daß ich sie seitlich nicht mehr an den Rumpf legen konnte. Auch meine Beine waren eingekerkert bis hinab zu den Fesseln, die überdies nachts gemeinsam mit meinen Fußsohlen in einer qualvollen Martervorrichtung zusammengeschlossen wurden. Nicht einmal meine Nase entging der Tüchtigkeit jenes Herrn. Von einem Gummiband, das meine Stirn umschloß, führte ein System aus zwei (mit Hilfe von Schlüssel und

Schloß zu verstellenden) Stahlstücken, die zu beiden Seiten des fraglichen Organs hinabliefen. Dicke Polster an den Nasenlöchern drehten die Nase kräftig in die Richtung, die der von der Natur vorgesehenen entgegengesetzt war und versperrten ein Nasenloch, so daß mir das Atmen schwer fiel.«[6]

Doch alle Züchtungstorturen konnten nicht hindern, daß Edith gleich einer ungezähmten Kletterrose das vermooste Gemäuer sprengte und hinauswuchs aus den Bridgesalons mit ihren Tischchen, auf denen in Silberrähmchen die Dämchen in Abendkleidern aus König Edwards Zeiten eingesargt zu besichtigen waren. Das junge Mädchen eroberte sich eine eigene Sphäre – Musik und Dichtung: die Gegenwelt.

Anfangs war das eine schwärmerische Flucht aus dem anämischen Snobismus ihrer Klasse unter der Obhut ihrer Gouvernante Helen Rootham: Sie las Verlaine, Rimbaud und Baudelaire oder Shelley und Yeats, von dem schon Friedrich Engels 1844 in seinen *Briefen aus London* zu berichten wußte, daß dessen Werk kein respektabler Mann auf seinem Tisch liegen haben dürfe. Sie legte Rosen auf die Schwelle von Yeats' Haus und goß zum Ärger des Friedhofswärters einen Krug Opfermilch auf Swinburnes Grab. Sie fragte bei einem Dinner, bei dem die Siebzehnjährige ihr erstes Abendkleid aus weißem Tüll trug, ihren Tischherrn nach Bach und Mozart, woraufhin sie in Schimpf und Schande nach Hause gejagt wurde; und als sie auf einem der Landsitze Klavier spielte, bat der Butler sie diskret ins Personalzimmer, wo man ihr voll gnädigen Mitleids eine Tasse Tee spendierte.

Schon sehr früh hatte Edith Sitwell begonnen, sich der Konvention zu verweigern:

»Jeden Samstagnachmittag mußte ich ›nachsitzen‹, weil ich das Gedicht ›Der Knabe stand auf dem brennenden Deck‹ nicht auswendig lernen konnte oder mochte. In meinen kindlichen Augen war der fragliche Knabe der Gipfel der Idiotie. Alle anderen hatten das brennende Deck verlassen, und so konnte er durch sein Verweilen dort nichts erkennbar Gutes bewirken – warum also ging er nicht? Ich war nicht bereit, Lippenbekenntnisse zu einer solch stupiden Episode abzulegen.

Diese Weigerung wiederholte sich, als ich zwischen elf und dreizehn Jahren alt war.

Andererseits konnte ich, schon vor meinem dreizehnten Jahr, Alexander Popes ›Der Lockenraub‹ von vorn bis hinten auswendig hersagen – die einzige geniale Dichtung, die sich in Wood End auftreiben ließ. (Ich hatte das Gedicht heimlich abends gelernt, während meine Gouvernante beim Essen war. Im Bett sitzend, beugte ich mich darüber und prägte mir den Text eifrig ein.)«[7]

Ihr 21. Geburtstag im Jahre 1908 – der passenderweise mit dem Beginn der Rennen in Doncaster zusammenfiel – sollte standesgemäß begangen werden; unter der Regie eines alten Majors, des Chefbutlers, begannen die Vorbereitungen achtzehn Monate vorher mit Umbauten und Neudekorationen des Hauses, bis dann die grobschlächtige Zeremonie begann:

»Mehrere Köche waren eingetroffen. Täglich kamen riesige Pakete aus London. Neue Tischwäsche wurde gekauft und alles Tafelsilber, zum Teil jahrelang nicht benutzt, aus dem Banktresor geholt. Zusätzliche Lakaien wurden eingestellt, und Major Viburne bekam den Auftrag, die ganze Angelegenheit so zu organisieren, als handele es sich um eine Offiziersmesse. Sonderzüge nach Doncaster und zurück wurden bestellt ... Autos gemietet. Eine ungarische Militärkapelle wurde für zehn Tage verpflichtet.«[8]

Ihr Vater fand die nun großjährige Tochter »très difficile«, die drei Geschwister – 1897 war der jüngste Bruder Sacheverell geboren worden – wandten sich von den »zwei gehaßten Basilisken namens Vater und Mutter« ab.

Wenn man ihnen bisher Leben als Zeremonie verordnet hatte, so errichteten sie sich nun – die Brüder anfangs in Eton, Osbert dann als Offizier der Husaren – eine eigene Kultur der Zeremonie. Das bedeutet zweierlei: Ihre Kultur war traditionell, Edith Sitwells erste Gedichte durch und durch konventionell, wie etwa die *Ertrunkene Sonne*, bestenfalls die lyrische Variante ihres Eingeständnissses »Ich besitze kein körperliches Leben mit Ausnahme zweier meiner Sinne – Hören und Sehen«:

Der Mond sucht auf immer in des Waldlands Bächen
Seine kühle blasse Schönheit zu schmücken. So suche ich
In lieben Träumen verlorene Sonnen in deinen Augen
Und finde nichts als Wracks untergegangener Flotten der Liebe.[9]

Sie hat in ihrer Autobiographie versucht – wie zuvor in zahlreichen Artikeln, Briefen, Vorträgen –, eine eigene Poetologie zu entwickeln, die sie als formal emanzipiert und avantgardistisch verstand, eine Theorie des Wortklangs und der geheimen Bedeutung von Tönen, Lauten, Vokalgeräuschen – die jedoch bei genauer Betrachtung und im Vergleich mit Thesen und Praxis der europäischen Avantgarde banal ist, geschwätzig und koloriert:

»Schon seit frühester Kindheit habe ich mich angesichts des unendlichen Entwurfs der Welt gefragt – das vom Frost auf die Fensterscheiben gemalte Muster von Fell und Federn, die sechs Strahlen der Schneeflocke, die sich in der sechsstrahligen Unendlichkeit des Bergkristalls widerspiegeln –, angesichts des Schuppenmusters an den Beinen von Vögeln, die wir ähnlich am Knöterichstamm wiederfinden–: hat Blindheit diese Formen entworfen? Diese Muster habe ich, bewußt oder unbewußt, in meinen frühen Gedichten ›Bucolic Comedies‹ benutzt.

Gegenstand zahlreicher meiner frühen Gedichte ist das Heranwachsen des Bewußtseins. Mitunter ist es wie das eines Menschen, der bisher blind war und, unvermittelt mit der Gabe zu sehen ausgestattet, *lernen* muß, wie man sieht. Oder es geht um den Ruf der wartenden, zusehenden Welt, in der alles, was wir sehen, Symbol von etwas dahinter Liegendem ist, hin zum Bewußtsein, das noch in diesem Erdschlaf verborgen liegt.

Das Gedicht ›Aubade‹ handelt in seiner gegenwärtigen Gestalt (nachdem es durch mein eigenes Leben, meine eigene Erfahrung gegangen ist), von einem Landmädchen, einer einfachen, vernachlässigten und unglücklichen jungen Magd, die voll bukolischer Einfalt bei Tagesanbruch herabkommt, um das Feuer anzuzünden.

Darin heißt es: ›The morning light creaks‹ (Das Morgenlicht knarrt), und der Grund dafür liegt darin, daß das Licht des frühen Morgens nach dem Regen nicht so ohne weiteres kommen will. Auch ist es sehr hart und scheint den

Schatten förmlich Hindernisse in den Weg zu legen – das vermittelt den Eindruck eines Knarrens, weil es hart und zugleich ungewiß ist.

Each dull blunt wooden stalactite
Of rain creaks, hardened by the light,
Sounding like an overtone
From some lonely world unknown.

Jeder dumpfe stumpfe hölzerne Stalaktit
Des Regens knarrt, vom Licht verhärtet
Und klingt wie ein Oberton
Aus einer unbekannten einsamen Welt.

Beim Morgengrauen scheinen von Zweigen hängende, lange Regentropfen durch das Licht verwandelt, sie haben das dumpfe, stumpfe Aussehen von Holz; auch wenn man das Geräusch in der Wirklichkeit nicht hört, schwingt etwas wie ein Klang aus einer unbekannten, geheimnisvollen Welt darin mit.«[10]

Noch ihre sehr sorgfältige Biographin Victoria Glendinning berichtet im Vorwort ihres Buches von 1981, daß sie bei Bekanntwerden ihres Plans zu diesem Buch gefragt wurde: »Ich hoffe nur, daß Sie dann auch aufzeigen, was für eine miserable Lyrikerin sie war.«

Das ist mit »zweierlei« gemeint: Es war eher nicht das Ingenium einer großen Poetin, sondern die genial-luxuriöse Hysterie einer Performance-Künstlerin, was das Faszinierende an Edith Sitwell ausmachte. Im heutigen Sprachgebrauch: Edith Sitwell war eine Installation. Virginia Woolf hat sie öfter be-

sucht, ihre Auftritte genossen und ebensooft gesagt, daß sie
»kein Wort verstanden« habe. Aber der Wirkung dieses weiblichen Cocteau konnte sie sich nicht entziehen:

»Edith Sitwell, die ich mag, hat mich besucht. Mir gefällt
ihre Erscheinung – in roter Baumwolle, mit vielen Volants,
obwohl es stürmte. Sie hat Hände, die sich in meiner Hand
zusammenfalten wie ein Fächer – viel schöner als meine.
Sie ist wie ein sauberer Hasenknochen, den man auf einem
Moor findet, mit Smaragden bedeckt. Sie ist unendlich spitz
zulaufend und vornehm und altjüngferlich und hysterisch
und empfindsam … Ich spreche gern mit ihr über ihre
Dichtung – sie flattert umher wie ein Seevogel, schreit so
trostlos.«[11]

Virginia Woolfs Tagebucheintragung aus dem Anfang der dreißiger Jahre liest sich wie eine Fortsetzung:

»Edith Sitwell ist sehr dick geworden, pudert sich übermä-
ßig, lackiert sich die Nägel silbern, trägt einen Turban &
sieht aus wie ein Elfenbeinelefant, wie Kaiser Elagabal. Nie
zuvor habe ich eine solche Veränderung gesehen. Sie ist reif
und majestätisch. Sie ist monumental. Ihre Finger sind mit
weißen Korallen übersät. Sie ist äußerst beherrscht, dennoch blitzt in ihren Augen Humor auf. Die alte Herrscherin
erinnert sich an die Streiche ihrer Jugend. Wir saßen alle zu
ihren Füßen, die in schmalen schwarzen Pantoffeln steck-
ten, den einzigen Überbleibseln ihrer Schlankheit und Wen-
digkeit. Wem ähnelte sie? Pope mit der Nachtmütze? Nein;
die kaiserliche Majestät muß mit hinein. Wir haben kaum
miteinander geredet.«[12]

Doch wir sind der Zeit vorausgeeilt. Zuerst einmal mußte die junge Frau, bevor sie sich die exaltierten Roben ihrer in Damast, Brokat und Smaragden schimmernden Erscheinung schneiderte, den eigenen Schatten abschneiden. Sie mußte die lastende Wirklichkeit des mit seiner pompösen Düsternis jede Phantasie tötenden Palastes eintauschen gegen das Exotische, Extraordinäre, Schöne, Wild-Makabre eines selbsterschaffenen Mythos. Im Kriegsjahr 1914 zog sie – ausgestattet mit einer spärlichen 400-Pfund-Rente der Familie – nach London, wo sie sich in einer ärmlichen Gegend des Bezirks Bayswater im Hause Pembridge Mansions 22 etablierte. Es war die seltsam-karge Hülle eines Diamanten:

»Jeder Bus der Linie 27, 127, 27A oder 27C bringt Sie nach Royal Oak an der Straße Westboume Grove; und etwa in der Mitte der Queen's Road geht rechter Hand die Moscow Road ab. Das ist nicht die Gegend, in der die großen roten Backstein-Wohnblocks der reichen Juden stehen, sondern die unordentlichen, schmuddeligen, lichtlosen Mietwohnungen gleich hinter der Normaluhr des Busdepots; mein Name steht auf der Tafel im Eingangsflur.«[13]

Die Aufzeichnungen, Tagebuchnotizen, auch Fotos und Bilder füllen Bände, die von dem kümmerlichen Salon Zeugnis geben, in dem eine fast mittellose junge Frau – nach dem Motto »Warum sollte man versuchen, wie ein Pekinese auszusehen, wenn man ein Windhund ist? [...] Ich bin so stilisiert, wie das überhaupt nur möglich ist« – in schwarzweißer Chintz-Schürze mit einem roten Turban im grünlichen Haar gleichwohl jeden empfing, der in dieser Zeit Rang und Namen hatte. Einer ihrer Besucher war ziemlich entgeistert:

»Ich fand die Moscow Road – ein wenig einladendes Elendsquartier in Bayswater – und quälte mich durch endlose nackte Treppenhäuser aus dem vorigen Jahrhundert empor. Von draußen sah Pembridge Mansions wie ein billiges und schmutziges Krankenhaus aus. Ich kam an eine abscheuliche grüne Tür, die Edie selbst öffnete. Mit ihrem sehr langen, schmalen, ausdrucksstarken Gesicht, dessen Teint blaß, aber gesund wirkt, sieht sie einer kunstvollen mittelalterlichen holländischen Madonna ähnlich. Auf dem Kopf hatte sie einen riesigen Poilu-Hut aus grauem Pelz. Dazu trug sie eine apfelgrüne schafwollene Strickjacke und ein tristes Brokatkleid mit dunklen Goldstreifen. Ihr Haar ist fein, aber von angenehm blaßgoldener Farbe, an den Seiten kurz und hinten zu einem Knoten zusammengefasst. Die Leute, die sie gewöhnlich um sich hat, sagen mir nicht zu … Es sind gewöhnliche kleine Niemande. Auch mag ich ihre Teegesellschaften nicht – wie alle Teegesellschaften. Sag William, daß ich ein Stück billiges Gebäck und einen schmutzigen Steingutbecher bekam, der eine Dreivierteltasse ranzigen Tee enthielt. Ihre Wohnung, oder besser gesagt ihr Zimmer, gefiel mir auch nicht. Es ist klein, dunkel und vermutlich schmutzig. Das einzig Beachtenswerte darin sind ein Stich von [Augustus] John und ihre äußerst unterhaltsame Bibliothek. Der Rest besteht anscheinend aus einer Lüsterkugel und einer Menge minderwertiger Vorhänge. Miss Helen Rootham, mit der sie zusammenlebt, ist eine von diesen grauenvoll energischen Frauen.«[14]

Edith Sitwell selber genoß den kalkulierten Schock ihrer Erscheinung, ein Narziß, der sich Fratzen schnitt und eine Ästhetik des Outrierten kultivierte, die den so endgültigen wie

radikalen Bruch mit der Tweed- und Bridge- und Fuchsjagd-
welt von Renishaw dokumentierte. Sie gefiel sich als surreales
Irrlicht, eine täglich sich neu erschaffende Kunstfigur:

>>Roger Fry, Maler und Kunstkritiker von Rang, kannte ich
gut, denn ich hatte ihm für mehrere Porträts gesessen. Auf
einem davon trug ich ein lilienblattgrünes Abendkleid, und
als ich darin im hellen Licht eines Mittsommermittags am
Fitzroy Square zusammen mit Mr. Fry, dessen buschiges langes graues Haar unter einem riesigen schwarzen Sombrero
hervorwehte, von seinem Atelier die Straße zu seinem Haus
überquerte, wo wir zu Mittag essen wollten, rief das bei den
Kindern der Nachbarschaft großen Jubel hervor.
Da man uns wohl für verirrte Nachtschwärmer hielt, wurden wir bisweilen (wohl nicht ganz unverständlich) gefragt, ob unsere Mütter wüßten, daß wir ausgegangen waren. Bei anderen Gelegenheiten spielten die Kinder auf den
fünften November an, da ihrer Ansicht nach unser Aufzug
besser zu dem Tag gepaßt hätte.<<[15]

Wobei Roger Fry seinerseits ein Außenseiter war, Erbauer von
>>Durbins<<, einem Haus, das mit seiner Glas- und Lichtarchi-
tektur zwischen den pseudogotischen Palästen der Landari-
stokratie als steingewordener Protest wirkte; es wurde von
1909 bis 1919 Mittelpunkt des Bloomsbury-Kreises und galt
als Schandfleck, wie die von Fry 1910 in der Londoner Graf-
ton Gallery arrangierte Ausstellung >>Manet und die Postim-
pressionisten<< mit ihren über 200 Exponaten von Cézanne
über van Gogh zu Picasso als Skandal galt. Das viktorianische
Publikum brach in irres Gelächter aus, man fiel in Ohnmacht
oder verfiel in Protest. Das als lichtdurchflutetes Kunstwerk

konzipierte Haus übrigens – heute im Besitz einer behutsam konservatorischen deutschen Familie – machte nach Frys Rückzug nach London schlimme Metamorphosen durch; die schlimmste wohl zur Zeit, da ein holländischer Besitzer die Holzbalken anstrich, die Gartenbassins zuschütten ließ, Einbauschränke und Teppichböden installierte und den Garten mit Wagenrädern und bemalten Milchkannen verunzierte.

Da wäre vermutlich Edith Sitwell in Ohnmacht gefallen.

Sie wäre jedoch entzückt gewesen, wenn sie die Briefe verblüffter Bewunderer wie entsetzter Neider hätte lesen können, in denen sie als »kostbares Juwel in smaragdfarbenem Brokat, eine priesterliche Gestalt aus Limousiner Email« geschildert wurde oder als »Elfenbeingemme von einer Würde, wie man sie außerhalb der Vitrinen gewisser Museen nur selten sieht«:

»Auf der Schwelle stand die berühmte Dichterin, groß gewachsen, sehr schlank und elegant, wie eine Heiligen- oder Märtyrerskulptur, die vor den Portalen von Chartres Wache hält. In ein Gewand aus Goldbrokat gekleidet, einen hohen Putz aus vergoldeten Federn auf dem Kopf und ein großes juwelenbesetztes Kreuz auf der Brust, das, wie ich später erfuhr, einst Cagliostro gehört hatte, legte Miss Sitwell einen Finger an die Lippen. Mehrere beeindruckende Ringe mit großen Halbedelsteinen zierten ihre lange, bleiche, vornehme Hand.«[16]

Selten in der Literaturgeschichte findet man so scharf einander widersprechendes, aber immer farbiges Collagen-Material, das sich zu immer neuen Ansichten von Leben und Erscheinung eines Schriftstellers zusammensetzen läßt. Cecil

Beaton, der mit extrem arrangierten Fotos von Edith Sitwell seine Karriere begründete, war hingerissen:

>>Sie posierte instinktiv … Sicherlich war das eine einzigartige Gelegenheit. Ich mußte das Bild, das sie mir bot, festhalten: Wie da ein faunähnliches junges Geschöpf vor meinem Entwurf eines springenden Fauns saß und in ihrem grob geschnittenen präraffaelitischen Kleid, mit der schwarzen Kopfbedeckung eines Matadors, der Halskette und den langen, mit gewaltigen Ringen mittelalterlich geschmückten Fingern, verblüffend viktorianisch wirkte. Als sie die Kopfbedeckung abnahm, wurde sie zu einer Brontë-Heroine, und das blasse seidige Haar fiel ihr fransig ins Gesicht, wobei der lange, schmale Haarknoten die geradezu unmögliche Schlankheit ihres Nackens noch mehr betonte.<<[17]

Ein Gast indes wandte sich zwar nicht voll Grausen, war aber doch entsetzt über das Ambiente der inzwischen berühmten Dichterin:

>>Das Haus wirkt wie eine Mietskaserne. Als ich über die Steintreppen keuchend im fünften Stock ankam, öffnete mir ein ordentlich aussehendes Hausmädchen und führte mich ins Wohnzimmer. Edith erhob sich vor mir wie ein Gebirge. Gekleidet war sie in eine Art Dekorationsstoff, der am Rücken hier und da aufgehakt war.
Sie war äußerst freundlich, und ich bemühte mich nach Kräften, ein intelligentes Gespräch zu führen. Es gab Tee und billiges Gebäck. Die Zimmereinrichtung ist ziemlich heruntergekommen. Bestimmt hast Du noch nie solche Sofa- und Sesselbezüge gesehen.<<[18]

Wodurch war Edith Sitwell berühmt geworden? Es begann mit einer schockierenden Premiere, einem Stück, das kein Stück, einem Ballett, das kein Ballett war – und das, genau genommen, auch keine Premiere war: Jedenfalls war Cocteaus fünf Jahre zuvor uraufgeführte *Parade* in den Bühnenbildern von Picasso und mit der Musik von Eric Satie deutlich Vorbild. Als am 24. Januar 1922 vor geladenem Publikum in einem Salon am Carlyle Square – die Musiker mußten in ihrer Nervosität mit Schlehenlikör ermuntert werden – sich durch das riesige Loch einer wild bemalten Kulisse ein nach dem Bayreuther »Fafner«-Darsteller Senger genanntes »Sengerphon«, ein mächtiges Pappmegaphon schob, aus dem zu Saxophon-, Trompeten-, Klarinetten- und Schlagzeugklängen Edith Sitwells Stimme erklang, war das Publikum auf den zierlichen goldenen Stühlen erst einmal sprachlos. William Walton, eine Art Adoptivbruder von Osbert und Sacheverell, hatte vor den Proben stundenlang zugehört, wenn Edith Gedichte vorlas, oft schon Klangintensität, Betonungen und Unterbrechungen hervorhebend.

Das entsprach der Kartographie des lyrischen Neulands, die sie zu entwerfen suchte – eine Dichtung, die nicht Inhalte illustriert, sondern durch Tonalität, Reim und inneren Rhythmus sich ihre eigenen Inhalte schafft. Wenn sie sich zum Beispiel Listen entlegener Wörter für Tuche, Salben, Tänze oder Nahrungsmittel anlegte, dann nicht, um über Stoffe oder Mehl zu dichten, sondern um dem Gedicht seinen eigenen Leib zu geben. Noch 1929 fand der Zeitungszar Lord Beaverbrook das so empörend, daß er – nachdem sein *Daily Express* einen Aufsatz von Edith Sitwell gedruckt hatte – wütend an die Chefredaktion schreiben ließ, man möge feststellen, »wer Edith Sitwell den Auftrag erteilt hat, den Artikel auf der ersten

Seite zu schreiben«: Er [...] habe zehn Jahre lang darum ge-
kämpft, die Zeitung vor der Öffentlichkeitssucht der Sitwells
zu bewahren. An ihm werde von Zeit zu Zeit Verrat geübt, und
er wüßte gern, »wer den Sitwells das Tor geöffnet hat ...
Diese Familie ist schlimmer als eine Bande mittelmäßiger -
Größen.«[19]

Sowohl über die Vorarbeiten an *Façade* – dessen Titel wohl
andeuten will, daß die Fassade des Herkömmlichen eingeris-
sen wird; Walton meinte, Edith Sitwells Dienstmädchen mit
dem Satz »Alles ist doch sowieso nur Fassade« gehört zu haben – als auch über den Erfolg sind die Berichte extrem wi-
dersprüchlich. Der zwanzigjährige Komponist, vermutlich
ein Liebhaber von Osbert, dessen später offen gelebte Homosexualität Edith Sitwell nie akzepiert hat, wird von ihr als eine
Art musikalischer Stichwortgeber geschildert:

> »Willie gab mir gewisse Rhythmen und sagte: ›Da, Edith,
> sieh zu, was du damit anfangen kannst.‹ Dann hab ich mich
> hingesetzt und was daraus gemacht. Ich wollte beweisen,
> daß ich dazu imstande war.«[20]

Andere Zeitgenossen betonen, daß es sich nicht um die Dialektik von Libretto und Vertonung handelte, sondern um zwei
quasi unabhängig voneinander, nebeneinanderher gleitende
Kunstformen; die einen betonen die witzig-elegante Musik
voller Pasticcios und Zitaten; Bruder Sacheverell dagegen – in
einem Notat, das er vermutlich für ein Gedicht hielt – erinnert sich:

> »Kein besonderer Liebhaber von Lyrik, / Aber er arbeite-
> te instinktiv, ich erinnere mich, / als lebe er mit verbunde-

nen Augen oder unter einem Zauber / Und als werde er geführt oder geleitet: – / Die Gedichte selbst / Sind das Wunder seiner Zusammenarbeit mit meiner Schwester, / Die, wie gesagt wurde, wie nichts zuvor oder seither war.«[21]

Die zweite Vorstellung – noch immer vor geladenen Gästen – fand im Hause der Schirmherrin der »Ballets Russes« statt. Unter den Gästen bereits Diaghilew. So ging das Gerücht, wie Virginia Woolf es in einem Brief festhielt, »die Sitwells haben etwas durch Megaphone rezitiert, was Violet für blanken Unsinn hält« durch London, bis am 12. Juli 1923 im Konzertsaal Aeolian Hall an der Bond Street die erste öffentliche Aufführung gegeben wurde. Mit ihr begann die lebenslang anhaltende Skandalgeschichte der »Sitwells«, wie sie sich, als handele es sich um eine Firma, von nun an nannten. Die hinter dem Vorhang unsichtbare Edith, deren betont tonlose Stimme durch den Pappmaché-Filter noch hohler klang, wurde ausgelacht und ausgepfiffen. Sie selber will von den aufgebrachten Spießerfrauen mit gezückten Regenschirmen tätlich bedroht in die Garderobe geflüchtet sein, und Osbert schildert, daß sie noch Wochen später sich vorsichtig durch London bewegen mußten, als hätten sie einen Mord begangen. Virginia Woolf berichtete einem Bekannten:

»Zwar habe ich 3/6 bezahlt, um mit anzuhören, wie Edith, von einem kleinen und geübten Orchester begleitet, ihre Gedichte durch ein Magnetophon herausbrüllte, habe aber so wenig verstanden, daß ich kein Urteil darüber abgeben kann.«[22]

Seltsamerweise erinnert sich ein Freund von William Walton an keinerlei Szenen, Geschrei und Protest, sondern an zivilisierte Langeweile, an ein spärliches Publikum ohne Zischen und Pfeifen, an den lediglich flauen Reinfall einer schlechten Aufführung im stickigen Londoner Sommer. Das mag das schlimmere Übel für die Sitwells gewesen sein, von denen der ältere Bruder immerhin genüßlich bilanziert: »Wir haben in der Literatur- und Musikszene einen erstklassigen Skandal hevorgerufen«, und an die Cyril Connolly sich erinnert als »höchst erfrischend die englische Szene aufmischend, sie haben in den zwanziger Jahren unser Lebensgefühl gesteigert und ohne sie hätte es eine ganze Ära von Kunst und Leben schlichtweg nicht gegeben«. Die Kritiken der Morgenzeitungen nach der Aufführung lasen sich anders. »Sie zahlten, um Gefasel zu hören«, las man da oder »alles trübselig und aussichtslos«. Der *Sunday Express* war an Spott nicht zu überbieten:

> »Miss Edith Sitwell trägt mit monotoner Stimme zu musikalischer Untermalung eigene Verse vor. Wirkt wie ein Nebelhorn. Publikum wie immer. Langhaarige Männer, kurzhaarige Frauen. Megaphon in Hochform ... Sehr deprimierend, hebt aber das Ansehen des Megaphons.«[23]

Das Geheimnis der Edith Sitwell war ein ständig dokumentierter Widerspruch, der – was ihre Erscheinung betrifft – als »majestätisch und trotzdem mit dem Humor eines Fischweibs« beschrieben wurde und den sie selber, was ihren Kunstbegriff betrifft, sehr genau sah:

> »In manchen der Gedichte finden sich heftige Erregung, in anderen verschleierte Melancholie. Ihre scheinbare Munter-

keit ließ sie verdächtig erscheinen. Sie erfüllten keinen praktischen Zweck. Sie galten als Schmetterlinge. Sie waren geckenhafte Hochstapler. [...] Die Welt, die ich sehe, ist eine ländliche Welt, ein Universum, in dem etwas wächst, wo Zauber und Wachstum eins sind.«24

Nun wollte sie diese ländliche Welt aber dämonisieren und im Tanz dieser Dämonen auch die Verwerfungen der Welt entschleiern:

»And this is now her only pleasure –
This and her parrot long ago
Dead – but none dared tell her so

And therefore the bird was stuffed and restored
To lifeless immortality; bored
It seemed, but yet it remained her own;
And she never knew the bird's soul had flown.«

»Und das ist nun ihre einzige Freude
Das und ihr Papagei, seit langem
Tot – doch niemand wagte ihr das zu sagen

Und daher wurde der Vogel ausgestopft und zu
Lebloser Unsterblichkeit hergerichtet; gelangweilt
Schien er, doch blieb er ihr eigen;
Und nie erfuhr sie, daß des Vogels Seele entflogen war.«25

Doch, genau besehen, ist das eben kein Gedicht; es ist eine rhythmisierte Erinnerung an die Ausfahrten der Großmutter mit dem ausgestopften Papagei – und so unbarmherzig sie sich über andere Dichtung äußern konnte (zu einem Gedicht von Vita Sackville-West sagte sie: »Das ist keine Dichtung, es würde sich hervorragend dazu eignen, den Bauern beim Zählen der Schecken auf ihren Schafen zu helfen.«), so scharfsinnig hätte sie sich mit dem Urteil von Aldous Huxley auseinandersetzen müssen:

> »Wer gründlich genug darüber nachdenkt, kann wie in Miss Sitwells Gedichten den Sonnenschein tanzen und singen, kann die ganze Landschaft knistern und galvanisch zucken lassen. Die Dichtung dieser begabten Autorin ist größtenteils hervorragend gelungen und exquisit, und doch bleibt man sich beständig ihrer Grenzen bewußt. Eine Weiterentwicklung läßt sich kaum vorstellen. Offensichtlich kann man den Prozeß der Dissoziation nicht über einen bestimmten Punkt hinaus betreiben. Zweifellos entsteht große Dichtung durch das umgekehrte Verfahren: indem man sich durch all das, was sich dem Bewußtsein unmittelbar mitteilt, ins Universelle hinausbewegt.«[26]

So blieb Edith Sitwell einerseits die

> »legendäre Gestalt, die aus dem Wandbehang ›La Dame à la Licorne‹ herausgestiegen zu sein schien. Hier war die Schönheit eines Piero della Francesca. Ihr glattes mittelblondes Haar ähnelte dem einer Najade, ihre Hände waren so weiß wie Alabaster. An ihren langen gotischen Fingern trug sie riesige Ringe, Topas- und Türkisklumpen, ihre Handgelenke zierten Korallen- und Gagat-Armbänder. Als sie zu rezitieren begann, öffnete sich mir ein Fenster zu einer Zauberwelt. Nie hatte ich eine schöner modulierte Stimme gehört.«[27]

Und sie war andererseits eingesperrt in die selbst geschaffene Poetologie, in jenen Glockenblumenwald hinter dem Park, den sie als Kind nie zu betreten gewagt hatte, den sie sich zur Schimäre zurechtdichtete; das eine wie das andere die ›Gegenwelt‹:

»In deinem grünen Schafpelzmantel
Und breitrandigen Hut
An den Statuen wartend,
Wo der Weg zum Gehölz hinabführt,
Aber du wolltest nicht mehr als einen kleinen Schritt weit
in die Glockenblumen kommen;
Ich vermute, daß sie gerade jetzt wieder in Blüte stehen,
In diesem Juni ...
Du wolltest nicht, sage ich, in den Glockenblumenwald
gehen.«[28]

Edith Sitwell hat sich die eisernen Tore ihrer Jugenddomäne zu feinen Goldfäden gesponnen: Gitter allemal. Aus dem toten Ritual ihres Elternhauses wurde exzentrische Zeremonie. Einsamkeit. Die zerbrochenen Ketten hängte sie sich als Geschmeide um. Der leicht hysterische Zug ihrer Kostümierungen und Draperien zeigte letztlich einen Vogel im Käfig. Der Kunstbau ihrer Lyrik war kein futuristisch sich aufbäumender Entwurf, sondern beseligende Landchaftsarchitektur:

»Insektenflügel ruhn in leisem Flug
auf kühlem Wind, auf goldnem Wolkenzug,
Durchsichtige Formen, aufgelöst in Licht,
Zerflatternd vor dem menschlichen Gesicht,
Das Luftgewand zerfließt in Winden lau,

Ein flimmerndes Geweb aus Duft und Tau,
In reichste Färbung des Gewölks getaucht,
Das Licht mit tausend Strahlen überhaucht,
Wo jeder Strahl verschiedene Farbe trägt,
Farbe, die wechselt, wenn ein Flug sich regt.«[29]

Wenn auch die vielen Augenzeugen ihrer *events* immer wieder von der Komik sprachen, von der Einzigartigkeit der Auftritte, dem intelligenten Humor und der ästhetischen Brillanz – sie war wohl zeitlebens ein einsamer, letztlich monologischer Mensch. Ihre kluge Biographin Victoria Glendinning – deren Arbeit dieser Essay viele Informationen und Beobachtungen zu verdanken hat – urteilt darüber mit fast gnadenloser Nüchternheit:

»In ihrem Leben hatte sich niemand die Mühe gemacht, sie mehr als einen halben Schritt weit in den Glockenblumenwald zu führen oder zu locken. Die Aufgabe ihrer Brüder war es nicht, und kein Mann liebte sie so sehr, daß er das getan hätte. Sie sprach Männer auf sexueller Ebene nicht an. Ihr sonderbares Gesicht, ihre langen weißen Hände und ihre Gesten waren schön, aber von ihrem Körper ging keine sexuelle Lockung aus. [...] Elizabeth Salter, Sekretärin bei Edith, als sie älter war, fand sie eines Tages weinend; auf ihre Frage, worum es gehe, erklärte Edith, sie weine, weil sie nie die körperliche Liebe kennengelernt habe, »und ich fühle, daß ich dafür gemacht bin«. In gewisser Weise stimmt das; sie besaß eine liebevolle, leidenschaftliche Natur voller Treue. Aber sie war in ihrem ungewöhnlichen Leib, in ihrer Musik und Dichtung gefangen; sie war die Äbtissin der Nachtigallen.«[30]

Ihr Tristan heißt Pawel, auch Pawlik genannt; Pawel Tschelitschew, 1898 bei Moskau geborener Sohn russischer Aristokraten, deren an Renishaw erinnernder Herrensitz Dubrowka 1918 enteignet worden war, langte nach der Revolution in Berlin an, wo er beim Russischen Ballett arbeitete und als Bühnenbildner die Entwürfe zu Rimski-Korsakows Oper *Der goldene Hahn* entwarf. Westeuropa lag in den zwanziger Jahren im Banne der russischen Moderne – man feierte Malewitschs *Schwarzes Quadrat* wie El Lissitzkys abstrakte Signale, Isidora Duncan heiratete Jessenin, dessen Konkurrenten-Freund Majakowski, in Deutschland von Johannes R. Becher übersetzt, mit seinen Lesungen in Berlin, Paris und New York Triumphe vor Tausenden von Zuhörern feierte und Prokofjew und Diaghilew, Strawinsky wie Cocteau traf; Aragon heiratete Elsa Triolet, die Schwester von Majakowskis legendärer Geliebten Lilja Brik.

Pudowkins und Eisensteins Filme waren europäische Kultereignisse wie Meyerholds und Stanislawskis Theaterarbeit, Tucholsky schwärmte vom russischen Ensemble »Der blaue Vogel«, und der Siegeszug des einstigen Volkskommissars für Kunst namens Chagall begann.

Pawel Tschelitschew war bald in Paris, und dort in der Rue de Fleurus 27, wo Alice Toklas sich um die Ehefrauen oder Geliebten der Künstler zu kümmern hatte, die Gertrude Stein bewirtete, beflirtete, kritisierte und sammelte. Sie hatte gerade das Gemälde *Korb mit Erdbeeren* ihres jüngsten Favoriten Pawlik gekauft – bald war er verstoßen, und seine Bilder wanderten in den Keller –, als sie ihn und Picasso mit Edith Sitwell bekannt machte; kurz vorher hatte sie Ford Madox' Lebensgefährtin erzählt, sie habe eine Engländerin gefunden, die das richtige Objekt für Pawels Bilder sei, von denen sie eines

Abends – sie hatte Picasso so gesetzt, daß er ein Bild von Pawel Tschelitschew sehen mußte – sagte: »Picasso hat das Objekt aufgelöst. Pawlik, lösen Sie das Objekt nicht auf!« Pawel Tschelitschew muß vom ersten Moment an fasziniert gewesen sein von Edith Sitwell. Zu seiner Ausstellung in der Galerie Vignon erschien sie in einem Polizeimantel, und die Kinder riefen ihr auf der Straße »Soldat anglais, soldat anglais« hinterher. Wie sonst nur bei berühmten letzten Worten sind zwei Antworten überliefert: »Souvenez-vous de Waterloo« soll Edith Sitwell geantwortet haben oder »Sans les soldats anglais vous n'auriez pas gagné la guerre«. Es wurde ihr Krieg, und es wurde ihr Waterloo. Pawel Tschelitschew, der seit seinem Berliner Aufenthalt mit dem bildschönen schwarzlockigen amerikanischen Pianisten Allen Tanner zusammenlebte, hat seine Muse gefunden. Sie aber liebt ihn. Eine jahrzehntelange Beziehung der gegenseitigen Unerreichbarkeit hatte begonnen, dokumentiert in ihren ungeduldig-zänkisch-zärtlichen Briefen und in seinen sechs Porträts von Edith Sitwell, die sie ein Leben lang hütete und von denen sie erst am Ende ihres Lebens einige verkaufte; das bedeutendste hängt heute in der Tate Gallery in London. Es ist nicht herauszufinden, ob Edith Sitwell – die Cecil Beaton zwar neckisch »Maysie« nannte, mit einem sehr englischen *not amused* über Bruder Osberts Bekanntschaften hinwegsah, aber von Homosexualität auch als »Schweinkram« sprach – überhaupt begriff, was Liebe zwischen Männern bedeutete. Vielleicht eine Mischung aus mondäner Spielerei und sexueller Variante des »Epatez le bourgeois!«. Nichts Ernsthaftes jedenfalls. Liebe unter Frauen kannte sie nicht. Das, was man »Frauenlyrik« nennt, haßte sie:

»Die Dichtung von Frauen ist einfach grauenhaft, abgesehen von den Gedichten der Sappho ... Frauendichtung ist
kümmerlich, schlapp, weinerlich, neckisch, belanglos und
voll Selbstmitleid.«[31]

D. H. Lawrence's *Lady Chatterley's Lover* nannte sie »ein überaus
schmutziges und wertloses Buch [...] in unaussprechlich
schweinischer, grausamer, übelriechender Sprechweise«.

Nein, die Liebe, gar die Sexualität war nicht das Schlachtfeld, auf dem Edith Sitwell ihre Siege feiern konnte. Ihre
Bataillen schlug sie in den Salons, wo sie sich etwa daran er-
götzte, in Anwesenheit von Joyce in einem von Pawel entwor-
fenen Kleid Shakespeare zu rezitieren, um dann, zum Erstar-
ren der Gastgeberin, »über Gertrude Stein« zu sprechen –
indem sie ausschließlich eigene Gedichte las; oder indem sie
einen Rachefeldzug gegen Wyndham Lewis entfachte, der in
seinem Buch *Die Affen Gottes* alle drei Sitwells verspottet hatte.
Doch ihr eigentlicher Kriegsschauplatz war die Literatur, in
der sie Triumphe feierte, wenngleich T. S. Eliots Urteil über ihre erste Lyrik-Anthologie *Wheels* im Jahre 1918 wie der Violin-
schlüssel zur kritischen Edith-Sitwell-Rezeption wirkt:

»Die Beiträger machen ihre Sache nur halb ... An die Stelle von Regenbogen, Kuckucken, Narzissen und scheuen
Hasen setzen sie Statuen im Park, Gitarren und Mando-
linen.«[32]

Das mag man das Stigma von Edith Sitwells Literatur nennen:
Sie wollte etwas erneuern, das Alan Pryce-Jones Lyrik in der Tradition der englischen Aquarellmalerei genannt und das sie selber in ihrem Essay *Aspects of Modern Poetry* scharf gegeißelt hatte:

»Vögel wurden zu einem Kult. Es genügte, das Nest eines Singvogels zu erwähnen, um alle zur Raserei zu bringen. Trübselige, gipsgesichtige Schafe mit Prinzessin-Alexandra-Fransen und Augen wie die von Herrschern deutscher Kleinstaaten, blaß, verwundert, voll Mißbilligung und Unverständnis, wurden in gleicher Weise bewundert wie Bulldoggen, die blutige Tränen weinten.«[33]

Doch was sie in ihrer frühen Lyrik erreicht hat, klingt in unseren Ohren ebenso geschmückt und geziert, Kuckucksrufe aus einem leicht nebligen Park:

»Surrend und im Baumwipfel
Gehend schneiden
Drei arme Hexen
Grimassen und jammern.
Drei arme Hexen
Fliegen auf Reisern
Eines Besens
Aus dem Raum in ihrem Häuschen.
Wie Ziegenbartflüsse
Schwarz und schmal
Sind Moll und Meg
Und Myrrhaline.«[34]

Der einzige Versuch, sozialen Rost zum Tönen zu bringen, ist auch Rückzug aus ihrer Gefechtslinie. Das Gedicht *Gebräuche an der Goldküste* von 1929 endet:

»Doch wenn nur eine einzige Seele klagte
Rattengleich aus dem tiefsten Schlamm, wüßte ich,

Daß sie irgendwo in Gottes schrankloser Liebe leuchtete;
Doch selbst die Rattenklage ist vertropft.«[35]

Danach schrieb sie zehn Jahre lang kein Gedicht. Das hatte
sehr unterschiedliche Gründe. Auch damals hatte der Literaturbetrieb schon seine Drehgeschwindigkeit, und auf der ro-
tierenden Scheibe von Anerkennung und Beliebtheit rutschte
Edith Sitwell – die sich zehn Jahre zuvor noch zur Avantgarde
gezählt hatte – an den Rand der Ehemaligen. Der Herausgeber
einer Anthologie *New Verse* nahm nicht nur keine Zeile von ihr
auf, sondern verurteilte 1934 die ganze Firma Sitwell als Her-
stellerin veralteten Geräts:

»Als Autoren besitzen sie die Gabe, den Kopf in den Wind
zu halten, sich wie Elstern blitzende Bildungsbrocken anzueignen und wie Stare die Hervorbringung wohlklingender
Kehlen nachzuahmen … Sie haben nichts geschrieben, was
die Aufmerksamkeit eines klugen Menschen auch nur fünf
Minuten lang verdiente, sondern sind wie Aale, oder ›unbe-
deutende Autoren, die sich mit ihrem eigenen Schlamm
bedecken, überaus gewandt und flink …‹ Am besten läßt
man diese unbedeutenden Geschöpfe, diese verächtlichen
Schleimfische sich in ihrer dumpfen Umgebung weiter
winden.«[36]

Außerdem lebte Edith Sitwell in immer bedrängteren finanzi-
ellen Verhältnissen, sie mußte Artikel für allerlei Zeitungen
schreiben, weil sie auf das Honorar angewiesen war. Der Versuch, mit einem Roman zu Geld zu kommen, scheiterte. Erst
ihre Biographie *Victoria of England*, die 1936 erschien, erlebte eine hohe Auflage; vielleicht nicht zuletzt, weil die politische

Entwicklung auf dem Kontinent den Engländern eine Rück-
besinnung auf die eigene historische Tradition, eine Art natio-
nal-emotionale Hilfe bot. Während der Arbeit an dem Buch
hatte sie ihren Wohnsitz gewechselt – Edith Sitwell lebte jetzt
in dem elegant-diskreten »Sesam-, Imperial and Pioneer
Club« in der Grosvenor Street im vornehmen Londoner Westen, wo sie entweder in der Korbsessel-bestückten Halle Hof
hielt oder zu üppigen Lunchs und Diners lud. Beides war außerhalb jeder Proportion: Sie konnte sich diesen Luxus nicht
leisten, ihre Bank sperrte das Konto, und bald kam die Zeit, zu
der sie Pawels Bilder verkaufen mußte. Umgekehrt konnte
sich der stille Club eigentlich nicht diesen Paradiesvogel leisten, der seine Besucher in der Halle empfing, wo man sie in
einer Mischung aus Entsetzen und Faszination ragen sah:

»Die hochgewachsene, von Kopf bis Fuß schwarz gekleide-
te Gestalt, schwarzer Hut aus weichem Filz, spanischer
Hexenhut, schwarzer Umhang, bis zu den Knöcheln rei-
chendes schwarzes Atlaskleid, zwei Finger mit riesigen
Aquamarinen. Prächtige Ringe auf puderweißen Händen,
und ein Gesicht, so puder-perlenhaft, so schildpattweiß, daß
man es fast nicht glauben mochte, mit dem geröteten
Mund, der schmalen, scharfen, zerbrechlich wirkenden Nase und den sanft geschwungenen Nasenflügeln. Kein Haar,
ich erinnere mich, anfänglich kein Haar gesehen zu haben.
Die Ringe, der glänzende Atlas, und die glacéweiße Haut.«[37]

Allerdings lebte sie auch wochen-, manchmal monatelang auf
dem italienischen Besitz Montegufoni, den der Vater an Osbert vererbt hatte. Das Schloß war so groß, daß bei Kriegsen-
de zweitausend Flüchtlinge darin wohnten. Als beim Vor-

rücken der Alliierten auf Florenz der erste britische Offizier durch eine Terrassentür blickte, meinte er, Botticellis *Geburt der Venus* an der Wand zu sehen. Er hatte richtig gesehen: Die italienische Regierung hatte Teile der Uffizien-Sammlung wie der aus dem Palazzo Pitti dorthin vor Bombenangriffen ausgelagert, die Flüchtlinge lebten zwischen Giotto und Uccello und einem Piero della Francesca. Es heißt, als man ein von den Deutschen als Eßtisch benutztes rundes Brett umgedreht habe, sei das ein Ghirlandaio gewesen.

Seltsamerweise hatten die Sitwell-Geschwister meist den heißen Sommer dort verbracht – und die kalten Wintermonate auf Renishaw, wo es nach wie vor kein elektrisches Licht gab und nun, im Kriege, selbst das Brennholz für die mächtigen Kamine knapp wurde. Man hatte die Wahl zwischen dem eiskalten Salon, dem eiskalten Eßzimmer und dem eiskalten Bad.

Edith Sitwell wählte das Bett, selten erschien sie vor fünf Uhr nachmittags, Evelyn Waugh wußte zu loben, daß die Gastgeber ihre Gäste fast vollständig zufrieden ließen, und die Hausherrin notierte lakonisch, stricke und schreibe, und wem danach sei, der möge stundenlang verschwinden, sich irgendwohin hinsetzen und arbeiten oder mehrere Stunden lang Siesta halten.

Mit englischem Stoizismus durchlebte man die Kriegswinter, die Bomben – »Sheffield hat keine Stadtmitte mehr, nichts« notierte Edith Sitwell über die benachbarte Stadt – und das verdunkelte London. Ein Band *Street Songs* mit Kriegsgedichten brachte ihr patriotischen Applaus; ausgerechnet in der Aeolian Hall, dem Ort der Premiere von *Façade*, fand eine karitative Lesung statt, bei der eine berühmte Revuetänzerin die Programme verkaufte; in der ersten Reihe saß die Königin mit ihren beiden Töchtern, alle drei hatten Fausthandschuhe an. Bei einer anderen Lesung, sie intonierte gerade das populär gewordene Hauptgedicht *Still falls the rain*, gab es Fliegeralarm – kein Anlaß für Edith Sitwell, die Lesung zu unterbrechen; sie erhob lediglich die Stimme, um Sirenen, Bombenkrachen und das Gebell der Flakgeschütze zu übertönen. Der Saal war vollgepfropft mit britischen, amerikanischen, englischen Offizieren, und als das Pfeifen des Luftschutzwarts sich mit dem Pfeifen einer Bombe mengte, wurden selbst sie unruhig. Doch Edith Sitwell deklamierte mit lauter Stimme:

»Stumm fällt der Regen
Auf dem Blutacker, wo die kleinen Hoffnungen wachsen [...].
Noch immer liebe ich, vergieße mein unschuldiges Licht, mein Blut für dich.«[38]

Die Detonation der zwei Kilometer entfernt einschlagenden Bombe wurde übertönt vom ohrenbetäubenden Applaus. Wenig später, das waren schon die Jahre ihrer amerikanischen Triumphe, sollte sie bei allerdings banalerem Lärm die Ruhe bewahren – als Zuhörer sich beschwerten, sie könnten schlecht verstehen, schrie sie wütend ins Auditorium: »Dann kaufen Sie sich Hörgeräte.« Sie war eine aggressive Mimose. Sie ahndete den geringsten Einwand gegen ihre Kunst als Sakrileg – und scheute selber nicht vor kränkendsten Kritiken zurück:

»Mr. Auden ist ein fähiger Kopf, doch unglücklicherweise schreibt er uninteressante Gedichte, oder, anders gesagt, seine Lyrik entbehrt nahezu immer des Interesses. Wenn uns daher ein bewundernder Rezensent mitteilt, seit der Veröffentlichung seines ersten Bandes vor zwei oder drei Jahren sei ›allgemein anerkannt, daß er zu den vier oder fünf lebenden Dichtern gehört, um die zu streiten es sich lohnt‹ und daß wir ›hier etwas ebenso Bedeutendes haben wie bei Erscheinen der Gedichte von Mr. Eliot vor fünfzehn Jahren‹, kann ich darauf nur erwidern, daß das vollkommener Blödsinn ist.«[39]

Sie war ein verletzter und verletzlicher Mensch, der sich hinter dem Dekor seiner theatralischen Attitüden verbarg – aber sie sagte von sich selber:

»Ich trage Handschuhe und halte die Hände im Schoß gefaltet [...] – denn wenn ich sie voneinander löse, könnte es sein, daß ich jemanden erwürge.«[40]

Sie war eine Löwin, die ihre Feinde anfiel, sich füttern ließ – ein Brief der *Sunday Times*, in dem Jan Fleming sie fragte: »Sagen Sie mir doch bitte, von wem Sie Ihr neues Buch am liebsten rezensiert haben wollen«, erquickte sie – und die ihre Jungen verteidigte: Als nach Rezensentenart ein bösartiger Kritiker sie besuchte, zwang sie ihn zu Aufnahmen von Pawels Bildern und einem hymnischen Artikel darüber.

Pawel Tschelitschew hatte den Krieg in New York überlebt. Ihre erste Wiederbegegnung war ein Debakel. Edith Sitwell mit ihrem untrüglichen Instinkt für Show und Scheinwerfer, Szene und Ovationen muß gespürt haben, daß mit dem Sieg der Alliierten endgültig das amerikanische Jahrhundert begonnen hatte. Die emphatischen Kritiken der New Yorker Presse über ihre zweite Biographie, diesmal war die Queen Elizabeth I. das Objekt ihrer publikumsgerechten Weichzeichnung, bestärkten sie in ihrem Entschluß: Im Oktober 1948 brach sie mit Bruder Osbert und dessen – von ihr gehaßten – Liebhaber David Horner zu einer Vortragsreise durch die USA auf, für die eine Agentur den damals horrenden Honorarbetrag von 1750 Dollar pro Auftritt ausgehandelt hatte. Das Museum of Modern Art in New York war der Ort des Debakels und des Triumphs: Dort war sie gleich zu Beginn mit dem Maler schweigend durch eine Tschelitschew-Ausstellung gegangen, was der gekränkte Künstler als »übermäßige Reaktion auf ihn als das Geschlechtswesen Mann« interpretierte und nie vergab. Dort aber auch – nach einer Lesung vor 10 000 Zuhörern in der New York Town Hall – wurde eine Aufführung von *Façade* gefeiert mit den Worten: »Edith Sitwells Stimme ist in sich ein Orchester, von nahezu verfolgender Kraft und einer kaum vorstellbaren Qualität.« Sie wurde gefeiert wie nur New York seine Stars feiern kann, sie residierte in einer Suite des St.-Regis-Hotels, hatte Rendezvous mit Charly Chaplin und Greta Garbo, sie thronte auf Presseempfängen wie eine Königin, so daß selbst der alte Feind Wyndham Lewis konzedierte: »Sie hat sich verändert. Jetzt ist sie ein van Eyck.« Die Ostküsten-Snobiety, von Lady Astor zu Lady Whitney, riß sich um sie und gab Empfänge, zu denen sie gar im Wasserflugzeug herbeieilte:

»Edith landete in Vincent Astors Amphibienflugzeug auf dem Hudson vor Minnie Astors Anwesen, ganz wie zum Maskenball gekleidet. Ich werde den Anblick nie vergessen, wie sie in der Mitte des Flusses aus dem Flugzeug in die kleinste Barkasse umsteigen mußte, die ich je gesehen habe. Fast hätte sie diese mit ihrem außergewöhnlichen Gepäck (allein zwei Koffer voller Bücher, noch dazu altmodische

Koffer!), das sie – gerade hundertdreißig Kilometer von New York entfernt – für ein langes Wochenende für erforderlich hielt, zum Kentern gebracht. Natürlich war sie noch nie zuvor geflogen, aber die kindliche Freude, die sie einem noch nie zuvor erlebten Abenteuer abgewann, wirkte ganz natürlich.«[41]

Dieses Amerika der vierziger Jahre war ja noch das Land des marzipangesichtigen Glamours: Frank Sinatra im Smoking, Marlene Dietrich im Schwanenpelz und die rosa oder himmelblauen Cadillacs mit Flossen. Elvis Presley war gerade dreizehn Jahre alt. Dichterlesungen, wenn überhaupt, kannte man aus Frauenclubs oder feinen Universitäten; Erika Mann hat detailliert über solche soignierten Auftritte ihres Vaters berichtet. Edith Sitwell muß wie die Erscheinung aus einer anderen Welt gewirkt haben; bereits ihre Zollerklärung mußte den Beamten die Landung einer Außerirdischen annoncieren:

»2 große Aquamarinringe – einer rund, einer rechteckig.
Großer quadratischer Anhänger mit einem Aquamarin, den kleine in Messing gefaßte Jadeperlen umgeben.
Große mit Jadeperlen besetzte Rosenquarzbrosche.
Große Hyazinthbrosche.
Jadebrosche in Gestalt einer Lotosblüte.
Sehr großer gelber Topas.
Ring mit hellem (fast weißem) Aquamarin in Gestalt zweier Bären.
Zwei goldene Sklavenarmreifen.
Breiter Armreif aus Gold und Silber.
Großer Ring mit einem blaßgrünen Similistein, ähnlich einem Chrysolithen.«[42]

So begann sie, wie schwächer werdende Schauspieler, die Rolle und das eigene Wesen zu vertauschen, sich eine geliehene Identität anzueignen. Amerikas Jubel über ihre Elizabeth-Biographie verführte sie, Lady Macbeth zu spielen, in Thomas-Bernhard-Pose Verdammungen auszustoßen – »Nie je werde ich noch einmal erlauben, daß das englische Publikum ein einziges meiner Gedichte zu sehen bekommt« – und allen Ernstes einen Drehbuchauftrag aus Hollywood zu übernehmen – nicht ohne sich über den schlechten Geschmack der Tycoone vom Sunset Boulevard lustig zu machen –, wo sie zum Jubel der Klatschpresse mit Marilyn Monroe plauderte, die sie später mit deren Mann Arthur Miller in London zum Tee empfing. Sie wurde eine Gloria Swanson der Literatur, eine alternde Diva, die zuviel und zu häufig dem Alkohol zusprach und weder das Outrierte ihrer goldenen Zackenkrone als Lady Macbeth noch die Peinlichkeit von des gehaßten David Horners Schottenkaro-Smoking als Macduff wahrnahm. Zwar spottete sie über Mary Pickford als »Zuckerbäckergöttin aus Eis mit Vanillegeschmack«, las aber zugleich Huldigungstelegramme aus Hollywood, in denen abwechselnd Vivian Leigh, Charles Laughton, Audrey Hepburn und Elizabeth Taylor als Stars vorgeschlagen wurden für den Film, den sie nie schrieb und der nie gedreht wurde. Mit huldvoller Geste nahm sie Geschenke reicher Verehrerinnen entgegen – mal einen Chinchilla-Pelz und mal Schmuck oder einen 3000-Pfund-Scheck, für den sie sich immer abenteuerlichere Hüte, einen Abendmantel aus schwarzem Seidenrips oder ein goldfarbenes Cape kaufte – »ein wandelnder Hochaltar«, wie eine lästerliche Feindin sie nannte.

Der Vorhang begann sich zu senken; doch Edith Sitwell haschte noch nach dem Rampenlicht. Ihre Erscheinung hatte ihr Werk verdrängt, das zwar in Essays und Kritiken gelobt wurde – aber wie die Botschaft aus versunkenen Welten. Die Reaktionen »Man konnte kein Wort verstehen, aber sie zu sehen war ein Genuß« bei den spärlicher werdenden Lesungen häuften sich. Sie war nun geadelt und Ordensträgerin, sie ging gar zu einem Lunch mit der Königinmutter, das der Gastgeber Cecil Beaton schilderte:

> »Truman Capote war eine Stunde zu früh gekommen, und wir sahen zusammen mit Eileen [Hose] von einem hohen Fenster aus, wie ein riesiger Krankenwagen vor dem Hause anhielt und zwei stämmige Männer sich daran machten, die Dichterin ans Tageslicht zu fördern. Ein Paar sehr langer Schuhe wie aus dem Mittelalter tauchten auf, dann eine eingemummelte Gestalt, und schließlich eine gewaltige goldene Melone von Hut. Edith wurde an Ort und Stelle gerollt und bekam zwei kräftige Martinis.«[43]

Manchmal blitzte noch der alte Humor auf, wenn sie etwa einem kleinen Neffen auf dessen Wunsch nach einem Spielzeug, das »Klick« mache, antwortete: »Das einzige, wovon ich mir denken kann, daß es ›Klick‹ macht, sind falsche Zähne«, oder wenn sie vom Clubpförtner erzählte: »Er wollte wissen, ob ich irgendwelche Aufträge für den nächsten Morgen hätte, und ich sagte, ›nur einen Sarg‹. Er fragte: ›Schwarz oder weiß?‹«

Doch ehe der Sarg kam, sorgte sie noch vor. Am 4. August 1955 ließ Edith Sitwell sich katholisch taufen. Für ihre Verhältnisse war es eine eher unspektakuläre Zeremonie, bei der ihr Taufpate W. H. Auden einen karierten Anzug und Strohhut mit rotblauem Band trug, sie den schüchternen, kahlköpfigen

Mann in der Kirche nicht als Alec Guinness erkannte und in deren Anschluß sie die Gäste in einem Daimler zum Club fahren ließ, wo sie Hummer, Steaks und Ströme von Wein kredenzte. Nach dem Essen fragte die alte Dame, die wie »ein hermaphroditischer Gardeoffizier« wirkte: »Habe ich das Wort Whisky gehört?«, und antwortete auf die Gegenfrage »Wollen Sie einen?« mit »Nichts lieber als das.« Ob ihre Konversion eine literarische Scheherezade unter dem Einfluß der Lektüre des Thomas von Aquin war, die nie erfüllte Sehnsucht nach dem Rosengarten oder noch einmal ein Aperçu im Gewande von Reue und Abkehr – es läßt sich nicht vollends klären. Mal antwortete sie auf entsprechende Fragen, daß sie sich über eine aufrüttelnde Predigt über die Gefahren unzüchtiger Badekleidung gefreut habe, mal, das Beste an ihrer Hinwendung zum Katholizismus sei, daß er sie daran hindere, David Horner zu ermorden; übrigens war es zu ihrer Genugtuung der schwerkranke Bruder Osbert, der David Horner verließ und einen ehemaligen Diener, nun Sekretär und Pfleger, zum Freund nahm.

Edith Sitwell war eine Ikone geworden, und wäre das Fernsehen nicht in jenen Jahren entstanden, hätte es ihretwegen erfunden werden müssen. Prompt gab es einige Sendungen, in denen sie auftrat und durch die sie über Nacht ein Millionenpublikum gewann; Millionen Leser wohl nicht. Wie bei einer Mondfinsternis hatte sich ihre Erscheinung vor die Strahlkraft der eigenen Worte geschoben. Ein letztes Mal zeigte sich das Überwältigende dieser Erscheinung, als zu ihrem 75. Geburtstag im Oktober 1962 in Londons Royal Festival Hall das geboten wurde, was sie ironisch »Mein Memorial Concert« nannte und was in Wahrheit ein liebevoll bereitetes Fest war: Vor 3000 Zuhörern las sie ein paar Gedichte, dann gab es Benjamin Brittens Vertonung von *Still Falls the Rain*, und schließlich dirigierte William Walton noch einmal *Façade*. Das Publikum feierte eine gebrochene Fee im Rollstuhl, der in ihrer königlichen Loge die Tränen über die Wangen rannen. Doch hinter der Erscheinung leuchteten die Worte, die sie geprägt hatte:

»I, an old dying woman, tied
To the winter's hopelessness
And to a wisp of bone
Clothed in the old world's outworn foolishnes.«

»Ich, eine alte sterbende Frau, gebunden
An die Hoffnungslosigkeit des Winters
Und an eine Handvoll Gebein
Gekleidet in die abgetragene Torheit der alten Welt.«[44]

Quellen

1 Edith Sitwell: Mein exzentrisches Leben. Autobiographie. Aus dem Englischen von Karl A. Klewer. © Frankfurter Verlagsanstalt GmbH, Frankfurt am Main, 1989, S. 18
2 ebd., S. 21 ff., 31
3 ebd., S. 42
4 ebd., S. 25
5 zitiert nach Victoria Glendinning: Edith Sitwell. Eine Biographie. Aus dem Englischen von Karl A. Klewer. © Frankfurter Verlagsanstalt GmbH, Frankfurt am Main, 1995, S. 23 f.
6 Sitwell, S. 52
7 ebd., S. 55
8 Glendinning, S. 53 f.
9 zitiert nach ebd., S. 55
10 Sitwell, S. 58 f.
11 zitiert nach Glendinning, S. 156
12 zitiert nach ebd., S. 196
13 ebd., S. 57
14 zitiert nach ebd., S. 103
15 Sitwell, S. 123
16 zitiert nach Glendinning, S. 106
17 zitiert nach ebd., S. 154
18 zitiert nach ebd., S. 235
19 zitiert nach ebd., S. 171
20 zitiert nach ebd., S. 100
21 zitiert nach ebd., S. 101
22 zitiert nach ebd., S. 108
23 zitiert nach ebd., S. 109 f.
24 zitiert nach ebd., S. 127 f.
25 zitiert nach ebd., S. 135
26 zitiert nach ebd., S. 124
27 zitiert nach ebd., S. 148
28 zitiert nach ebd., S. 216
29 Sitwell, S. 56
30 Glendinning, S. 216 f.
31 zitiert nach ebd., S. 226
32 zitiert nach ebd., S. 85
33 zitiert nach ebd., S. 68
34 zitiert nach ebd., S. 123
35 zitiert nach ebd., S. 184
36 zitiert nach ebd., S. 261
37 ebd., S. 323

38 zitiert nach Glendinning, S. 333
39 zitiert nach ebd., S. 262 f.
40 zitiert nach ebd., S. 315
41 ebd., S. 375 f.
42 ebd., S. 390 f.
43 zitiert nach ebd., S. 472
44 zitiert nach ebd., S. 451

»Ich bin von allem ein Teil —
und nehme Anteil an nichts«

PAUL BOWLES

Ein Leben wie ein Film; nur mit der seltenen Besonderheit, daß hier jemand alles in einer Person war: Komponist der Filmmusik, Skriptwriter, Regisseur und Hauptdarsteller: Paul Bowles. Der 1910 in New York Geborene war zuerst einmal Flüchtling — ohne Wissen der vermögenden Eltern segelte er, keinen Pfennig in der Tasche, nach Paris, wo in einer entlegenen Zeitschrift, *Transition*, zur Verblüffung des Neunzehnjährigen eine Erzählung von ihm veröffentlicht wurde. Es war das zweite ›Erst-Erlebnis‹, und beide riefen jene leicht gelangweilte Déjà-vu-Reaktion bei ihm hervor, die für Leben und Werk des Paul Bowles die Erkennungsmelodie werden sollte; das erste war der Anblick nackter Modelle in der »School for Design and liberal Arts« gewesen, in der er sich zum Entsetzen des Vaters immatrikuliert hatte; »School of *what?*« hatte der entgeistert gefragt und hinzugefügt: »Kannst du mir bitte erklären, was ›liberal Art‹ ist?« Bowles erinnert sich an jene erste Stunde des Aktzeichnens mokant:

»Ich hatte nie zuvor einen unbekleideten menschlichen Körper gesehen, weder weiblich noch männlich, und nach

197

den ersten Wochen des Observierens dieser seltsamen Phä-
nomene hatte ich keinerlei Bedürfnis, derlei je wieder zu
sehen. Mir war nicht klar gewesen, daß menschliche Wesen
so abschreckend wirken konnten.«[1]

Es ist diese Geste der herabgezogenen Mundwinkel, dieser
Ton leichter Herablassung und diese Haltung der Distanz
auch zur eigenen Person, die typisch sein wird für die Welter-
fahrung und die Arbeit von Paul Bowles, der sich schon als
junger Mann an einer echten New-England-Anekdote amü-
sierte: »Ist das der Virginia-Zweig der Bowles?« hatte eine
Dame seine Mutter gefragt, die kühl antwortete: »Nein, wir
sind die Massachusetts-Bowles.« Woraufhin die Dame eine
kleine Pause machte, Zeit genug, um die Magnolien in ihrer
Stimme ersterben zu lassen, und bemerkte: »Ach so.«

Aus dem ungeordneten Bildungschaos zwischen *The Waste
Land*, Sergej Prokofjew und Duke Ellington tauchte Bowles in
Paris hoch, das erste Mal in seinem Leben hingerissen vor
Begeisterung, die Vorhänge im kleinen St.-Germain-Hotel
streichelnd und dabei flüsternd: »Sie sind Frankreich. Dies
ist Frankreich. Ich bin in Frankreich« — dessen Taxis ihm
im Rhythmus von George Gershwins Trompeten zu hupen
schienen.

Paris brachte drei prägende Lebenserfahrungen, die aber
Paul Bowles' Gelassenheit nie je aus der Balance brachten. Er
hat seine erste homosexuelle Liebesbeziehung, die er kaltblü-
tig absolvierte, als ebenso belanglos und lächerlich charakterisiert wie seine frühere Sexbeziehung zu Frauen; prägend
aber wohl doch: Paul Bowles wurde in den kommenden Jahr-
zehnten eine Art Fixstern im Planetensystem der homosexuellen Kulturszene seiner Zeit — er schrieb die Musik für die

meisten Tennessee-Williams-Stücke, reiste mit Gore Vidal, war befreundet mit Truman Capote, weihte Allen Ginsberg in die Magie der Drogen ein und sah William Burroughs' erste Versuche in seiner Wohnung in Tanger, Texte alogisch zu gruppieren.

Tanger ist das zweite Stichwort: Es war Gertrude Stein, die ihn in Paris in ihren Kreis literarischer Freunde einführte und ihm schließlich eine Reise nach Tanger empfahl – wo der dann Jahrzehnte lebte. Bei Gertrude Stein lernte er Ezra Pound kennen, aber auch, wie hochfahrend die Herrin von *Shakespeare and Company* ihre Gunst verteilte und entzog:

> »›Ach, ich möchte Ezra nie mehr sehen‹, sagte Gertrude Stein eines Tages zu mir, ›es genügt schon, wenn er hereinschneit und hier für eine halbe Stunde herumhockt. Wenn er geht, ist der Stuhl zerbrochen, ist die Lampe zerbrochen‹ – ›und die Teekanne‹, ergänzte Alice Toklas. ›Ezra ist ganz nett‹, fügte Gertrude Stein hinzu, ›aber ich kann's mir schlichtweg nicht leisten, ihn einzuladen. Das ist alles.‹« [2]

So versuchte Bowles, seine literarischen Bekanntschaften auch außerhalb der Picasso-behängten Räume von Gertrude Stein zu machen, französische Autoren zumeist wie Bernard Fay, Julien Green oder Jean Cocteau, den er häufig besuchte:

> »Als ich zu Cocteau in die rue Vignon ging, öffnete ein Dienstmädchen und bat uns in einen großen Flur, in dem eine riesige Schiefertafel hing, neben der an einer Strippe Kreide baumelte. Da hinterließen Freunde eine Nachricht, wenn Cocteau nicht zu Hause war. An der Wand gegenüber war ein großes Stück braunes Packpapier angeklebt, auf das

Picasso mit Tinte allerlei Hieroglyphen Figuren gezeichnet hatte. Nach einem Augenblick erschien Cocteau und bat uns in einen geräumigen Salon. Er war ungewöhnlich hager und von nervöser Intensität, der Ausdruck seiner unablässig flatternden Hände, gleichsam in sprechender Bewegung, wirkte wie eine Choreographie, extra dazu entworfen, seine Worte zu untermalen. Während der zwei Stunden Unterhaltung saß er nie länger als eine Minute still. Er führte die ganze Zeit eine Scharade auf, interpretierte jedes seiner Worte durch Mimik, Karikaturen oder Körpersprache, jede Veränderung der Erzählung durch eine Veränderung der Stimmlage verdeutlichend. Sprach er von einem Bär – dann krauchte er als Bär auf allen Vieren über den Teppich.«[3]

Die dritte prägende Erfahrung war die Begegnung mit dem Komponisten Aaron Copland. Freunde hatten ihn empfohlen, und als Copland in Paris eintraf – »Mein Gott, sieht sie jüdisch aus!«, entfuhr es ihm, als Bowles ihn Gertrude Stein vorstellte –, wurde er dessen Schüler. Sie reisten zusammen durch Europa, Berlin, Zürich, Venedig, München und Hannover, wo Paul Bowles einem unbekannten Mann namens Kurt Schwitters dabei half, Unrat, Balken und allerlei Abfall zu sammeln, aus dem das Etwas entstand, das später als Merz-Bau berühmt wurde.

Als Copland und Bowles eines Tages bei Gertrude Stein Reisepläne schmiedeten, verordnete die streng das Ziel:

»Ihr wollt doch nicht allen Ernstes nach Villefranche? Jeder ist da. Und St.-Jean-de-Luz ist leer, scheußliches Klima außerdem. Es gibt nur einen Ort, wo ihr hinmüßt – Tanger.

Alice und ich haben drei Sommer dort verbracht – ein Traum.«[4]

Als der Komponist und sein Schüler sich mit derart viel Gepäck einschifften, daß eine kleine Armee von Trägern ihnen folgte, wußte Paul Bowles noch nicht: er wird sein Leben lang Musik schreiben – und er wird sein Leben als Schriftsteller Marokko widmen:

»Wenn ich Tanger eine Traumstadt nenne, dann meine ich das im striktesten Sinne des Wortes. Ihre Topographie war überreich an prototypischen Traumszenen: überdachte Straßen wie Korridore, von denen sich beidseitig Türen und Räume öffneten, versteckte Terrassen hoch über dem Meer und Gassen, die eine einzige Treppe waren. Kleine Plätze, die wie falsch-perspektivisch gemalte Ballett-Kulissen wirkten und von denen Alleen in jede Richtung fortliefen, Kliffs und Tunnels und Ruinen, wie sie jeder Traumfilm baut. Das Klima war rauh und zart zugleich, der Augustwind fächelte die Palmen und schüttelte die Eukalyptusbäume und zischelte in den Haschischpflanzen am Wegesrand. Tanger war noch nicht ins stinkende Zeitalter des Automobils eingetreten – so konnte man abends auf der Terrasse des Cafés am Place de France sitzen und dem Zikadenkonzert lauschen, und da jene scheußliche Erfindung namens Radio die Stadt noch nicht erreicht hatte, konnte man in den Cafés im Zentrum der Medina sitzen und nur das hundertfache Gewirr der Stimmen hören. Die Stadt konnte sich selbst erhalten, war sauber, eine Puppenmetropole. Es gab keine Verbrechen, und Europäer waren noch wohlgelitten.«[5]

Paul Bowles zählt sich offenbar zu den Europäern. Tatsächlich liest sich alles, was er geschrieben hat, so, als habe ein gebildeter, etwas müder, gelegentlich blasierter Engländer zum eigenen Zeitvertreib die Kultur gewählt.

Die Welt des Paul Bowles ist ein raffiniertes Spiel mit Schönheit und Schein. *Unsere* – die wirkliche – Welt wird weggefiltert; ob Krieg oder Elend oder Rassenwahn oder Sexualität: in seiner 400 Seiten umfassenden Autobiographie *Without Stopping* kommt derlei nicht vor – oder ist peinliche, gar abstrus-lächerliche Banalität.

Das Werk ist eine hochartifizielle Mischung aus luxurierendem Ennui und Bildung. So schuf Paul Bowles nicht nur die Musik zu Tennessee Williams' *Der Milchzug hält hier nicht mehr* oder *Die Glasmenagerie* und schrieb mit ihm zusammen das Drehbuch für Viscontis Film *Senso*; er komponierte auch für einen Film von Hans Richter, an dem unter anderen Marcel Duchamp, Man Ray und Alexander Calder mitarbeiteten, Sequenzen zu Max Ernsts Collagen *Une Semaine de Bonté* und eine Flötensonate nach St. John-Perse' *Anabasis*. Mit Orson Welles arbeitete er an einem Marloweschen Faust, mit Salvador Dali für das berühmte Ballett des Marqués de Cuevas, und Leonard Bernstein schrieb unter seinem Namen Musik für Broadway-Produktionen. Paul Bowles übersetzte Jorge Luis Borges und Ramon Sender, Francis Ponge, André Pieyre de Mandiargues und Jean-Paul Sartre, von dem er eines seiner genüßlich-despektierlichen Porträts fixierte:

»Als Sartre in New York eintraf, traf Jane ihn auf einer Party, einen Tag bevor er mit seiner portugiesischen Freundin Dolores Ehrenreich zum Lunch kam. Als er seinen Mantel ablegte, hörte ich Jane sagen: ›Wir haben uns gestern kennengelernt.‹ Sartre zuckte die Achseln und sagte: ›Vielleicht. Hab' ich wohl vergessen.‹ Über Janes ›Ich nicht‹ wollte ich mich ausschütten vor Lachen. Sartre, ein vollkommen humorloser Mann, nahm nichts davon wahr und begann sofort zu reden. Auch Jane rannte aus dem Zimmer, um ihr Lachen zu verbergen. Er war berühmt und sah exzentrisch aus, wir waren nervös – aber ohne Worte hatten Jane und ich begriffen, daß man dieses Gesicht nie vergessen konnte. Nach dem Essen legte ich mich aufs Sofa, vor dem er auf und ab spazierte, um mir mehrere Stunden lang von Genet zu erzählen – manchmal vor Erregung zitternd. Meine Bewunderung für Sartre, von dem ich ›Die Mauer‹ und ›Der Ekel‹ kannte, stand bereits in voller Blüte – so beschloß ich, unbedingt Genet zu lesen, dessen Bücher man in New York nicht kaufen konnte. So lieh ich mir von einem Freund die Schweizer Ausgabe von ›Miracle de la Rose‹. Sowas hatte ich noch nie gelesen, prompt hielt ich es für Pornographie und strich es erst einmal aus der Liste ernsthafter Literatur. Erst drei Jahre später, als ich Genet wieder las, konnte ich seinen wahren Wert einschätzen.«[6]

Jane. Hier taucht das erste Mal der Name der Frau auf, die wir heute als eine der bedeutendsten amerikanischen Schriftstellerinnen schätzen und deren Leben – nach ihrer Heirat mit Paul Bowles – seltsam flackernd durch seine Memoiren geistert: die lesbischen Liebesverhältnisse wie ihre Trunksucht wie ihr oft gänzlich verzweifelter Kampf mit den Worten. Ein anämisches Paar, das gemeinsam die halbe Welt bereist, das sich trennt, um zueinanderzufinden, dessen Zusammenleben diktiert wird von Eifersucht und dessen Auseinanderdriften reguliert wird von Sehnsucht. Sie waren ein Chagall-Paar –

aber nicht auf Wolken, sondern im Nebel. Nebulös begann schon ihre Bekanntschaft:

>»In einer regnerischen New-York-Nacht bat mich ein Freund, ihn in der Halle vom Plaza zu treffen. Als ich dort eintraf, saß er da mit Erika Mann und einer attraktiven stupsnasigen Rothaarigen. Wir nahmen ein Taxi zu irgendeiner Adresse in Harlem. Die stellte sich heraus als ein schummriges Apartment, in dem man Eintritt bezahlte, um mit Haschischpfeifen versorgt zu werden. Mein Freund war der Übersetzer der Sketche aus Erika Manns antifaschistischem Kabarett ›Die Pfeffermühle‹, dem man eine Aufführung an der New School for Publik Research in Aussicht gestellt hatte. Der Name des Rotschopfs war Jane. Sie blieb den Abend über stumm.«[7]

Auch das Leben von Jane Bowles und ihrem komponierenden wie schriftstellernden Mann hat etwas Sketchhaftes; in seinen Lebenserinnerungen ist es fixiert wie vor einer starren Kamera: Fetzen, Teile von Gesten, huschende Bewegungen – Zusammenhänge, Entwicklungen gar werden nicht im Bild festgehalten. Innerhalb einer Stunde wird entschieden, ›Wir fahren für zwei Wochen nach Mittelamerika‹ – und schon findet sich Paul Bowles mit einem Freund in Varadero; nebenbei wird an einer Bühnenmusik für Lorcas *Yerma* gearbeitet. Ebenso kurz entschlossen – diesmal gemeinsam mit Jane – reist man nach Indien, wo in Aurangabad die Hotelsuite nebenan von einem ständig musizierenden Monsieur Monahan bewohnt wird, den man bald als Yehudi Menuhin kennenlernt und wo man – während die Träger sich mit den mehr als tausend Pfund Gepäck quälen – kurz auf der amerikanischen

Botschaft die Korrekturfahnen eines Romans abholt. Mit derselben Selbstverständlichkeit, mit der Francis Bacon auftaucht, ist auch vom Hauspersonal in Colombo die Rede: Koch, Assistent, Kuli für die Bäder, Gärtner und Dienstmädchen. Gelegentlich verwirren sich die Sequenzen der starren Kamera, der Film ruckt und flitzt:

»Um diese Zeit packte mich die Idee, meine Kurzgeschichten für einen Band zu sammeln. Der Verlag Dial Press bat mich in sein Büro – natürlich nicht, um mir ein Angebot zu machen, sondern um mir den fachmännischen Rat zu geben, daß kein Mensch in der ganzen Branche einen Band Kurzgeschichten von jemandem verlegen würde, der nicht zuvor einen Roman publiziert hätte. Außerdem brauche man einen literarischen Agenten. Schon wurde telefoniert – es war Helen Strauss von der William Morris Agentur, mit der ich eine Lunchverabredung traf. Kurz darauf – die Stories hatte sie gelesen – rief sie an und sagte, der Verlag Doubleday biete einen Vorschuß – für einen Roman. Schon waren meine Pläne für die nächste Tanger-Reise fertig. Alle Bilder, vergessene kleine Szenen schossen mir durch den Kopf; das war jetzt auf andere Weise aktuell. In der Fifth Avenue stieg ich in einen Bus, und als ich am Madison Square ausstieg, war die gesamte Struktur des Romans fertig, sogar der Titel stand fest: Ich entnahm ihn einem populären Lied aus der Zeit vor dem Ersten Weltkrieg, dessen Strophe ›Down among the Sheltering Palms‹ mich schon als Kind fasziniert hatte, zumal ich immer rätselte: wovor bewahrten die Palmen wen und warum? So stand mein Titel fest: ›The Sheltering Sky.‹«[8]

Dieser Roman nun, *Himmel über der Wüste*, begründete seinen literarischen Ruhm, er gilt als Musterbeispiel eines amerikanischen Existentialismus, wie ihn der Kritiker Jay McInerny pries:

»Paul Bowles' Gespür für die Abgründe der Existenz ist feiner als das jedes anderen amerikanischen Autors seit Poe. Was seine Werke so beunruhigend macht, ist die erbarmungslose Klarheit und Unerbittlichkeit, mit der er den Schwächen und der Grausamkeit des Menschen direkt ins Gesicht blickt. Bowles' sensible Schreibweise ist in ihrer Zurückhaltung klassisch; seine Prosa ist scharfkantig und blendend wie eine Wüstenlandschaft im grellen Mittagslicht.«[9]

Das Buch mit dem verstörenden Motto von Eduardo Mallea

»Das Schicksal eines jeden Menschen ist nur insofern ein persönliches, als es etwas zu gleichen scheint, das schon in seiner Erinnerung ist.«[10]

ist eine Art Krimi aus Gleichmut. Paul Bowles' Stil ist Ausdruck seiner Weltsicht wie seiner existentiellen Erfahrung. Die Summe könnte ungefähr lauten: Ich bin von allem ein Teil — und nehme Anteil an nichts. Paul Bowles, der eine Insel bei Ceylon besaß, einen Palast in Marokko bewohnte, die Welt durchreiste von Rio de Janeiro bis Dresden, blieb zugleich — der große Unberührbare. So kann er mit derselben inneren Distanz Schwulentratsch erzählen auf dem Niveau irgendwelcher Friseurtunten, etwa wie Gore Vidal mit der verstellten Stimme Truman Capotes bei Tennessee Williams anrief, um eine deftige Literaturintrige einzufädeln, wie er eine Art Tagebuch der internationalen Kulturschickeria führt:

»In Genua holte uns Albert Rothschild am Hafen ab und fuhr uns zu seiner Villa am Lago di Orta, wo wir – mein marokkanischer Freund Ahmed und ich – drei Wochen verbringen wollten. Hans Richter, der gerade seinen Film ›Dreams that money can buy‹ beendet hatte, war auch da und arbeitete an einem neuen Film, den er als eine Art Schachtelspiel beschrieb. Eine Sequenz sollte ›Das Mittel-Spiel‹ heißen, und er wollte unbedingt, daß Ahmed und ich darin aufträten; wir taten ihm den Gefallen. Vom Lago die Orta fuhren wir runter nach Venedig, wo wir bei Peggy Guggenheim in ihrem Palazzo Venier dei Leoni wohnten. Ahmed mußte marokkanisch kochen, und das zahlreiche Personal wurde den Canal Grande auf der Jagd nach Kräutern und Gewürzen hinauf und hinab gehetzt. Auch Peggy sollte in Richters Film mitspielen. Danach wollte sie sofort nach Indien reisen, um einen Maharadscha zu treffen. Auf meine Frage ›Welchen?‹ sagte sie: ›Ganz egal. Irgendeinen.‹ Wir fuhren weiter nach Madrid, wo Ahmed eine Vernissage seiner Bilder in der Galeria Clan hatte; sie verkauften sich so blendend, daß er einen Packen von über hundert Klee-Zeichnungen erwarb. Noch in Madrid erreichte mich ein Telegramm, daß die Insel Taprobane nun wirklich zu kaufen sei. Ohne zu zögern, stürmte ich aus dem Palace Hotel und zum Postamt, um nach New York zu kabeln: man möge unverzüglich das Geld nach Ceylon telegrafieren.«[11]

Ein nicht unbedingt sympathisches Amalgam aus mondänem Tratsch und weitgereister Eitelkeit; Paul Bowles verläßt nie ein Hotel, ohne zu erwähnen, daß es das Palace ist. Und es ist dennoch das Unterfutter für Literatur. Wir finden in dem ersten Roman nur um ein weniges verschoben exakt dieses

Figurenpersonal; inklusive des verschrobenen Beobachters, den diese Lemuren entzücken:

»Sie waren übereingekommen, die Hotelbar nicht zu frequentieren, denn sie war immer leer. Jetzt, als er den düsteren kleinen Raum betrat, war Port etwas erstaunt, an der Bar einen einsamen ungeschlachten Jüngling hocken zu sehen, dessen formloses Gesicht nur durch einen unordentlichen braunen Bart vor völligem Mangel an Ausdruck gerettet wurde. Als er sich am anderen Ende niederließ, sagte der junge Mann mit stark englischem Akzent: ›Otro Tio Pepe‹ und schon sein Glas dem Mixer zu.

[...]

Nach einiger Zeit erschien im Türrahmen eine große, bleiche Frau mit Haaren, die brennend rot mit Henna gefärbt waren, und stieß einen schrill quiekenden Laut aus. Sie hatte die glasigen schwarzen Augen einer Puppe; ihre Starrheit wurde durch das leuchtende Make-Up der Lider noch unterstrichen. Der junge Mann wandte sich zu ihr hin: ›Hallo, Mutter. Komm rein und setz dich.‹

[...]

Ihre Stimme war sehr schrill. ›Eric, du schmutzige Kröte‹, schrie sie. ›Bist du dir darüber im klaren, daß ich dich überall gesucht habe?‹

[...]

Der Jüngling sah sie gar nicht an. ›Schrei nicht so, Mutter!‹

[...]

Sie setzte sich auf den Hocker neben dem seinen und fing an, in ihrer Handtasche zu kramen. ›Verflixt, ich hab meine Schlüssel liegenlassen!‹ sagte sie. ›Das verdanke ich deiner Unaufmerksamkeit. Du mußt mich durch dein Zimmer

hereinlassen. Ich habe eine süße kleine Moschee entdeckt,
aber sie ist voll von Gassenkindern, die alle wie die Teufel
schreien. Dreckige kleine Biester! Bestell mir ein Glas Sher-
ry, falls er nicht süß ist. Ich denke, er wird mir helfen.‹
[...]
›Otro Tio Pepe‹, sagte der Jüngling ungerührt.
Port beobachtet sie, wie immer fasziniert vom Anblick eines
menschlichen Geschöpfes, das auf der Stufe eines Automa-
ten oder eine Karikatur war. Gleich durch welche Umstände
oder auf welche Weise heruntergekommen, ob lächerlich
oder schauerlich entzückten ihn solche Art Menschen.«[12]

Der Schriftsteller Paul Bowles gleicht einem Schachspieler,
gleichmütig und schweigend vorm Kamin seine Züge set-
zend, sehr rasch, sehr leise – ob Königin, Bauer oder Pferd: es
sind alles seine Geschöpfe, aus irgendeinem afrikanischen Elfenbein erlesen geschnitzt. Er zieht, opfert und gewinnt.

Übrigens nicht durchweg. Wie es kein Schachspiel gibt, in
dem nur gewonnen wird, leistet sich Bowles auch allerlei Un-
reinlichkeiten. Da gibt es Bildplatituden à la »Der Zug, der
immer schneller fuhr, was nichts weiter als ein Abbild des Lebens selbst« oder süßliche Dialoge von jener Pseudotiefe, die
Hollywoods Marke tragen:

»›Sonnenuntergang ist eine traurige Stunde‹, sagte sie
schließlich. ›Wenn ich das Ende eines Tages erlebe – irgendeines Tages –, habe ich immer das Gefühl, es ist das Ende einer ganzen Epoche. Und der Herbst! Er könnte ebensogut
das Ende von allem sein‹, sagte er. ›Darum hasse ich die kalten Länder und liebe die warmen, wo es keinen Winter gibt;
wenn es dort Nacht wird, hat man das Gefühl, das Leben

öffne seinen Kelch, statt ihn zu schließen. Fühlst du das nicht auch?‹«[13]

Das Bild des Schachspielers könnte man anwenden für Bowles' gesamte literarische Methode, die seinem existentiellen Grundgefühl entspricht; nicht zufällig wählt er für das dritte Buch des Romans *Das Haus der Spinne* diese Zeilen aus *Tausendundeine Nacht* zum Motto:

»Für mein Gefühl gibt es nichts Köstlicheres,
    als ein Fremdling zu sein.
Darum mische ich mich unter die Menschen,
nur um ein Fremder unter ihnen zu sein,
denn sie sind nicht von meinem Schlage.«[14]

Das ist das Raster seiner Literatur: Die Begegnung der westlichen Zivilisation mit der arabischen Welt – die letztlich immer in der Nicht-Berührung verharrt. Jeder bleibt in seinen eigenen Obsessionen befangen, die eine Welt kann die andere weder durchdringen noch verstehen:

»›Ich habe etwas gefunden, das hilft‹, sagte er schließlich.
›Und zwar muß man immer bedenken, daß sie eine Kultur des ›Und dann‹ haben und nicht eine Kultur des ›Weil‹ wie wir.‹
Stirnrunzelnd sagte sie: ›Ich glaube, da komme ich nicht mit.‹
›Ich meine, in ihrem Denken folgt nicht eins aus dem anderen. Nichts ist das Ergebnis von etwas anderem. Jedes Ding ist einfach da, und man fragt nicht weiter. Sogar ihre Sprache ist darauf aufgebaut. Jede Tatsache besteht für sich, und

niemals hängt eine von der anderen ab. Alles ist durch das ständige Eingreifen Allahs erklärt. Und was sein muß, muß sein und war dazu seit Anbeginn bestimmt, und man kann sich nicht einmal vorstellen, wie etwas hätte anders sein können, als es ist.‹«[15]

Das prägt auch die literarische Struktur seiner Bücher. Ähnlich dem Schachspiel ist das Personal begrenzt, das Spielfeld genau abgezirkelt, und die Aktionen sind beliebig variierbar: Fast immer reist ein weißes Paar – gelegentlich sind es durch eine Triole verbundene drei Partner – durch Marokko, nach Fez oder Tanger, und gerät in undurchsichtige Situationen, in denen Handlungen und Motive der Araber unerklärbar, dadurch unheimlich sind:

> »Stenham lächelte; das merkwürdige Verhalten der Mohammedaner amüsierte ihn, und er verzieh es immer, weil, wie er sagte, der Nichtmohammedaner die mohammedanische Vorstellungswelt zu wenig kenne, um etwas daran aussetzen zu können. ›Sie sind so weit, weit weg von uns‹ pflegte er zu sagen. ›Wir haben keine Ahnung, was in ihnen vorgeht.‹ [...]
> Eine Unwahrheit war keine Lüge, sie war nur eine Formsache, ein Ersatz, ein langer Umweg, ein höflicher Ausdruck für ›Das geht Sie nichts an!‹«[16]

So, wie die weiße Figur ihre Züge nur nach ihrer eigenen Logik machen kann, spiegelbildlich auf die Bewegungen der schwarzen Figur reagierend – aber stets an ihr vorbeiziehend –, so baut Paul Bowles seine Bücher in strenger Abfolge; auf Zug weiß folgt Zug schwarz – unbegreifbar der eine dem anderen. So sieht der junge Araber Amar eine harmlos im Café sitzende junge Amerikanerin:

»Die Frau war offensichtlich eine Dirne niedrigster Art, da ihre Arme und Schultern völlig unbedeckt waren und ihr Kleid im Nacken schamlos tief ausgeschnitten war. Wie um Amars Eindruck zu bestätigen, nahm sie dann ein kleines Etui mit Zigaretten aus ihrer Handtasche, steckte eine in den Mund und wartete, bis der Mann sie ihr anzündete. Amar war erstaunt über ihre Verwegenheit. Sogar die französischen Frauen in der Ville Nouvelle gingen mit ihren unzüchtigen Kleidern und ihrem Benehmen nicht so weit. Und sogar die verrufenste Hure hätte sich von der Sonne nicht so verbrennen lassen. Diese Frau kam sicher von der Arbeit auf den Feldern, sie war braungebrannt, sie mußte sehr lange draußen gewesen sein. Aber da saß sie und trug goldene Armbänder. Sein Gefühl sagte ihm jetzt, daß er sie falsch eingeschätzt hatte. Sie kam wahrscheinlich gar nicht von den Feldern, sondern es war ihr irgend etwas zugestoßen, das sie zwang, viele Tage in der glühenden Sonne herumzulaufen, und jetzt schämte sie sich und suchte sich vor der Menge zu verbergen, bis sie wieder weiß war; deshalb hatte sie es vorgezogen, im Hinterzimmer zu sitzen.[…]
Was für eigentümliche Menschen das waren, dachte er; die Fremdesten aller Fremden, die er jemals gesehen hatte. Ihre Kleidung war ungewöhnlich, ihre Gesichter waren anders, sie lachten fast dauernd, und doch schienen sie nicht betrunken zu sein, und eins konnte Amar am wenigsten begreifen: obgleich die beiden nach allen kleinen äußeren Anzeichen aneinander interessiert waren, faßte der Mann niemals die Hand der Frau an, beugte sich nie zu ihr hin-

über, um sie zu berühren oder ihren Duft zu atmen, und sie senkte, trotz ihres sonst so lockeren Benehmens, nicht ein einziges Mal die Augen und fand es nicht unmöglich, seinen Blick zu erwidern. Sie saß einfach da, als sei sie sich des Unterschiedes der Geschlechter überhaupt nicht bewußt.«[17]

Diese Ästhetik der gegeneinandergesetzten Bilder hat künstlerische Konsequenzen. Zum einen schafft sie eine Atmosphäre des Unheimlichen. Paul Bowles' Bücher sind dadurch spannend wie Kriminalromane, die ja ihre Vitalität aus dem Umbau von Logik beziehen, aus dem Aufheben normaler Kausalitäten. Wie man im Krimi – zumindest anfangs – nicht weiß, warum die Tante erschlagen, wie und von wem der Tunnel zum Tresor gegraben wurde – so bleiben die Motive von Bowles' Figuren undurchschaubar; diese Irritation setzt sich im Leser fort:

»Den ganzen Tag über war er von unerklärlicher Nervosität; er schrieb es den sieben Gläsern mit starkem Tee zu, die er in dem Garten getrunken hatte. Kit hatte jedoch genau so viel getrunken und schien überhaupt nicht nervös zu sein. Am Nachmittag ging er am Fluß spazieren und sah den Spahis zu, die mit ihren ganz weißen Pferden Übungen abhielten; ihre blauen Umhänge wehten hinter ihnen her im Wind. Da seine Unruhe eher stärker zu werden schien, anstatt nachzulassen, beschloß er, nach der Ursache zu forschen. Er ging vor sich hin, mit gesenktem Kopf, und sah nichts als den Sand und die schimmernden Kiesel. Tunner war fort, Kit und er waren allein. Nun hing alles von ihm ab. Er konnte die richtige oder die falsche Geste machen, aber er konnte nicht im voraus wissen, welche richtig war. Die Erfahrung hatte ihn gelehrt, daß in solchen Situationen nicht mit der Vernunft zu rechnen sei. Es gab da immer eine unbekannte Größe, geheimnisvoll und unberechenbar und nicht greifbar. Wissen mußte man nicht kombinieren. Und dieses Wissen fehlte ihm.«[18]

So werden Situationen angesetzt, die unentwirrbar und aussichtslos zugleich scheinen.

Und nun geschieht etwas Seltsames: Genau an dieser Methode scheitern die Romane. Was die dunkle Schönheit von Paul Bowles' Stories ausmacht, aus deren stets rätselhaften offenen Enden man erwacht wie nach einem Haschischtraum, dieses zitternde Ausklingen von Worten, Sätzen in ein Nichts, von dem man nicht weiß, wie wird es enden: das funktioniert nicht bei epischer Prosa. Die innere Rapidität der Kurzgeschichten verträgt das Lapidare – das den längeren Bau eines Romans zerstört. Der Roman braucht die Kausalität; ihr stilistisches Mittel ist der Dialog. Aber Paul Bowles setzt seine Schachfiguren sprachlos außer Zusammenhang, die Aktionen bedingen sich nicht, sondern fallen auseinander. Da ist ein schwer definierbares Gesetz der Kunst verletzt worden, das besagt: Jede Technik hat ihr Format. So undenkbar eine Max-Ernst-Collage im Format 10 x 8 Meter wäre (weil sie damit den Intimraum ihrer Unheimlichkeit verließe), so undenkbar ist eine Henry-Moore-Bronze als Handschmeichler (weil sie damit ihre haptische Magie verlöre). Die Kurzgeschichte darf – oder soll gar die Atemlosigkeit des Gespenstischen haben, sie hat – wie Paul Bowles' Story *Die leichte Beute* – die Finsternis eines Capriccio jenseits der Ratio:

»Der Mann stand auf und betrachtete den jungen Körper zwischen den Steinen. Er fuhr mit dem Finger über die scharfe Klinge, eine erwartungsvolle Erregung schien ihn zu packen. Er trat näher, schaute auf ihn herab und betrachtete das Geschlecht, das aus dem untersten Teil des Bauches emporsproß. Ohne sich völlig bewußt zu sein, was er tat, nahm er es in eine Hand und schwang den anderen Arm mit der Bewegung eines Schnitters, der seine Sichel schwingt, darüber hinweg. Es war auf der Stelle abgetrennt. Ein rundes, dunkles Loch blieb übrig, rotgefärbte Hautfetzen, er starrte einen Moment geistesabwesend darauf. Driss schrie. Alle Muskeln seines Körpers empörten sich, spannten sich.

Langsam fing der Moungari an zu lächeln, fletschte die Zähne. Er legte seine Hand auf den verkrampften Bauch und strich über die Haut. Dann machte er einen vertikalen Einschnitt und stopfte das lose Organ sorgfältig mit beiden Händen hinein, bis es verschwand. Als er seine Hände im Sand abwischte, stieß eins der Kamele einen grunzenden gurgelnden Schrei aus. Der Moungari sprang auf und wirbelte mit erhobener Klinge in der Hand ungestüm herum. Dann, beschämt über seine Nervosität und mit dem Gefühl, daß Driss ihn beobachtete und sich über ihn lustig machte (dabei waren die Augen des Jungen blind vor Schmerz −) wälzte er ihn mit dem Fuß auf den Bauch, wo er zuckend liegenblieb. Als der Moungari seine Bewegungen betrachtete, kam ihm eine neue Idee. Es wäre nicht übel, dem jungen Filali eine letzte, entscheidende Demütigung zu verpassen. Er stürzte sich auf ihn, und diesmal genoß er es, laut und ohne Hast. Am Ende schlief er ein.«[19]

Das löst durchaus den von Bowles gern zitierten Kafka-Satz ein: »An einem gewissen Punkt angelangt, gibt es kein Zurück mehr. Das ist der Punkt, der erreicht werden muß.«

Dieses Verweigern von Ursachen wird im Roman zur Beliebigkeit; dieses Einsam-Machen von Menschen gerinnt im Roman zur Austauschbarkeit. Schach kann man ohne Partner spielen. Tennis nicht.

Prompt verblaßt die Farbe der Romanbilder sehr oft zum Kostümstück. Fez und Burnus und Djellaba bekommen etwas Kinohaftes. Paul Bowles' Technik, seine Figuren willkürlich verschwinden, auftauchen, abreisen, sterben zu lassen, bekommt einen Gestus des Herablassenden, Uninteressierten. Eben noch der gnadenlos scharfe Blick, mit dem er eine Leiche fotografiert – die Heldin aus *Himmel über der Wüste* verläßt ihren in der Wüste an Typhus erkrankten Mann:

> »Ein seltsames intensives Summen in ihrer Nähe ließ sie die Augen öffnen. Fasziniert beobachtete sie zwei Fliegen bei ihrem kurzen, heftigen Begattungsakt, der sich auf Ports Unterlippe abspielte.«[20]

Und wenige Seiten später bekommt der Roman etwas Karl-May-haftes, mit Kamelen, Krummsäbeln und der in – respektive ohne – Pumphosen verkleideten Frau, die in indolenter Behaglichkeit mal dem einen, mal dem eben nur als Zuschauer beteiligten anderen Araber mit lässigem Vergnügen zu Willen ist. Das Fremde wird touristisch, der Schock zur Verblüffung, und was – etwa bei der Romanfigur Amar – eben noch unheimlich war, liest sich jetzt wie die Bildunterschrift einer Illustrierten:

»Der Christ hatte nichts verstanden; Amars Zuversicht sank, als er den Abstand zwischen ihnen bemerkte. Wenn sogar ein Christ mit soviel gutem Willen und mit dieser Kenntnis des Arabischen nicht imstande war, auch nur die grundlegenden Tatsachen einer so einfachen Angelegenheit zu erfassen, wo war dann irgendeine Hoffnung, daß ein Christ jemals einen Mohammedaner helfen könnte?«[21]

Der Autor Paul Bowles scheint ein Solist zu sein, Virtuose *eines* Instruments; daher das Meisterhafte seiner Erzählungen, quasi ›ein-stimmige‹ Prosa, deren knappe Präzision William Burroughs hervorhob, die Truman Capote als die besten seiner Generation pries und von denen Gore Vidal gar sagte, sie gehörten zum Besten, was ein Amerikaner je geschrieben hat. Doch Burroughs deutete auch bereits die Gefahr des Chronisten an, jenes Element des Unbeteiligten; eine Haltung, die dem Dirigenten eines vielstimmigen Klangkörpers – also: eines Romans – schadet:

»In Nordafrika fand Paul Bowles das, was er als ›reines lyrisches Glück‹ definiert, ein friedliches Glück, das sich aus seiner Perspektive von vollkommener Zurückhaltung herleitet. Wenige Schriftsteller halten sich aus ihrem Werk so unbedingt heraus wie ›The Paul‹, wie Ahmed Jacobhi ihn einmal genannt hat. Diese Reserviertheit trägt aber zugleich auch eine gewisse Einschränkung in sich. Auf dem Schriftstellermarkt hat jeder Punkt seinen Preis und der ist hoch: mit Feilschen kommt hier keiner durch. Deshalb gibt es auch so wenig Schriftsteller – nur sehr wenige sind nämlich bereit zu zahlen. Wenn ein Schriftsteller sich gänzlich in sein Werk hineinfließen läßt, kommt er irgendwann an sein eigenes Ende. Wenn er sich jedoch völlig aus seinem Werk heraushält, wird er zum Chronisten und genau das ist Paul passiert. Er überliefert die Erfahrungen seiner afrikanischen Freunde. Im Spiel des Schreibens kann man nicht gewinnen: ›*Winner take nothing*‹, sagte Ernest Hemingway und endete mit einer Ladung Schrot im Kopf.«[22]

Nun ist der Chronist ja beides: einer, der teilnimmt – und einer, der nicht teilhat.

Das scheint Paul Bowles' gesamte Existenz bestimmt zu haben. Er spricht Spanisch und Arabisch, hat – im Auftrage der UNESCO – die marokkanische Musik gesammelt und jene ›mündliche Literatur‹ bewahrt, die ihm arabische Erzähler wie Mohammed Mrabet auf Band sprachen. Er hat mit ihnen Monate, vielleicht Jahre die Kif-Pfeife geteilt und im Dämmer auf den Kissen gehockt. Aber er war zugleich der Fremde, der im weißen Jaguar-Cabriolet spazierenfuhr oder noch bis zu seinem Tod seine Coautoren mit dem Ford-Mustang zum Markt schickte, ihm das Essen zu bereiten. Diese Attitüde verleiht manchen seiner Texte etwas Distanziert-Höhnisches; schlimmstenfalls wird es Kitsch.

»Auf der Terrasse war es warm. Thorny stand an der Brüstung und schaute über das Land. Der blaue Nachthimmel war sternenübersät, die Berge schwarz, und die langen Reihen der Straßenlaternen breiteten sich wie funkelnde Spinnennetze über das ganze Tal aus. Luchita trat neben ihn und lehnte sich gegen das Geländer. ›Hallo‹, sagte sie und sah ihn an. Er trug ein Sweatshirt mit einem Blazer darüber. Sein Haar war zerzaust.«[23]

Derlei ist wohl zugleich auch Resultat eines angelesenen Fatalismus; denn der ist Paul Bowles ja nicht eingeboren wie seinen arabischen Freunden, er hat ihn vielmehr gelernt – er zitiert ihn, etwa aus dem *Lied der Eule* aus *Tausendundeiner Nacht*:

»Ich weiß, daß die Welt
eine große Leere ist,
ins Leere gebaut...
Und darum nennen sie mich
Meister der Weisheit.
Ach, weiß jemand,
was Weisheit ist?«[24]

Mit diesem etwas künstlichen Credo entzieht er sich einem künstlerischen. Das ist es, was Burroughs störte:

»Matthew Arnold stellte die Forderung auf, drei kritische Kriterien an jedes künstlerische Werk anzulegen: ›Was versucht der Schriftsteller zu erreichen? Wieviel Erfolg hat er dabei? Enthält das Werk eine ›hohe Bedeutung‹? Eins scheint jedenfalls festzustehen: Paul Bowles hat immer klar vor Augen, was er erreichen will; gewöhnlich hat er dabei auch großen Erfolg, innerhalb selbst gesteckter Grenzen, aber was die ›hohe Bedeutung‹ angeht, so läßt sich die unglücklicherweise nicht immer finden. Es kommt vor, daß er in leutselige und eher synthetische Folklore verfällt.«[25]

Es ist die Sackgasse des unbeteiligten Erzählers. Dem gelingen fast immer bedrohliche Anfänge, er schneidet den Menschen ihre Schatten ab; durch diese Technik einer situationistischen Prosa entsteht mit Applomb eine Unheimlichkeit, die Sogkraft hat:

»Er fühlte, daß er den gefährlichen Punkt erreicht hatte. In diesem Augenblick erschien ihm seine Existenz fast ausgelöscht. Er hatte alle Sicherheit für etwas aufgegeben, von dem ihm jedermann, auch sein eigenes Gefühl, vorausgesagt hatte, es sei ein verrücktes Abenteuer. Das Vergangene war unwiderruflich vorbei, und das Neue hatte noch nicht begonnen. Um einen Anfang zu machen, hätte er Wilcox anrufen müssen, doch er rührte sich nicht. Seine Freunde hatten ihm gesagt, er sei wahnsinnig, seine Familie hatte zornig und traurig mit ihm gehadert, aber aus irgendeinem ihm selber unerklärlichen Grund hatte er sich allen Argumenten verschlossen.[...] Jede Minute schob ihn mit ihrer überwältigenden Leerheit weiter vom Leben fort.«[26]

Diese Eingangssequenz des Romans *So mag er fallen* ist einer der typischen Anfänge, das Motiv des Verlorenen, der inneren Bezugslosigkeit wie äußeren Ortlosigkeit schneidet Paul Bowles in einer Fugenkomposition gegeneinander, fallend, anschwellend, abnehmend, variierend. Dann, an einem bestimmten Punkt in jedem seiner Romane, unterbricht er das durch das Einführen einigermaßen obligater Figuren – fast immer skurrile, reiche, alkoholabhängige Amerikanerinnen mit schweren Brillantringen, großen Häusern, makabren Gewohnheiten. Diesen Wechsel von Schicksal zu Schickeria hat Paul Bowles expressis verbis bejaht; in einem Interview sagte er auf die Frage, ob die Magie-Erfahrung Marokkos Einfluß auf seine Texte gehabt habe:

»Oh ja, ich denke schon. Es beeinflußte sogar meine Art zu denken. Indem ich erkannte, daß man, um Mensch zu sein,

sich eben nicht einer bestimmten Form des Verhaltens verschreiben mußte, daß man sein Ich verlieren konnte. Selbst
wenn man, mit Schaum vor dem Mund, sich zuckend über
die Straße wälzt, sich mit einem Beil auf den Kopf schlägt
oder herumwirbelt, bis man erschöpft zu Boden sinkt ... es
erschien mir als wunderbare Art von Freiheit für einen
Menschen, dazu fähig zu sein und dann, wenige Stunden
später, ein Taxi zu fahren oder in einem Hotel Drinks zu ser-
vieren.«[27]

Paul Bowles' Romane liefern uns noch einer anderen Irritation aus: Sie wirken zu nahe an der Realität entlanggeschrie-
ben. Seine Memoiren liefern den Beweis für diesen Verdacht,
man habe es streckenweise mit dem Logbuch eines Weltrei-
senden zu tun, fremd gemacht lediglich durch die pittoreske
Kulisse, nicht durch Kafkas Fremdheit. Es gibt Dutzende von
Situationen, Personen, Ereignisse, sogar Anekdoten, die sich
geradezu wörtlich als Notat der Lebenserinnerungen wie als
Einsprengsel in die erzählte Welt finden; etwa die Szene des
magischen Tanzrituals am Ende des Romans *So mag er fallen*. In
seinem Nachwort zu diesem Roman hat Bowles übrigens selber dieser Dialektik von Wahrheit und Wirklichkeit nachgedacht und schließlich eingestanden, daß er vorhandene Modelle verschnitten hat:

»Die Entstehung des Buches hat eine vielleicht etwas ungewöhnliche Geschichte. Im Dezember 1949 ging ich in Ant-
werpen an Bord eines polnischen Frachters, der mich nach
Colombo bringen sollte. Wir passierten spätnachts die Straße von Gibraltar, und ich stand an Deck und betrachtete die
aufblitzenden Strahlen des Leuchtturms von Kap Spartel,

der nordwestlichen Spitze Afrikas. Als wir weiter ostwärts fuhren, konnte ich die Lichter verschiedener Häuser auf dem Alten Berg erkennen. Dann näherten wir uns Tanger, und ein dünner Nebel legte sich über das Wasser, und nur das Schimmern der Lichter der Stadt war zu erkennen, wie es vom Himmel gespiegelt wurde. In diesem Augenblick fühlte ich ein blindes und mächtiges Verlangen, in Tanger zu sein. Bis dahin hatte ich nicht im entferntesten daran gedacht, ein Buch über die Stadt unter internationaler Verwaltung zu schreiben. Jetzt ging ich unter Deck, setzte mich in meine spartanische Koje und begann eine Szene, die auf den Klippen spielte, unter denen wir gerade vorbeigefahren waren. Das war nicht der Anfang des Buches, aber es diente mir als geographischer Anhaltspunkt, von dem aus ich fähig war, mich zeitlich vorwärts- und zurückzuarbeiten. […]

1950 war ich zurück in Tanger; es war ein denkwürdig stürmischer Winter, und ich wohnte in einer neueröffneten Pension. Sie war zugleich neu (sprich: schlecht) erbaut, so daß der Regen die Wände in meinem Zimmer herunter-, hinüber zur Tür und hinaus in den Korridor rann und von dort die Treppen hinab in die Rezeption im Erdgeschoß floß. Da es bedeutet hätte, im kalten Wasser herumstapfen zu müssen, wenn ich im Zimmer auf und ab gegangen wäre, blieb ich die meiste Zeit über im Bett und schrieb das Kapitel ›Frisches Fleisch und Rosen‹ fertig. Dann reiste ich acht Monate lang durch Marokko, Algerien und Spanien und arbeitete während dieser Zeit an dem dritten Teil ›Das Zeitalter der Ungeheuer‹.

Im Herbst 1951 kehrte ich nach Tanger zurück und begab mich hinauf nach Xauen, um den Schluß des Buches zu schreiben. Hier, in der vollkommenen Stille der Bergnächte, vollendete ich, was ich gehofft hatte, schaffen zu können, als ich an diesem Punkt des Buches angelangt war. Ich ließ mich ganz treiben und das Kapitel ›Auch eine Art der Stille‹ sich völlig von selbst entwickeln, ohne es mit dem Bewußtsein irgendwohin lenken zu wollen. Das Ganze entwickelte sich soweit wie möglich, dann hörte es auf, und das war das Ende des Buches.

Der Held ist ein Nichts, ein ›Opfer‹, wie er sich selbst beschreibt, dessen Persönlichkeit (die sich nur über die jeweilige Situation, in der er sich befindet, definiert) Sympathien nur in dem Maße erweckt, in dem er selbst Opfer wird. Er ist der einzige Charakter, der total erfunden ist; bei allen anderen Personen des Buches sind mir damalige Bewohner Tangers Modell gewesen.«[28]

Das ist ein so legitimes Mittel wie althergebrachtes Verfahren, dessen sich Tolstoi wie Flaubert, Thomas Mann wie Proust bedienten; die Literaturwissenschaft nimmt sich heute einen geradezu detektivischen Ehrgeiz, um zu entschlüsseln, wer nun die Urbilder für Anna Karenina oder Madame Bovary, den Senator Buddenbrook oder Monsieur Charlus waren, und die Nachwelt ist voll von empörten Petersburger Adligen wie beleidigten Lübecker Tanten, die sich porträtiert und karikiert fanden. Vielleicht ist es eine Frage der Entfernung, der Grenzüberschreitung. Der amerikanische Essayist Jack Collings hat die für Paul Bowles rundum positiv beantwortet:

»Die traumgleiche Beschaffenheit seiner Schauplätze und die Vorstöße verwirrter Reisender an die Grenzen des Bewußtseins und des Menschlichen, aber auch der Zweifel an der Realität von Ursache und Wirkung scheinen auf surrealistischen Einfluß hinzudeuten. Bowles teilt Huxleys oder Burroughs' Interesse für psychoaktive Drogen und beschreibt Zustände erweiterten Bewußtseins mit der Klarheit eines Castaneda. Für Alice B. Toklas hingegen ist er ein Autor nüchterner, perfekt inszenierter Krimis. Andererseits erinnern seine Texte an einen anderen berühmten Auswanderer und Reisenden, Somerset Maugham, der seine nicht-westlichen Erfahrungen zu Thrillern verarbeitete, die Spannung und Abenteuer mit der eindringlichen Beobachtung menschlicher Psyche und menschlichen Verhaltens in Extremsituationen vereinen. Für sich genommen erfasst keine dieser Kategorien Bowles' philosophische und ästhetische Leistung. Jede dieser Klassifikationen und Vergleiche macht zwar bestimmte Aspekte sichtbar, aber keine vermag bis zum Kern seines Werkes vorzudringen, das sowohl Ausdruck der außerordentlichen Veränderung ist, der die Welt seit dem letzten Weltkrieg unterworfen wurde, als auch eine Antwort darauf. Ebenso wie Conrad und Melville war auch Bowles Zeuge der Expansion des westlichen politisch-ökonomischen Systems in nicht-westliche Gesellschaften. Die Bedeutung seines Werkes ist gleichzusetzen mit ›Herz der Finsternis‹ und ›Moby Dick‹, denn wie diese steht es unbestreitbar außerhalb der üblichen Kategorien, mit denen wir die moderne und zeitgenössische Literatur einzugrenzen versuchen.«[29]

Man kann das auch abwägender beurteilen. Es ist wohl die ewige – unentschiedene – Streitfrage, ob Photographie auch Kunst sei.

In jedem Fall ist sie näher an der Realität. Jenen hauchdünnen Millimeter zwischen Apfel und Tisch, den Liebermann einmal als Wesen der Malerei definierte – sonst bliebe es eben ein Stück Obst auf einem Stück Holz und würde kein Bild: den kann das Photo nicht erfassen. In diesem Sinne bleibt manches von Paul Bowles ein gleichsam geschriebenes Photo, eine O-Ton-Literatur, deren Minarett-Singsang vom Band läuft und uns wie dieser Dialog aus *Haus der Spinne* zu leicht spöttischen Mundwinkeln ermuntert:

>>›Warum reden Sie soviel mit der Frau?‹ fragte er mit einem halb scheuen, halb neugierigen Ausdruck in der Stimme. ›Worte sind für Menschen gedacht, nicht für Frauen.‹ Der Mann lachte. ›Sind Frauen keine Menschen?‹ ›Menschen sind Menschen‹, sagte Amar hartnäckig. ›Frauen sind Frauen. Das ist nicht dasselbe.‹

Der Mann sah sehr überrascht aus und lachte lauter. Dann wurde sein Gesicht ernst; er beugte sich im Stuhl vor. ›Wenn Frauen keine Menschen sind‹, sagte er langsam, ›wie können sie dann ins Paradies kommen?‹

Amar sah ihn neugierig an, der Mann konnte doch kaum so unwissend sein. Aber er konnte keinen Spott in seinem Gesicht entdecken. ›El *hassil*‹, begann er, ›sie haben ihren eigenen Platz im Himmel. Sie kommen nicht da hinein, wo die Männer sind.‹‹‹[30]

Das hat der Beobachter aufgeschrieben. Paul Bowles wußte, daß er das zuzeiten war. Er war aber *auch* mehr, kein Reisezeitschriftenfeuilletonist, sondern ein sehr genau bauender Künstler, der eigene Erfahrung kältete; dann hat er nicht *auf*geschrieben, sondern *geschrieben*. Den hat er in einer Anekdote gefaßt, mit der er seine Lebenserinnerungen beschloß:

»»Auf Wiedersehen‹, sagte der Sterbende zum Spiegel, ›wir werden uns nicht mehr wiedersehen.‹ Als ich dieses Epigramm von Valéry in meinem Roman ›Himmel über der Wüste‹ zitierte, schien es ein giftiges Stück Phantasie. Jetzt, da ich mich nicht mehr länger als sein Beobachter, sondern als Protagonisten ansehe, trifft es mich als Widerspruch. Zur Vervollständigung müßte der Sterbende seinem kleinen Abschiedsgruß drei Worte hinzufügen; und die wären: ›Gott sei Dank.‹«[31]

Quellen

1 Paul Bowles: Without Stopping. An Autobiography. G. P. Putnam's Sons, New York, 1972, S. 72 f. (Übersetzung: Fritz J. Raddatz; zum Zeitpunkt der Arbeit an diesem Essay war die Autobiographie noch nicht in Deutsch erschienen.)

2 ebd., S. 107

3 ebd., S. 107 f.

4 ebd., S. 123

5 ebd., S. 128 f.

6 ebd., S. 260 f.

7 ebd., S. 196

8 ebd., S. 274 f.

9 zitiert nach Paul Bowles: Himmel über der Wüste. Rowohlt Verlag, Reinbek b. Hamburg, 1986

10 Paul Bowles, Himmel über der Wüste. Deutsch von Maria Wolff. © Wilhelm Goldmann Verlag, München, in der Verlagsgruppe Random House GmbH, 1994, S. 5

11 Bowles, Without Stopping, S. 318 f.

12 Bowles, Himmel über der Wüste, S. 53 f.

13 ebd., S. 105

14 Paul Bowles: Das Haus der Spinne. Aus dem Amerikanischen von F. R. Wendhonsen. © Wilhelm Goldmann Verlag, München, in der Verlagsgruppe Random House GmbH, 1988, S. 155

15 ebda., S. 205

16 ebda., S. 11

17 ebda., S. 151 f.

18 Bowles, Himmel über der Wüste (Goldmann), S. 140

19 Paul Bowles: Die leichte Beute, in: Bowles: Gesammelte Erzählungen I. Deutsch von Pociao. © Wilhelm Goldmann, in der Verlagsgruppe Random House GmbH, München, 2000, S. 256 f.

20 Bowles, Himmel über der Wüste, S. 264

21 Bowles, Das Haus der Spinne, S. 305

22 zitiert nach Paul Bowles: Allal, Stories aus Marokko. Aus dem Amerikanischen übers. und hrsg. von Pociao. Expanded Media editions, Bonn; Maro Verlag, Augsburg, 1983, S. 192

23 Paul Bowles: Der Gesang der Insekten. Aus dem Amerikanischen von Pociao. © Wilhelm Goldmann Verlag, München, in der Verlagsgruppe Random House GmbH,1988, S. 81

24 Bowles, Das Haus der Spinne, S. 21

25 zitiert nach Bowles, Allal, S. 194

26 Paul Bowles: So mag er fallen. Aus dem Amerikanischen von Maria Wolff. © Wilhelm Goldmann Verlag, München, in der Verlagsgruppe Random House GmbH, 1988, S. 10 f.

27 Frankfurter Rundschau, 9.1.1989

28 Bowles, So mag er fallen, S. 347—350
29 Jack Collins: Annäherung an Paul Bowles, in: Schreibheft 27 (April 1986)
30 Bowles, Das Haus der Spinne, S. 302 f.
31 Bowles, Without Stopping, S. 370

»Ein Dichter war ich wohl —
doch schon früh verderbt schrieb
ich nur das Genehme«

JOHANNES R. BECHER

Als im April 1910 der neunzehnjährige Gymnasiast sich gemeinsam mit seiner Geliebten Fanny Fuß das Leben nehmen
wollte, hatte er Glück: Der erste Schuß tötete zwar die zehn
Jahre ältere Zigarrenhändlerin, der Sohn des Münchner
Staatsanwaltes jedoch überlebte schwer verletzt, wurde auf
Beschluß des Landgerichts München außer Verfolgung gesetzt; sein Onkel, der Hofrat Dr. Oskar Schroeder, hatte ihn
operiert, und nach drei Monaten Krankenhausaufenthalt war
er frei — wenngleich nicht frei von der Unbill der Welt, wie es
sich in den pathetischen Abschiedszeilen las:

»Alles ist vorbereitet! 24 Stunden und ich bin erlöst in die
ewige Seligkeit! / Tod, / Wandelgang zum ewigen Leben!«[1]

Frei wohl eher von den Drangsalierungen des Elternhauses, in
dem der Vater die »schwärmerische Neigung zum Dichten«,
die den Sohn seit 1908 erfaßt habe, in einer Petition wie eine
schlimme Krankheit darstellte. Nicht nur in dem späteren Roman *Abschied*, sondern auch in Gesprächen mit Harry Graf
Keßler, in denen von Striemen über dem ganzen Körper die

Rede war, wurde der bürgerliche Hausterror festgehalten, und in dem Text *Wie anders* heißt es:

»Der Vater behandelte mich immer als den Angeklagten – von Kindheit auf war ich angeklagt und hatte den Vater als Richter vor mir, der mich ununterbrochen schuldig sprach und ein Urteil nach dem anderen fällte.«[2]

Beide – Elternhaus wie Schule – versuchte der Jüngling, dem die Schulzeugnisse ungenügende Leistungen im Deutschen und kindisches Wesen ohne rechten Ernst bescheinigten, zu fliehen; er baute sich ganz früh schon eine Gegenwelt, rettete sich an ein Kunst-Ufer, das er mit den heftigen Bewegungen eines Ertrinkenden zu erreichen suchte. Der später hochberühmte Romancier Leonhard Frank erinnert sich:

»Er war siebzehn, als ich ihn kennenlernte. / Kurz zuvor war er, infolge der allzu strengen Zucht seines Vaters, von zu Hause durchgebrannt und wohnte in München in einem Zimmer, in dem nur ein Stuhl, ein Tisch und darauf eine gepumpte Schreibmaschine standen. / Auf was er schlief, blieb ungeklärt. / Sooft ich ihn damals besuchte, hämmerte er, glühenden Gesichts, ein Gedicht in die alte Schreibmaschine. Viele Wochen lang immer wieder dasselbe Gedicht, bis er endlich mit der Fassung zufrieden war. Er war von Jugend an ein gewissenhafter Schwerarbeiter.«[3]

Doch wie der Doppelselbstmord Reprise eines anderen Dramas war – noch das Notizbuchblatt auf dem Hotelzimmertisch »Wir beide haben beschlossen, gemeinsam aus dem Leben zu scheiden« erinnert wohl nicht unabsichtlich an

Kleist –, so ist auch die literarische Gebärde vorerst ausgelie-
hen – die Verse, die er zu dessen kühler Verärgerung 1909 an
Richard Dehmel schickte, sind reiner Liliencron; er habe sich
geschworen,

>auch einer der Großen zu werden und neu zu streben, um
mein Ziel zu erreichen. [...] Musik! Klänge, wie sie in Ei-
chen peitschen, wie sie in Donnern tollen, wie sie schmet-
tern in Fanfaren! [...] Ich liebe dich, Leben! Ziele! Ziele!
Klarheit! Wie Gestammel beben alle Worte von meinen Lippen. Erlösung! Erlösung. [...] Bin ja weiter nichts! [...]
Aber ich will und muß!«[4]

Als im August 1954 der 63jähriger Kulturminister der DDR,
Präsident der Akademie der Künste, National- und Leninpreis-
träger sein Testament macht, hatte er Pech: Schon eine frühere Fassung bat: »Es wird um keine Grabrede gebeten. 3 Minuten Schweigen. Es wird zuletzt gebeten, zu berücksichtigen,
daß ich zunächst und vor allem ein deutscher Dichter war,
wovon alles übrige abzuleiten ist.« In den späteren Fassungen
wird geradezu herrisch angeordnet, daß in Pressemitteilun-
gen die Formulierung »großer Dichter unerwünscht« sei:

»Man möge die Öffentlichkeit nicht mit Gedenkfeiern
langweilen. Ich verbitte mir jeden Nachruf, jede Rede vor
allem an meinem Grab. Schweigen, nichts als Schweigen ...
[...] Unter keinen Umständen wünsche ich nach meinem Tode mit Straßen-Benennungen, Platz-Inschriften und
allem, was damit zusammenhängt, ›geehrt‹ zu werden –
man lasse mich endlich mit diesen ›Schaftelhubereien‹ in
Ruhe ...«[5]

Da hatte der Vielfachfunktionär allerdings offensichtlich vergessen, mit welcher Wonne er Ehrungen, Straßen-, Schul- und Platzbenennungen zu Lebzeiten entgegengenommen. Dennoch, mit fast ängstlicher Energie, beschwört er im letzten Testament vom Januar 1957 die Freunde, die dafür sorgen mögen, »daß ich endlich Ruhe habe«:

> »Mißbraucht meinen Namen nicht für Gaststätten, Straßen, Plätze, Klubhäuser oder Schulen – und keinerlei Gedenkstätte – ich habe mit solch einer Art Propagierung von Poesie nichts zu tun.«[6]

Selbst die Grabstelle auf dem Dorotheenfriedhof – wo er heute neben Brecht, Eisler, Anna Seghers, Arnold Zweig und Heinrich Mann liegt – hatte er ausgesucht nebst Grabstein und Inschrift:

> »Vollendung träumend hab ich
> mich vollendet,
> Wenn auch mein Werk nicht
> als vollendet endet.
> Denn das war meines Werkes
> heilige Sendung:
> Dienst an der Menschheit
> künftiger Vollendung.«[7]

Es kam alles so unredlich anders, wie er so manches selber sich im Leben zusammengereimt hatte; und wie er, ein Mutloser, aber kein Feigling, es so kulissenhaft-zeremoniös dennoch nicht verdient hatte. Zwar ist die Anekdote bekannt, derzufolge der feindselige Freund Bertolt Brecht einst zu ihm sagte: »Becher, bei deiner Beerdigung werden die Leute Schlange stehen – um Steine auf deinen Sarg zu werfen.« Doch der gipserne Pomp übertraf alles, was er ahnungsvoll sich verbeten hatte. Eine militäreskortierte Lafette zog den Sarg durch strömenden Regen an den wie üblich kommandierten Volksmassen vorüber, vier Mann voraus seine Orden vorführend und auf schwarzem Samt seine Bücher an der Spitze des Zuges.

Der Mann, dem er eine lange hinausgezögerte, von Frau Lotte streng mit den Worten »So sehe ich Walter nicht« abqualifizierte und dann zu seiner Qual doch noch publizierte Hagiographie geschrieben hatte, Walter Ulbricht, sprach unter dem riesigen Foto des Toten in der Deutschen Staatsoper vom »größten deutschen Dichter der neuesten Zeit«; auch er offenbar ohne Gedächtnis daran, daß er noch kurz zuvor Geheimakten zum »Fall B.« seiner Staatssicherheits-Satrapen entgegengenommen hatte.

Johannes R. Becher, entlaufener Bürgersohn mit der Sehnsucht nach einer Offizierslaufbahn, als Jüngling glühender Katholik und als junger Mann einer der ersten kataraktischen Künder der jungen Sowjetunion, Sportschwimmer, Motorradfahrer und weinerlich um Hilfe bettelnder Morphinist, Autor hymnischer Stalingedichte wie bitterster Einsichten in den Zermalmungsapparat des so unheimlich real gewordenen Sozialismus, Sitzungen schwänzender ZK-Funktionär wie auf Befehl des ZK heiratender heimlicher Homosexueller, der sich noch als Minister mit Chauffeur die Strichjungen vom Westberliner Savigny-Platz holte, dieser grandiose expressionistische Lyriker und peinliche Odendichter ist ein Exempel unseres Jahrhunderts: himmelstürmend und kläglich wie dieses, auf Schädeln tanzend und – ihn verfluchend – Gott suchend, aus dem Klirren der Ketten eine Musik hervorzaubernd, die mit ihren hämmernden Rhythmen die Sklavenketten der alten neuen Welt zerbrechen wollte – kriecherische Hoffahrt und hochmütiger Kotau.

Die vielfacettierte Physiognomie dieses Dichters läßt sich nur mit Spiegelwänden reflektieren. Eine davon hat sein Sohn zurechtgeschliffen, nach einem gescheiterten Besuch bei dem unväterlichen Vater im Jahre 1951:

»Du mußtest mir sagen: Ich kann dich nicht empfangen in meinem Haus. Ich mußte bis zum nächsten Tage warten, um Dich in Deinem Bureau zu sehen – wie ein Arbeitskollege oder Businessman. Es ist mir nie gelungen, Dich in Deinem Haus hinter Stacheldraht zu besuchen. Niemals werde ich Antwort geben können auf die Frage so vieler Freunde: Warum lebt Dein Vater hinter Stacheldraht? ... War es möglich, daß Du den Verhältnissen um Dich so blind gegenüberstandest? – Denn als ich daranging, den ersten Schritt zu Deinen Plänen zu verwirklichen, da fühlte ich bereits, daß Unmögliches von mir verlangt werde. Ich mußte Erlaubnis haben von der Partei, vom Innenministerium, in der Deutschen Demokratischen Republik bleiben zu dürfen. Du warst überzeugt von Deiner Macht – schließlich bist Du ja eine Persönlichkeit – und so ging ich zur Partei mit der Bitte, mir den Aufenthalt zu gewähren, den Aufenthalt in meiner Heimat bei meinem Vater ... Wer ist dieser Anton Joos, zu dem man mich geschickt hat? Da saß er hinter seinem Schreibtisch – ein kleiner grauhaariger Mann, mit harten kalten Augen im Gesicht, das in den langen Stunden meiner Vernehmung niemals ein Lächeln hervorbrachte. Warum alle diese Fragen? Warum die Stenotypistin hinter mir? ... Dieser kleine Mann, dieser Wicht im Vergleich zu Dir, schrieb Dir vor, – Dir, einem Führer des neuen Deutschlands –, wie Du Deinen Sohn zu behandeln hast. Und Du folgtest ohne Widerspruch. Vielleicht hattest Du Dich etwas geschämt, denn Du hast solang wie möglich gezögert, mir die Entscheidung bekanntzugeben. Ist Dir in dieser Situation die Realität der Verhältnisse, unter denen Du lebst, nicht zum Bewußtsein gekommen? Erkennst Du nicht, daß Deine Macht nur eine Illusion ist? – Daß das Deutschland, von dessen Aufbau Du jahrelang geträumt hast, in den Händen von solchen Personen zum Selbstzweck mißbraucht wird?«[8]

Ein ganz anderes Konterfei liefert Hans Mayer in seinen Memoiren, immerhin für die DDR-Jahre ein Zeitgenosse Bechers, kein Unkritischer und ganz gewiß kein Claqueur, aber doch ein genauer Beobachter der gekrümmten Versuche beim aufrechten Gang:

»Bechers politischer Opportunismus, übrigens auch seine Anpassungswilligkeit in vielen Fragen der privaten Lebensführung war bekannt. Er hatte als Emigrant in der Sowjetunion eine umfassende Lehre absolvieren müssen: stets in Angst, wie er nur zu gut wußte. In Ostberlin jedoch betrieb er eine Befreiung aller Kulturkritik von der sowjetischen Orthodoxie und ihren als sakrosankt anzusehenden Schematismus. Becher war ein Mensch voller Widersprüche: es gab immer noch eine Tiefenschicht des bayerischen Katholizismus unter allem offiziellen Kommunismus; Parteidisziplin und Libertinage schlossen sich für ihn nicht aus; er konnte Aktionen und Reaktionen von erstaunlicher Bosheit betreiben und war gleichzeitig weich, bisweilen sentimental. Allem verbalen Internationalismus zuwider blieb er insgeheim ein deutscher Patriot.«[9]

Am genauesten jedoch, von liebevoller Unbarmherzigkeit und in der Stimmung des großen Vergebens ist das Selbstporträt des Johannes R. Becher – das er, bereits dieses Detail ist Teil der Zeichnung, zu Lebzeiten nicht veröffentlichte und das erst 1996 aus dem Nachlaß publiziert wurde. In diesen späten und bitteren Reflexionen sieht er sich als Gescheiterter.[10]

Doch Anfang des Jahrhunderts, noch vor dem Ersten Weltkrieg, wächst da ein wilder und wirrer junger Dichter heran, dessen Weg eher Zickzack ist. Er ist eine Münchner Bohemegestalt, die mal mit der älteren Freundin Elise Hadwiger herumzieht und mal mit der Chansonette Emmy Hennings, dann wieder sich aus Ekel vor dem weiblichen Körper einen »geschlechtslosen« Zustand erträumt. Harry Graf Keßler notiert 1916:

>»Morphinist sei er durch die Henni(n)gs geworden, die ihm das Morphium zuerst heimlich, gegen sein Wissen, beigebracht habe. Merkwürdiger Typ, diese Henni(n)gs. Prostituierte, Dichterin, nicht ohne Talent, Sadistin. Becher hat Angst vor ihr.«[11]

Das liest sich allerdings im Tagebuch von Becher – der ihr seinen Gedichtband *Verfall und Triumph* widmet, anders:

>»Mein erstes poetisches Wagnis, mein leidenschaftliches Abenteuer, das mich mitten hinein in die Literatur wirbelte und mich mit Leonhard Frank, van Hoddis, Hardekopf zu-

sammenbrachte. [...] Ich verdanke ihr viel, viel bei meinen ersten Versuchen.«[12]

Damit sind auch die ersten Noten der literarischen Partitur gesetzt. Bechers schriller Ton »Wir horchen auf wilder Trompetdonner Stöße / Und wünschen herbei einen großen Weltkrieg« war ein weiteres Mal Anleihe; allerdings hat er zeitlebens nicht verborgen, wie stark ihn das Weltgefühl von Auflösung, Zusammenbruch und Ende aller Werte beeinflußt hat, das Jakob van Hoddis in seinem berühmten Gedicht *Weltende* formuliert hatte:

»Dem Bürger fliegt vom spitzen Kopf der Hut,
In allen Lüften hallt es wie Geschrei.
Dachdecker stürzen ab und gehn entzwei,
Und an den Küsten – liest man – steigt die Flut.

Der Sturm ist da, die wilden Meere hupfen
An Land, um dicke Dämme zu zerdrücken.
Die meisten Menschen haben einen Schnupfen.
Die Eisenbahnen fallen von den Brücken.«[13]

Jedoch ist Bechers Widersprüchlichkeit, seine besondere Form des Un-Balancierten, schon früh deutlich; die herostratische Brandfackel, mit der er den Globus in Flammen setzen will, wird allzuoft gelöscht mit tränengenetzten Tüchern:

»O: wie ich mich manchmal nach Anständigkeit sehne!
Blutig beinah. Und einem Menschen nach, der einem den
Kopf hält, und die Haare ein wenig streichelt. Und ›Du‹
sagt, tief und voll, und immer aus dem Hintergrund kom-

mend [...] Liebster du: ich weiß von Gedichten, die [...] Frieden bringen können. Noch kann ich sie nicht singen, aber sie schreien in meinem Blut [...].«[14]

Vorerst ist Becher ein mittelloser Dichter. Mal wird eine Zeitschrift gegründet, die die drei ersten Hefte trotz ihrer Autoren Benn, Lasker-Schüler, Hugo Ball oder Walter Hasenclever nicht überlebt, mal eine andere mit dem kühnen Titel *Revolution*, die wiederum ihren Autoren Klabund, Mühsam, Robert Musil nur für fünf Ausgaben Obdach geben kann. Mal liegt er »wegen fortschreitendem Morphinismus« in einer Klinik, die er nicht bezahlen kann, mal fällt er vor Hunger in Ohnmacht und ergibt er sich dem dekorativen Mysterium des Katholizismus, »die Basilika in ihrem kerzendurchflimmerten Halbdunkel das anzubetende Geheimnis«.

Becher ist hingerissen vom Gedanken der Beichte und der Erlösung:

»Ich meine, die Poesie ist eine Beichte sowohl für den, der sie hervorbringt, als auch für den, der imstande ist, sie aufzunehmen. Sie ›löst uns die Zunge‹ und macht uns in unserer Verborgenheit beredt.«[15]

Wir werden uns dessen zu erinnern haben, nachdem Becher in das irdische Kloster des Kommunismus eingetreten ist, dessen dialektische Spielregel nicht Beichte und Absolution heißt, sondern Kritik und Selbstkritik. Vorerst verleiht er sich selber die zürnende Stimme des großen Weltverwerfers, der einen höchst unspezifischen Tag der Rache und der Gnade verkündet:

»Einst kommen wird der Tag! ... Es rufet ihn der Dichter, /
Daß er aus Ursprungs Schächten schneller her euch reise! /
Des Feuers Geist ward der Geschlechter Totenrichter. / Es
zerren ihn herauf der Bettler Orgeln heiser.«[16]

Bechers *De Profundis Domine* will Fanal sein für den Untergang
einer in gehaßten Bürgerregeln erstarrten Welt, deren kokette
Perfidie er gleichsam in den stoßenden Rhythmus seiner
Dichtung übernimmt; es ist die Therapie, das Fieber zu stei-
gern, um es zu besiegen. So hitzig schlägt seine Sprache zu:

»O du mein Schrei: auch Schrei der Zeit! / Steht auf! Steht
auf! Schlagt nieder! Stoßt zu! Brecht auf! ...«[17]

Es ist dieser Zug gewaltbereiter Infamie, der später zu des
marxistischen Literaturtheoretikers Georg Lukàcs' Donner-
wort vom Expressionismus als Wegbereiter des Faschismus
führte. Tatsächlich waren ja die keifenden Verfluchungen der
George Grosz und John Heartfield, die Oskar Kokoschka zum
»Kunstlumpen« erklärt hatten, weil der gegen die Zerstörung
eines Rubens-Bildes durch Kanonenbeschuß protestiert hatte, einigermaßen fragwürdig. Und tatsächlich gingen die Fa-
nale der italienischen Futuristen recht nahtlos über in die
Fanfarenmusik des Faschismus. Nicht weniger fragwürdig ist
die Denkfigur von Bechers Anfangsgedicht des Bandes *An
Europa*:

»Der Dichter meidet strahlende Akkorde.
Er stößt durch Tuben, peitscht die Trommel schrill.
Er reißt das Volk auf mit gehackten Sätzen.«[18]

Der Blutweg zum Paradies. Das ist vorerst lechzend-jugendliche Ungebärdigkeit. Eines Tages wird es zur Akzeptanz blutigen Unrechts, ohne das nun einmal die Errichtung des irdischen Paradieses nicht möglich sei. Im Volksmund heißt das »Wo gehobelt wird, da fallen Späne«. Und in der Geschichtsschreibung wird dann deutlich werden, daß die Hobelbank eines gigantischen politisch-sozialen Experiments »Späne« in Form von Menschenköpfen zu Millionen hat »fallen« machen.

1913, in 500 Exemplaren auf Büttenpapier in Halbpergament, publizierte Becher diese ästhetisierte Barbarei:

»Gegen den Tod! Gegen den Tod! Brüder! Höllen und Dämone! Mein sprühendes Manifest. Kanonendonner, Lichtgarben! Ich führe euch. Vorwärts. Marsch! Marsch! [...] Ich wittere Morgenluft. Sonnenluft. Auf! Granaten zerplatzt! Kartätschen, Fanfarenhymnen steigt! Infernalisches Geschmetter! Vorwärts, wir kommen. [...] Aus unseren Schildern, auf unseren Helmspitzen leuchtet auf, steil und flammend, der Triumph der neuen Zeit. Das silberne, zart aufjauchzende Lied glitzernder Bajonette umschmiegt sie. Glänzende Riesenstädte schlagen erstaunt Mädchenaugen auf aus grauen, nebelverschleierten Ebenen. Blühende Himmel. Voll Türmen und Zinnen. Und Gold! Und Gold! ...«[19]

Bechers parasitärer Trotz ist weitgehend inszeniert; die Lebensverletzung ist nicht gespielt – aber die Attitüde, mit deren Hilfe er ihrer Herr zu werden versucht, ist Dekor. Zwischen dieser Antinomie aus Leid und Fassade wird sich sein Werk von nun an stets bewegen. Erwin Piscator erinnert sich an den bleich und hager Abgekapselten, gestützt auf einen Ebenholzstock mit Elfenbeinkopf, der zur selben Zeit dem Vorbild Alfred Wolfenstein einen männerbündischen Blutschwur anbietet:

>Liebster! [...]: Wir Beiden, o wir können Tausende in Brand setzen. [...] Keiner Frau verbunden, werde ich mich badend mein Gesicht in das Deine tauchen: Bruder. [...] Ja – : Ich ahne Dunkeles. Blut.«[20]

Johannes R. Becher macht aus dem Schritt vom Erhabenen zum Lächerlichen einen Pas de deux. Die Mischung aus vokabulärer Härte, mit der er »eine Verbrüderung der hart Eingeschienten. Der Zugeschnittenen. Der zackicht Geschnitzten. Der Blanken. Der Männlichen« postuliert, und aus gewisser Jämmerlichkeit, mit der Becher aus immer wieder wechselnden Entzugskliniken Bittbriefe schreibt, hat sehr rasch Harry Graf Keßler erkannt, der gleichwohl für kurze Zeit sein Mäzen wurde. Der sah einen Menschen ohne innere Balance, der vor allem eine große Rolle spielen möchte, der Genie und Unschuld habe wie ein großes wirkunssüchtiges Kind. Der adlige Kunstkenner, dessen Vermögen ihm das Fördern so vieler Talente – von van der Velde bis Maillol – erlaubte, mag das Urteil eines Arztes über Becher von der »Verdrängung seiner Brutalität durch Weichheit. Ein ausgesprochen weicher und brutaler Mensch, auf diesen beiden Hörnern besteht seine Persönlichkeit« nicht gekannt haben. Aber wie seine Tagebücher ausweisen, war er ein höchst genauer Beobachter, und so war der Eindruck von seinem gelegentlichen Hausgast gewiß nicht falsch:

>Er hat sich schlecht benommen, mit der Dienerschaft sich encanailliert, sie über mich ausgefragt, widerwärtige

Schmutzereien in seinem Zimmer gemacht usw. Ich stellte ihn freundschaftlich zur Rede. Er läugnete natürlich alles. Leider blieb das Meiste aber doch unzweifelhaft wahr. Nur hat er eine Art von Unzurechnungsfähigkeit in der Gemeinheit, daß er trotzdem den Eindruck eines unschuldigen Kindes macht. Er ist halb Schmutzfink, halb Genie oder Engel. Schade daß diese schöne Flamme in einem Gefäß aus Dreck brennt.«[21]

Becher ist rasch ein vielbeachteter Lyriker, er publiziert im renommierten Kurt Wolff Verlag, dann – Katharina Kippenberg war eine geradezu mütterlich-besorgte Freundin – bei der Insel:

»Aber Sie müssen weiter, noch viel, viel weiter, Menschenskind, wenn Sie nicht gesund werden! Es wäre Sünde, Spott gegen Gott, Frevel und Verfluchung.«[22]

Doch Frevel und Sünde kann er nicht meiden. In den Jahren zwischen 1912 und 1917/18 lassen sich Krankenhausaufenthalte, Entziehungskuren und, natürlich, die Besserungsschwüre kaum zählen. Im Oktober 1917 ist von 30 Spritzen täglich die Rede, er mischt Morphium mit Kokain, fälscht Rezepte, gibt sich fälschlich als Doktor der Philosophie aus, im Januar 1918 greift den völlig Verwahrlosten die Polizei auf, ausgebrochen aus einer geschlossenen Anstalt, muß er in die nächste Klinik, wo er sich bei der Nachricht vom Selbstmord seines Bruders die Pulsadern aufschneidet und eine Überdosis Morphium nimmt. Während der entgeisterte Graf Keßler seinen »Gast aus der Hölle« mit eingefallenem Gesicht sieht, heiserer hoher Stimme, »fürchterlichen Narben an den

Handgelenken und dick gequollenen roten Striemen, wo er sich die Pulsadern aufgeschnitten hat«, kündigt der Insel Verlag an: »Johannes R. Becher, ›Der neue Mensch‹, Schauspiel in 3 Akten.«

Der neue Mensch Johannes R. Becher hatte begonnen, sich zu häuten. Noch einmal Zickzack, noch einmal Entziehungskur in Jena, Immatrikulation zum Medizinstudium, Pläne für eine diplomatische Laufbahn – »Ich trete ins Auswärtige Amt ein. [...] Denn ich will die diplomatische Karriere aufnehmen. Ich habe eine gewisse einnehmend unterhändlerische Art und bin noch immer mit den Menschen fertig geworden, an denen mir lag.«[23]

Doch aus vielfachen Verpuppungen und Anproben schlüpft dann der Becher, als der er in die Kulturgeschichte eingehen wird, der sich verordnet »Mein Weg heißt Diktatur. Mein Ziel: des Geistes/Gewaltige Herrschaft im befreiten Raum«. Als die sowjetische Revolution gelungen war, hatte Lenin sein Triumph-Telegramm *An Alle* in die Welt gejagt. Nun heißt Bechers neuer Gedichtband *An Alle!*:

»Ihr werdet hart sein. Und sehr unerbittlich. –
Und nicht vergessen. Waret euer Recht.
Wälzt um! Befreit! Und dann erst: wahrhaft friedlich
Erhöbe sich ein göttliches Geschlecht.«[24]

Vorher hatte er geheiratet; nicht, ohne seine Braut den Kippenbergs als Nichte des berühmten Kritikers Alfred Kerr vorzustellen. Als die Münchner Räterepublik zerschlagen, Landauer ermordet war, will einerseits Martha Feuchtwanger ihn in München und andererseits Kurt Pinthus ihn in Berlin versteckt haben. Becher saß indes auf Hiddensee und schrieb ein revolutionäres Drama. Oder er schrieb Briefe von sonderbar lyrischer Hysterie.

Fast immer wollte Becher etwas von seinen Opfern, die er kennerisch mit Süßholz betäubte – Verlagsverbindungen, Zeitschriftenabdrucke von Gedichten und Geld, Geld, Geld. Egal, von wem oder wie – Becher schnorrt auf peinliche Weise und schreibt hurtig der ihm gänzlich unbekannten Fürstin Lichnowsky »Ich liebe Dich grenzenlos«, wenn sie ihm nur seine Lügenmärchen von den »grünen Hungernächten« glaubt und Geld schickt; daß der Absender, Hotel »Excelsior« in Godesberg, nicht direkt seiner Domizilangabe »unter den Brücken« entspricht, übersieht er.

Johannes R. Becher hat noch als Funktionär der KPD im vornehmen Villenvorort Berlin-Zehlendorf gewohnt und mit geradezu kindhafter Schamlosigkeit seine Umwelt angebettelt; mal war es Katharina Kippenberg – »Liebe, liebste Mutter und Frau. Unantastbare« –, die ihm nicht nur Geld, sondern auch »ein paar Bücher: am liebsten die ganze bisher erschienene Inselbücherei« schicken soll; mal ist es Harry Graf Keßler; mal sind es diverse kommunistische Organisationen. Er bettelt, droht, verlangt, fleht – jede Tonart, jeder Adressat ist ihm recht. Auf die Idee, einen Beruf auszuüben, kommt Johannes R. Becher nicht. Das Konvolut seiner Briefe enthüllt eine Wetterfahne, keinen Charakter. Mit derselben Treuherzigkeit, mit der er immer wieder beteuert, nun endgültig vom Morphium frei zu sein – um kurz darauf Geld für teure Entziehungskuren einzuklagen –, heißt es in kurzen Abständen: »Ich arbeite hier sehr viel in der KPD« (Juni 1919). – »Über die sogenannte expressionistische Lyrik habe ich mich hinaus entwickelt« (Oktober 1919). – »Sonst sind meine einzige Lektüre die Heiligen Schriften« (Januar 1921). Dazwischen bietet er politischen und künstlerischen Gegnern schon mal Prügel an: »Aber ich würde solche Kreaturen totschlagen und zu Mist stampfen.«

Man weiß nicht, soll man es auf possierliche Weise komisch finden oder doch eher auf abstoßende Weise unerwachsen: Johannes R. Becher glaubt sich jede seiner Kehrtwendungen, die er voller Inbrunst als das stets alleingültige, alleinseligmachende Bekenntnis verinnerlicht; aber auch als Allheilmittel für alle anderen predigt – eben Rilke, nun Majakowski; eben Menschheit, nun Gott, dann Marx. Zweifel sind dem Mann fremd.

Es geht um Wichtigeres, Verblüffendes auch: daß ein Artist von Graden, ein kultivierter Mann von umfassender Bildung so ohne Pein das Element Zweifel aus seinem Leben ausschalten konnte. Klaus Mann, der Sohn des von Becher stets beflissen umworbenen und, wo immer es ging, benutzten Thomas Mann, schreibt ihm 1938 verblüfft, wenn nicht gar neidisch:

»Sie GLAUBEN also: Ihre Hymnen auf die UdSSR, ›Das Reich des Menschen‹, bezeugen es auf eindrucksvolle Art. Sie GLAUBEN: Das Paradies ist erfüllt, die Utopie ist erfüllt, höchstens Einzelheiten wären noch zu verbessern. Wie glücklich müssen Sie sein! Denn schon die QUALITÄT Ihrer Verse, die Innigkeit Ihrer Rhythmen und Beiworte beweisen mir, daß Sie EHRLICH glauben – wie glücklich müssen Sie sein! (Ich bin es nicht …)«[24a]

Glaube, man kennt das von vielen unerbittlich-gütigen Nonnengesichtern und streng-huldvollen Mönchsköpfen, kann auch hart machen der bösen äußeren Welt gegenüber. Während innen, im Monasterium, die Regeln von Beichte, Ablaß und Choral das Leben durch eherne Ritualisierung gleichzeitig erleichtern, darf oder muß man sich kühl erweisen gegenüber den Existenzen ante portas. Die weich bettende Regel schließt Erniedrigung ein.

Man wird Johannes R. Becher nicht einen Marxisten nennen können; denn ernsthafte Beschäftigung mit theoretischen Schriften läßt sich bei ihm nicht nachweisen. Er war ein Kommunist de coeur, ein Emphatiker, der viele Glaubensrichtungen durchprobiert hatte und vielerlei Räusche, um seine pathetische Verdammung der bürgerlichen Welt umzuschmelzen in das Pathos von Hymne und Dienen. Dem Verruchten hatte er 1923 noch Donnerworte engegengeschleudert, die den Bildern von Grosz oder Dix gleichen:

> »uralte Weiber in Schwaden, zahnlose / Kröten zweibeinig, die verhuren ihre stichblättrige / Zunge, vor Betrunkenen knieend, unter den / Torbögen und Aufblühten zwischen / Den Schenkeln süßer Nutten in Bündeln die / Geldscheine«[25]

und manche seiner gelungenen Gedichte – von denen Kurt Pinthus die besten in seine Anthologie *Menschheitsdämmerung* aufnahm – haben den aufrüttelnden Ton der Predigt.

> »Wandelt euch! Wandelt euch! Zerschlagt euere Götzen!
> Brecht Sklaven auf aus dem Stechdorn der Wüste,
> Aus eigener Bestiengrube, aus Sandkreis und Dumpfheit,
> Aus trüber Verlassenheit eigenster Knechtschaft.
> Schmerzt euer Aug denn nicht vom ewigen Sturm der Bründe?
> Immer wühlen noch im Blut die Hände!

Reinigt euch! Wandelt euch! Erhebt euch und schreitet!
Gottes Zug sei vorbereitet: [...]«[26]

Dieser Erweckungston klingt noch hinüber in die neue Kirche; wobei es sich stets zu erinnern gilt, daß die Künstler-
avantgarde Europas die Oktoberrevolution und das junge
Sowjetrussland als das staatliche Einlösen des eigenen arti-
stischen Aufbruchs begrüßte: ob Majakowskis gellende Gedichte oder El Lissitzkijs kühne Architekturentwürfe, ob das
Theater von Meyerhold und Piscator oder der Film von Eisen-
stein — man versuchte, soziale Modernität ästhetisch zu for-
mulieren. Die Explosion der Formen — ob in Diego Riveras
mexikanischen Wandbildern oder in Prokofjews Musik — war
Ausdruck der Utopie, von nun an könne der Mensch die Welt
neu errichten, gleichsam das Gesetz von Freiheit und Gerech-
tigkeit des Urchristentums wiederbeleben. Der Gedanke von
der grenzenlosen Machbarkeit der Welt findet sich in den Intarsien und Fresken des Rockefeller-Buildings in New York
ebensogut wie in Lenins Formel »Sowjetmacht + Elektrifizie-
rung = Kommunismus«. Der Rausch einer Maschinenselig-
keit pulst in Marinettis Anbetung von Aeroplan und Rennauto
so gut wie in Johannes R. Bechers *Hymne an Lenin*:

»[...] Fabrik = Gevierte: fieberkurvige
Landschaft: Dämonen = Klumpen, eisen =
Gequadert, aufquollen, übergeworfen, wie
Ätzend umpanzert, von leuchtgasigen
Rauch = Mänteln; von Röhren = Gefechten
Umstellt; rissige Feuer = Gesichter;
Kraft = Wellen; schmelzende Erz = Fluten.«[27]

Das Wort »inbrünstig« birgt auch den Begriff »brünstig«: Bechers Begehr, Teil von etwas zu sein, Geborgenheit in der Masse und in einer Gemeinschaft zu finden, hat durchaus etwas von der versetzten Erotik dessen, der den Schutz der Mutter sucht. Der junge Dichter war ein gutaussehender Mann und bewährter Charmeur, doch die vielen »Ersatzmütter« waren stets nur Dienerinnen – ob zum Opfertod, als Muse oder Kritikernichte. Becher, der sich in der Erinnerung eines Zeitgenossen so rasch wie oft gemein und brutal von Frauen trennte, suchte Schutz, nicht Nähe. Zahlreiche Frauenbildnisse von Huren, Flintenweibern, Geschlechtskranken kalligraphieren das Bedrohliche, während Erotisches sich fast nur in Briefen an Männer findet oder auch in dem frühen Roman *Erde*, der die Faszination durch inzestuöse und homoerotische Spannungen spiegelt. Noch sehr viel später im Leben vertraut er – 27. Januar 1950 – seinem Tagebuch an:

> »Es gibt keinen Menschen, dessen Nähe mich mir selber so nahe gebracht hatte wie Lilly. Durch sie bin ich zu mir selber gekommen, soweit das irgendwie möglich ist, meine allernächste, meine mir überhaupt zu erreichende Nähe habe ich durch sie, in ihr, erreicht. Sie hat mich aus der Fremde, aus der Selbstentfremdung zu mir heimgeführt – bei ihr ist es heimatlich.«[28]

Verräterische Worte; zeigen sie doch, daß auch seine dritte Frau Instrument war, ein Therapeutikum zur Selbstfindung, Dienerin auf dem Wege zum eigenen Ich. Als er sie an anderer Stelle »verhärmt, alt und doch irgendwie robust, wie bei meinem Begräbnis« zeichnet, macht er sie damit nicht nur zur resoluten Lordsiegelbewahrerin, tüchtige Witwe vor der

Zeit; er fügt noch den Satz hinzu »An meine Mutter gedacht«. Mit nur geringer Übertreibung darf gesagt werden: Die wärmende Synthese aus Mutter und Geliebte war für Johannes R. Becher die Partei. Bald war er deren stolzer Sohn und erfolgreicher Liebhaber. Er war rasch der wohl prominenteste kommunistische Dichter der Weimarer Republik, berühmt auch durch Skandale, Verhaftungen, Hungerstreiks oder das Verbot seines Antikriegsromans *Levisite*, über den allerdings Max Herrmann-Neiße bereits verwundert schrieb:

> »Was mich am offiziellen Partei-Kommunismus am meisten stört, dieser Nationalismus, der genau so fanatisch wie der alte, nur mit neuem Vorzeichen versehen ist, – ich spüre ihn auch in diesem Buch.«[29]

Der Hochverratsprozeß 1926 gegen den Roman, der den Gaskrieg voraussah und anprangerte, war Bechers Cause fameuse, da die deutsche Justiz im Kampf gegen den Krieg offenbar den Aufruf zum Umsturz sah: Gorki intervenierte aus Capri: »Ich rufe alle ehrlichen Menschen auf, zu protestieren gegen das Gerichtsverfahren gegen Johannes R. Becher, der keine Schuld hat, als die, daß er ehrlich und begabt ist.«[30] Ernst Toller und Egon Erwin Kisch intervenierten, Telegramme von Upton Sinclair, John Dos Passos und Henri Barbusse treffen ein, fünfzig Künstler – darunter Alfred Döblin, Erich Mühsam und Erwin Piscator – unterzeichnen eine Protestresolution, und Alfred Kerr empört sich

> »Johannes R. Becher, das bist Du und Du und Du; das sind morgen wir! ... Aber wir müßten, auch ohne selber gefährdet zu sein, einem edel glühenden Bruder beispringen, der

am Werk ist, die sumpfige Stauung zu hindern, oder der, mit hohem menschlichem Recht (wie Friedrich Hebbel sagt) ›an den Schlaf der Welt rührt‹.«[31]

Es ist wie immer Brecht, der es mit dialektischer Lakonie auf die Formel bringt: Die Unbestechlichkeit der Justiz sei zu loben, da sich auf der ganzen Welt kein Richter mehr finden ließe, der selbst mit der größten Geldsumme zum Rechtsprechen verführbar sei.

Becher hatte sich verändert. Er war nun ein berühmter Mann, zugleich in vielen hohen Funktionen und literaturpolitischen Positionen ein Vertreter der machtvollen KPD. Harry Graf Keßler besuchte ihn in einem Schloßhotel bei Potsdam, wo Becher 1927 und 1928 zwei Sommer verbrachte, hochherrschaftlich installiert:

»Er sieht sehr wohl und schon stark bürgerlich aus. Vom früheren Heldenjüngling und Morphinisten ist nichts mehr zu sehen, sondern nur ein recht wohlgenährter, breiter, ja schon etwas fetter junger Mann der mit ruhigen, unbekümmerten Augen durch eine goldene Brille einen anschaut.«[32]

Von jetzt an ist Johannes R. Becher – auch – Kulturpolitiker; nicht zuletzt als Gründer des »Bundes Proletarisch-Revolutionärer Schriftsteller« und als Herausgeber der Zeitschrift *Linkskurve*. Von jetzt an beginnt aber auch das große Rätsel. Man kann den Beginn der geheimnisvollen Bewußtseinsspaltung wohl auf das Jahr 1930 ansetzen. Schon 1926, bei seinem ersten Besuch der Sowjetunion, hatte Becher tiriliert:

»Moskau, das rote Moskau, Sowjetrußland, war für mich das stärkste und glücklichste Erlebnis. Zum ersten Mal konnte ich zu der Umwelt aus vollem Herzen ›Ja‹ sagen.«[33]

Das war für einen zu Hause von Prozessen Verfolgten gar verständlich. 1930 nun arbeitet er an größerem Jubel, einem Poem *Der große Plan*. Zur Vorbereitung nimmt er in Moskau an einem Prozeß teil – über den auch Anna Seghers und Louis Aragon verständnisvoll berichten –, in dem acht Techniker und Ingenieure der Wirtschaftssabotage angeklagt, zu ausführlichen Geständnissen gepreßt und fünf von ihnen zum Tode verurteilt wurden. Bei Becher liest sich das so:

»Wenn man die hier / An die Wand stellt, / Ist es, um / Einen Dreck abzutun, / Eine schmierige Sache.«[34]

Im Oktober 1932 wird das Kampforatorium im großen Boxring der Wilmersdorfer Tennishallen mit dem dreihundertköpfigen Arbeiterchor Groß-Berlin drei Tage lang im ausverkauften Haus aufgeführt; Becher muß damit sein Gelöbnis eingelöst gesehen haben, »Worte zu sprechen, / Die widerhallen in den Massen«. Das Rätsel ist, daß er ein Sporthallenpublikum mit »den Massen« verwechselte. Die Massen indes marschierten und applaudierten anderswo. Vor ihnen floh er auf verschlungenen Wegen über Prag und Paris in die Sowjetunion. Das Geheimnis ist, daß er von Stund an sein Gewissen betäubte. 1935 dichtet er:

»Was wär ich, ohne daß mich die Partei / In ihre Zucht genommen, ihre strenge?! / Ein wilder Spießer, der mit Wutgeschrei / Sich selbst zerfetzt ...«[35]

So wird die Zeit der sowjetischen Emigration die Zeit der Unterwerfung unter diese strenge Zucht. Es gibt zahlreiche Akten, Protokolle und Geheimberichte – auch eine Denunziation Bechers durch Ulbricht – aus dieser Zeit, die sich schauriger, undurchsichtiger und düsterer lesen als jede Seite von Koestlers Roman *Sonnenfinsternis*; so berichtete der ebenfalls nach Moskau emigrierte Georg Lukács, ihm und Becher sei nach dem Hitler-Stalin-Pakt mitgeteilt worden, sie sollten nicht – wie andere kommunistischen Emigranten – der Gestapo ausgeliefert, sondern »intern liquidiert« werden; immerhin wurden siebzig Prozent der 130 deutschen Literaturemigranten in Moskau verhaftet. Lukács wiederum hat später, in einem 1967 geführten Gespräch, Bechers Selbstzerstörung als Angst charakterisiert, als eine ›Lord-Jim-Panik‹, die ihn schon vor 1933 beherrscht habe:

> »Und ich hebe dieses Lord-Jim-Motiv darum hervor, weil es sich bei Becher nicht um einen Kompromiß, um Anpassung, Karrierismus usw. gehandelt hat, sondern um diese von der Phantasie hervorgerufene Panik, die ihn nicht sehen ließ, wie wichtig er schon in den dreißiger Jahren und erst recht in den vierziger Jahren gewesen ist, so daß die Leute es in bestimmten Fällen berücksichtigt hätten, wenn er gesagt hätte, bitte, hier mache ich nicht mit, ich verlange, daß wir das so und so machen … Wo Becher unnütz kapituliert hat, das waren sehr oft Dinge innerhalb der Kulturpolitik, und der Literaturpolitik, wie ich glaube … Ich kann mich wörtlich an ein Gespräch erinnern, wo Becher in der Stalinzeit sagte, es sei fürchterlich, man könne in dieser Zeit überhaupt nichts schreiben, denn alles Aufrichtige wäre verboten, und das Schlechte könne man nicht schreiben …

Nun ist, das ist jetzt wieder dieser Lord-Jim-Zug, Becher in dieser Beziehung einige Schritte weiter gegangen. Ich glaube, daß der größte Teil der Stalin verherrlichenden Gedichte nicht nötig war ... Aber ich glaube, daß er hier einige Schritte mehr getan hat als unbedingt notwendig. Das, was er da geschrieben hat, läßt sich alles nicht einfach aus der Not der Zeit erklären.«[36]

Absurd ist ein zu blasses Wort; man kann sich die Situation nicht gespenstisch genug vorstellen. Eben noch kann Becher als Chefredakteur der Zeitschrift *Internationale Literatur* Heinrich Manns Roman *Henri Quatre* abdrucken und jene schaurig-schönen eigenen Heimatgedichte publizieren, die Thomas Mann so sehr berührten –

»Ich halte es für ein großes Buch – wahrscheinlich ist es das repräsentative Gedichtbuch unserer Zeit und unseres schweren Erlebens und wird einmal als das lyrische Zeugnis dafür angesehen werden.«[37]

– und wenig später Boris Pasternak geradezu zu Jubelpoesie verführten –

»Ich danke dir, du wahrer, großer, einziger Dichter. Dein Buch hab ich bloß geblättert, und doch ist es so dicht von Dichtung darin, daß Zeilen genügten, mir den Ausruf über deine Einzigkeit auszupressen. Ich gratuliere dir herzlich, es ist ein siegreiches Glück, solch ein Reichtum wie dein Buch, solch eine Insel im heutigen Lügenmeere zu besitzen.«[38]

–, da mußte er schon wenig später, 1939, den Satz »Der Hit-
lerfaschismus stellt die größte Gefahr für die gesamte
Menschheit dar« revozieren und die Fortsetzungsabdrucke
von Anna Seghers' Roman *Das siebte Kreuz* und Lion Feuchtwan-
gers *Exil* abbrechen, statt dessen Molotows Reden zum Nicht-
angriffspakt drucken. Ein Gedenkband zu seinem fünfzigsten
Geburtstag im Mai 1941 durfte nicht erscheinen und sein
antifaschistisches Engagement bei einer Feier im Moskauer
Schriftstellerverband nicht erwähnt werden – um die anwe-
senden Vertreter der deutschen Botschaft nicht zu irritieren.
Dafür irritierte Becher nun die deutsche Sprache:

> »An Stalin. Du schützt mit deiner starken Hand den Garten
> der Sowjetunion. Und jedes Unkraut reißt du aus. Du, Mut-
> ter Rußlands größter Sohn, nimm diesen Strauß – nimm
> diesen Strauß mit Akelei zum Zeichen für das Friedensband,
> das fest sich spannt zur Reichskanzlei.«[39]

Noch viele Jahre später, 1957 in einem Brief an das Zentral-
komitee der SED, hat Becher mit geradezu verbissenem Trotz
seine Stalin-Devotionalien verteidigt:

> »Für mich war Genosse Stalin das eigentliche Vorbild, der
> große Erzieher. Ich sah Genossen Lenin mit den Augen des
> Genossen Stalin, und mit den Augen des Genossen Stalin sah
> ich unsere Partei, die Arbeiterbewegung. Ich habe die
> fruchtbarsten Jahre meiner literarischen Arbeit in unmittel-
> barer Nähe des Genossen Stalin verbracht, in Moskau. Keine
> der Dichtungen, die ich auf Genossen Stalin geschrieben
> habe, und deren sind zahlreiche und, wie ich wohl sagen
> darf, auch gute, habe ich aufgrund eines äußeren Auftrags

verfaßt, sondern sie alle sind einem tiefinnersten Erlebnis
entsprungen. [...]

Es wird ganz Deutschland einstmals Stalin danken.
In jeder Stadt steht Stalins Monument.
Dort wird er sein, wo sich die Reben ranken,
Und dort in Kiel erkennt ihn ein Student.
Dort wirst du, Stalin, stehn, in voller Blüte
Der Apfelbäume an dem Bodensee,
Und durch den Schwarzwald wandert seine Güte,
und winkt zu sich heran ein scheues Reh.
Wenn sich vor Freude rot die Wangen färben,
Dankt man dir, Stalin, und sagt nichts als: ›Du!‹
Ein Armer flüstert ›Stalin‹ noch im Sterben
Und Stalins Hand drückt ihm die Augen zu.«[40]

Becher lebt in Moskau in der Not, doch ohne Not. Auf die Bitten seiner zweiten Frau Lotte um Unterstützung ging er nicht
ein; sie war über Prag nach London emigriert, hatte in Brünn
nach fünf Jahren Trennung die Scheidung eingereicht und
lebte als »minderwertiges Wesen, nämlich Dienstbote, der
nur durch die backdoor das Haus betreten darf«, unter kärg-
lichsten Verhältnissen:

»Das Leben hier als Servant ist sehr schwer, und man ist eine Art Sklave, man betritt die Straße bloß einmal in der Woche für wenige freie Stunden und bloß jeden zweiten Sonntag ist man ab 4 Uhr nachmittags frei, immer aber muß
man abends zurück sein, um den Leuten, diesen absoluten
Nichtstuern, ihr Schlafzimmer aufzubetten, ihre unzähligen
Gläser hinzustellen, Schlafröcke, Hausschuhe, Nachttöpfe
usw.«[41]

Becher lebt zu dieser Zeit nach eigenen Angaben behaglich in Moskau, seine Bücher werden in hohen Auflagen gedruckt, und er hat als Chefredakteur der *Internationalen Literatur* ansehnliche Bezüge. Gerade aus diesen Briefen geht auch hervor, daß – wenn auch unter Schwierigkeiten – Devisentransfer sogar nach USA möglich war. Die Bitten seiner Frau blieben vergebens, auch nach dem Krieg, als sie zurückhaltend, aber doch eindringlich auf ihre Notlage hinwies:

> »Ich brauch Dir wohl nicht zu sagen, wie hart ich all die Jahre kämpfen mußte, um John hier zu erhalten. Tagsüber in der Fabrik, abends bis spät in die Nacht Stunden geben etc.«[42]

Von Becher – vor der Währungsreform ein Honorare geradezu scheffelnder Autor und nach der Währungsreform ein hochdotierter Funktionär mit Dienstvilla, Dienstwagen, noch 1956 in Westberlin zugelassenem zweiten Dienstwagen –: nicht eine Mark. Doch schon seinerzeit, 1939, hatte sie rührend um Hilfe für eine Fahrkarte des Sohnes nach USA gebeten, eine Frau, die als Tochter reicher Fabrikanten Betteln nicht gewohnt war und von deren Unterstützung Johannes R. Becher jahrelang gelebt hatte:

> »Bitte überleg alles, scheue keinen Weg und keine Mühe, man muß doch verstehen, daß Du Deinem Sohn helfen mußt, ich kann doch nicht mehr tun, als ich jetzt durch Jahre hindurch für ihn getan habe. Auch nach Dir hat er oft große Sehnsucht, ›warum habe ich keinen Vater, alle Kinder haben einen Papa‹.«[43]

Bechers Doppelsonett *Der Sohn* liest sich wie eine von Vorwürfen geplagte Antwort, was insofern nicht stimmt, als das Gedicht bereits 1935 oder 1936 geschrieben wurde:

»Ich habe Angst, das Spiel zu wiederholen.
Ich flieh vor dir, und du bist doch: mein Sohn.
Ich schlug dich nie. Ich hab dir nichts befohlen.
Es war mir so, als würdest du mir drohn

Mit jenem Tag, an dem du zu mir trittst
Und sagst: ›Ich geh. Ich hab genug gelitten.‹
Was ich erlitt einst, jetzt auch du erlittst.
Es war zu spät, dir dann noch abzubitten …

Ich flieh vor dir und kann dir nicht entfliehen,
Denn kommt der Tag nicht, wird ein andrer sein.
Du wirst mich finden und mich an dich ziehen:
›Nie spieltest du mit mir. Ich war − so klein −‹

Wohl mancher spricht: ›Es wär die Pflicht‹ −
Doch andre Pflicht geht vor indessen.
Der wollte nicht, der konnte nicht.
Ein andrer hat es gar vergessen.

Du kannst, weil so die Zeiten sind,
Mein Kind nicht sein. Mein armes Kind.«[44]

Nur behaglich jedoch − er hatte 1938 in Moskau seine dritte Frau Lilly geheiratet, einige Quellen besagen, auf Befehl der Partei, andere wiederum, sie habe ihn bespitzelt −, nur behaglich also lebte Becher in Moskau nicht. Ein Selbstmordversuch ist aus dem Herbst 1942 überliefert. Spätestens seit dem Fall von Stalingrad mündeten seine Überlebensstrategien in Hoffnung auf neues Leben, in Hoffnung auf Rückkehr. Am 10. Juni 1945 landet Becher mit einer sowjetischen Militärmaschine in Berlin. Er wird umgehend vom Stadtkommandanten Bersarin und anschließend von dem legendären Oberst Tulpanow, Leiter der Verwaltung für Propaganda und Zensur, empfangen. Er zieht in die Dahlemer Villa des geflohenen Generaldirektors der Deutschen Bank. Bereits am 26. Juni versammeln sich dort im Salon der spätere CDU-Bürgermeister von Westberlin Ferdinand Friedensburg, die Kritiker Wolfgang Harich und Herbert Ihering, der Intendant des Deutschen Theaters Gustav von Wangenheim, ein Pastor, ein Anglist, ein Slawist.

Sie gründen den »Kulturbund zur demokratischen Erneuerung Deutschlands«. Johannes R. Becher beantragt am nächsten Tag bei der Militärkommandantur die Zulassung. Am 8. August ist Becher – er bewohnt inzwischen, und bis zu seinem Tode, eine kleine Villa am heutigen Majakowski-Ring in Pankow-Hohenschönhausen, deren Nazi-Mobiliar er gemütlich findet – Präsident, neben ihm fungieren als Vizepräsidenten der Romancier Bernhard Kellermann und der Maler Carl Hofer. Die letzte, vielleicht schwierigste, gewiß ruhmreichste und wohl widersprüchlichste Etappe im Leben des Johannes R. Becher hat begonnen.

Er stürzt sich in Aktivitäten, nun nicht mehr wie ein Ertrinkender, sondern wie ein befreit Schwimmender in die Wellen: Er gründet den Aufbau Verlag und die Zeitschrift *Aufbau*, später mit und für Peter Huchel *Sinn und Form*; er bittet Heinrich Mann (dessen Tod ihn daran hindert) zur Rückkehr aus USA, er korrespondiert mit Erich Kästner und Ernst Wiechert und besucht, gefolgt von einem Lastwagen voll Benzinkanistern, Lebensmitteln und Cognac, den 82jährigen Gerhart Hauptmann in Agnetendorf, der mit einem »Das ist mehr, als ich erwartet habe« dankt und dem ihm gänzlich Unbekannten auf die Bitte, sich dem Neuen nicht zu verschließen, antwortet: »Ich stelle mich zur Verfügung.« Der 83jährigen Ricarda Huch schreibt Becher in verblüffend verbogenem Deutsch: »Auf solchen Menschen wie Du steht die Welt, und nicht auf solchen, wie ich einer bin.«

Becher, der im Westen alsbald zum Terrorpopanz aufgeblasene und bestgehaßte Schriftsteller der DDR – auch dort nicht ungehöhnt – war durchaus ein selbstkritischer Mensch. Wer in ihm nur den kommunistischen Karrieristen sieht, einen nach der Macht gierenden Hohlkopf, der irrt. Bereits das Tagebuch des Jahres 1950 ist durchzogen von Ausbrüchen über »erschreckende Dummheit« der Apparatschiks, notiert »Wut gegen Dummköpfe« und stellt erschrocken fest:

> »Auch die politischen und literarischen Auseinandersetzungen haben das Niveau des Freistilringens angenommen.«[45]

Becher weiß, daß er einen schwierigen Pakt geschlossen hat. Aber, was wichtiger ist, er weiß auch, daß er als Dichter zu versagen beginnt, spricht – während der Arbeit an einer »Parteihymne« – von der »Verdünnung« seiner Poesie. Ob sein Charakter eine Maske geworden war, ist zumindest nach verzweifelten Texten, die erst aus dem Nachlaß bekannt wurden, fraglich. Die Zeit des Kalten Krieges, in der im keineswegs Nazi-freien Westdeutschland der Antikommunismus eine Art Staatsdoktrin war, ließ ihm wohl wenig Chance zum Differenzieren, trieb ihn eher zu Solidaritätsproklamationen, mit denen er innerlich nicht identisch war. Im Jahre 1954 wurde er bei einer Pressekonferenz im Westberliner Restaurant Sachsenhof am Nollendorfplatz gefragt:

>»Der Herr Becher ist, wie ich weiß, seit 1950 Mitglied des Zentralkomitees der SED. Das sind immerhin vier Jahre, und Sie sind damit dafür verantwortlich, was vom Zentralkomitee der SED im Laufe der vier Jahre beschlossen worden ist. Das sind − wie wir uns erinnern können − zum Teil Maßnahmen, die man nicht nur nichtdemokratisch, sondern vielleicht sogar grausam und brutal nennen muß. Ich möchte gerne von Ihnen wissen, inwieweit Sie sich mit diesen Maßnahmen identifizieren.‹ Becher antwortete: ›Ich bin Mitglied des Zentralkomitees der SED; ich bin stolz darauf, daß ich Mitglied des Zentralkomitees der SED bin; ich erkläre mich für voll verantwortlich für alle Maßnahmen des Zentralkomitees der SED und habe sie gebilligt und billige sie.‹«[46]

So ist zu beobachten, daß Becher sich als Paterfamilias der Literatur und Künste sah − auch gebärdete −, sich durchaus rührig und rührend um junge Talente wie Günter Kunert bemühte − aber die eigene Poesie verdorren ließ. Schon 1946 hatte ein junger Schriftsteller, seinerseits aus der Emigration zurückgekehrt und nun unter dem amerikanischen Kontrolloffizier Golo Mann neben Hans Mayer im Radio Frankfurt am Main tätig, fassungslos den Bankrott eines Talents registriert:

»Tragisch ist der Fall des Johannes R. Becher. Sein letzter Gedichtband (›Heimkehr‹, Aufbau Verlag) beweist neuerlich, daß Becher in seiner von sehr ernsten politisch-ästhetischen

Motiven bestimmten Erneuerung, die er seit etwa fünfzehn Jahren unternommen hat, über jedes mit seiner hohen dichterischen Begabung verträgliche Ziel hinausgeschossen ist. Dieser Fall ist sehr kompliziert und erfordert eine gründliche Auseinandersetzung. Es liegt aber unleugbar der Beweis vor, daß die Bemühung um einen neuen Realismus hier die Substanz und die Eigengesetzlichkeit des Lyrischen zerstört hat: Becher ist in neo-klassizistischer Glätte und konventioneller Verseschmiederei gelandet. Er hat eine politisch richtig gestellte Aufgabe mit dichterischen Mitteln falsch gelöst.«[47]

Mit dem Autor dieser Kritik besuchte Becher wenig später das Grab des von beiden sehr verehrten Rilke; sein Name ist Stephan Hermlin. Ein wenig erinnert das an Johannes Bobrowskis Distichon, das sich wie ein Epitaph liest: »Dies ist der größte Dichter, so redet und schreibt man. Ich stimme immer damit überein, er ist der größte, gewiß; nämlich der größte tote Dichter bei Lebzeiten, einer, den niemand hörte und las, – aber er lebte und schrieb.«[48] Nun aber das Verblüffende: Johannes R. Becher trägt unter dem Datum »Montag, 30. Januar 1950« Hermlins Kritik handschriftlich in sein Tagebuch ein, und er fügt hinzu:

»Den Kunstgewerblern, den preziösen Konfektionären, den literarischen Schaufensterdekorateuren insbesondere, war ich schon immer ein Greuel, und umgekehrt, aber dieser ›unleugbare Beweis‹, von keinem aus diesem Gewerbe geliefert, hat mir immerhin zu denken gegeben, und ich habe ihn bis heute nicht verschmerzt. (Denn er enthält irgendwo irgendwie etwas Richtiges.)«[49]

Machttrunkenen Größenwahn wird man das nicht nennen mögen. Während der ›Kulturpapst‹ Becher immer monumentalere Formen annimmt – der Kongresse, Tagungen, Resolutionen und Manifeste ist kein Ende – und er sogar versucht, seinen Kulturbund parteiunabhängig zu dirigieren, verdorrt seine Lyrik, zugleich 1949 gekrönt mit dem Goethepreis (der später Nationalpreis heißen wird) und 100 000 DM. Wilhelm Pieck gab ihm im Oktober 1949 den Auftrag zu einer »Nationalhymne in drei Versen« – womit er vermutlich Strophen meinte –, die Kultur und Volkswohlstand und Völkerfreundschaft und die Einheit Deutschlands besingen möge. Schon Ende Oktober konnte ihm Hanns Eisler bei der Goethe-Feier in Warschau auf Chopins Klavier seine Komposition dazu vorspielen.

Je pompöser Johannes R. Bechers äußere Erscheinung wurde, allmählich feist und behäbig, vom riesigen Ministerbüro über zahlreiche Ehrungen bis zur Datscha in Ahrenshoop mit allen Insignien der Bonzokratie ausgestattet, desto verkrochener, verzagter und gebrochener der Schriftsteller, der sich an einem kleinen Flämmchen Hoffnung wärmte:

»Wenn von mir nur drei Gedichte vom Klang des Abendliedes des alten Matthias Claudius bleiben, so habe ich als Dichter nicht umsonst gelebt.«[50]

Den immer wieder von ihm mit störrischem Kampfesmut begegneten Angriffen aus dem Westen stehen einige wenige Freundschaftsbezeugungen entgegen. Der PEN-Club war gespalten, ein Flugblatt der »Deutschen Freiheitsliga« war überschrieben »Wir stellen vor: Johannes R. Becher. Stalins oberster Kultursatrap in Deutschland«, während der Geheimapparat der SED bereits ein Dossier »Der Fall B.« anlegte, nachdem er sich gegen »engstirnigen Bürokratismus und dilettantisches Administrieren« verwahrt hatte. Als Alfred Döblin jedoch 1947 das erste Mal Berlin besucht hatte, erinnerte er sich gerne an die Unterhaltung im Hause Bechers – dessen Gedichte er in seiner Zeitschrift *Das goldene Tor* druckte – und summierte:

»Wir sind nicht identisch mit den Staatsformen in denen wir leben.«[51]

Eine ähnlich versöhnende Geste kam von dem katholischen Schriftsteller Reinhold Schneider, der Becher »für soviel Wahrheit der ersten Jahrhunderthälfte« dankte. Mit dieser strengen Datierung allerdings ein zweischneidiges Lob, weist es doch den Dichter seit 1950 ab; wie eine traurige Antwort lesen sich Bechers Zeilen »Ein Dichter war ich wohl – doch […] schon früh verderbt schrieb ich nur das Genehme« und der einem Postskriptum gleich seiner *Politischen Konfession* angefügte Satz:

»Sie waren nicht in Übereinstimmung miteinander zu bringen, der Dichter und der Funktionär.«[52]

Johannes R. Becher war zwischen alle Mühlen geraten. Im Westen geschmäht, denunziert und ungedruckt – im Osten Staatsdichter, aber eine Rede, in der er »Leerlauf, Langeweile, Lebensfremdheit und grauenerregende Plakate« attackierte, selber unterdrückend. Der am gräßlichsten mahlende Mühlstein muß das eigene Gewissen gewesen sein, das er unterdrückte, als sein Verleger Walter Janka eingesperrt wurde –

Frau Minister schickte der Frau des Inhaftierten einen Korb Blumen.

Ob Janka, ob Ernst Bloch, ob der jahrzehntelange Gefährte – schon aus den Tagen der *Linkskurve* – Georg Lukács: Als säße er im »Hotel Lux« und müsse durch Verrat der Freunde den Ruch des Verräters von sich wenden, wird Becher zum Verräter:

> »[...] daß Lukács in seiner politischen Konzeption nicht nur unklare und schwankende, sondern auch ausgesprochen liquidatorische Tendenzen zeigte. Vor allem aber scheint mir, hat dadurch Lukács besonders schädlich gewirkt, daß er nicht zu bewegen war, weder vor noch während der Konterrevolution noch auch jetzt seine große Autorität einzusetzen, um das Ansehen der Partei insbesondere unter den Intellektuellen wiederherzustellen bzw. zu stärken.«[53]

Absurderweise ist es Ulbricht, der ihn stoppen muß. Es ist die Zeit der großen Aufbruchsbewegungen, vom 17. Juni 1953 in der DDR über Gomulkas Polen 1955/1956 und den Budapester Aufstand.

Und der oberste Kulturmachtinhaber schreibt:

> »Feinde der Menschheit sind unschädlich zu machen! ... Auf menschliche Art natürlich und in öffentlichen Gerichtsverfahren, wenn irgend möglich.«[54]

Ein schauerliches »Wenn irgend möglich«, drei Worte, die Schlüssel zum Verständnis für Bechers entsetzliches Verhalten bei der Verhaftung seines Verlegers Walter Janka sind: Er treibt den in eine Rettungsaktion für Georg Lukács hinein und rührt schließlich keinen Finger für den unter anderem deswegen zu Zuchthaus Verurteilten; er distanziert sich von Janka so erbarmungslos wie von Lukács selber oder von Bloch:

> »Es hätte mir auch zu denken geben müssen, in welch penetranter Weise sich Ernst Bloch immer auf Lukács berief und mir sogar den Vorwurf machte und mich als Lumpen bezeichnete, daß ich nicht energisch genug für Lukács eintrat.«[55]

Becher hat Deutschland geliebt und so schmerzlich entbehrt wie viele andere Emigranten:

> »Die zwölf Jahre, die ich außerhalb Deutschlands leben mußte, waren für mich die härtesten Prüfungen meines Lebens; ich möchte beinahe sagen, es war das Fegefeuer, wenn nicht die Hölle … Es war eben das, was ich bisher nicht gewußt hatte, daß ich solch ein ganz Deutscher war, auch mit seinen negativen Eigenschaften.«[56]

Doch dieses Deutschland, seine faschistische wie stalinistische Geschichte, hat ihn zermalmt und sein Wort zu Asche werden lassen. Über die »Verdünnung« seiner Poesie reflektierte er im Tagebuch. Sein Kampf um den großen Dialog ist erschlafft zum Monolog: »Es wird Herbst, und die Zeit ausführlicher Selbstgespräche scheint gekommen. Herbst, die Jahreszeit der Rechenschaftslegung, denn die Ernte ist eingebracht.«

So läßt er sich statt primär auf Geschichte vorsichtig, also sekundär, auf vorgegebene Formen ein. Sein Gedicht *Der*

Mensch und das Pferd entsteht im Zusammenhang mit der Erinnerung an jenen 2. Februar 1943, an dem bekanntlich die Reste der geschlagenen 6. deutschen Armee kapituliert hatten; es ist aber, statt einer Antwort auf Stalingrad – eine Antwort auf Bertolt Brechts berühmtes Gedicht *O Falladah, da du hangest*, das fünf Jahre nach Ausbruch des Ersten Weltkrieges geschrieben wurde.

Bechers »Millionen Menschen« werden poetisiert, indem sie mit dramatisch-toten Worten umgebracht werden: in flüssigem Feuer verbrannt und in Wüsten verschmort und in Eissteppen erstarrt und von Panzern plattgewalzt und von den Trümmern der Städte erstickt und, und – die Worte, wie Stukkatur-Putz, beginnen zu prunken, statt zu entsetzen. Diese sprachliche Überfrachtung entspricht einer ideologischen Aufladung. Becher versucht, wie eine spätere Notiz vom 11. Februar zeigt, das Mitleid mit dem Pferd überzuinterpretieren als den Ausweg eines, der mit schuldbeladenen Menschen nicht mehr Mitleid haben kann. Becher hat eine Furchtbarkeit verschönt, Brecht hat ent-schönt und damit Furchtbares sichtbar gemacht.

Über ein Gedicht kann man – vielleicht – urteilen. Kann man das über einen Menschen? Ihn gar verurteilen? Ich gebe zu, daß mir das im Falle Johannes R. Becher schwerfällt; eher finde ich mich in der Haltung jenes ›Grabbeschmierers‹, der jüngst auf das Grün, unter dem Becher liegt, einen Zettel legte: »Ich hätte dich gerne noch etwas gefragt. Nun muß ich mich selber fragen.« Vielleicht hilft dabei eine kleine, nur scheinbar banale Begebenheit, die ich nie vergessen habe: Wegen der von mir begonnenen Tucholsky-Edition im DDR-Verlag Volk und Welt bestellte Becher mich in sein Göring-protziges Ministerbüro. Er ließ sich detailliert meine Pläne vortragen, so auch die Herausgabe von *Deutschland Deutschland über alles* mit den Collagen von John Heartfield. Alles bekam seinen Segen. Bei der Verabschiedung (und Genehmigung einer Reise zu Tucholskys Witwe an den Tegernsee) begleitete er mich zu meiner Verblüffung an die Tür – also weit weg vom Telefon – und sagte sehr leise: »Grüßen Sie Erich Kästner von mir.« Das war, gerichtet an den Präsidenten des westdeutschen »Spalter«-PEN-Clubs, zur Hochzeit des Kalten Krieges am Rande des Hochverrats, zumindest Konterbande. Oder war es nur eine spielerische Verführung? Listgeblinzel? Kästners Replik blieb unerwidert und unaufgegriffen. »Bestellen Sie ihm«, hatte er spöttisch zu mir gesagt, »Grüße sind eine schöne Sache, gedruckte Bücher sind eine schönere Sache – er soll veranlassen, daß ich endlich auch dort gedruckt werde.« Nichts dergleichen geschah. Das Vorausexemplar von *Deutschland Deutschland über alles* wurde vom Leipziger Messestand weg beschlagnahmt, die Publikation verboten.

So war es, so waren sie: Freundliche Verräter, mutige Duckmäuser, achtbare Lügner, feige Kommandogeber, ängstliche Befehlsempfänger; und wenn's kein andrer tat, gaben sie sich die Befehle selber. Seufzend gehorchten sie denen – stolz, wenn ein Bändchen Musil erschien, und sehr traurig, wenn jemand in Workuta verschwand. Sie waren einst aufgebrochen, der Menschheit die Sterne vom Himmel zu holen, doch geblieben war der kleine rote Blechstern am Revers; sie hatten mit Lenin einen Staat ausgerufen, den die Köchin lenken könne, doch geblieben war der Chauffeur. Sie hatten das Haus der befreiten Arbeit bauen wollen, doch geblieben war das Ferienhaus in Ahrenshoop. Er, Johannes R. Becher, hatte seine Worte wie Fackeln der Freiheit entzünden wollen, doch seine Witwe mußte Teile des Nachlasses außer Landes schmuggeln

für eine Veröffentlichung, »wenn es die Zeiten erlauben würden«. Sie erlauben es nun:

»Wem einmal das Rückgrat gebrochen wurde,
Der ist kaum dazu zu bewegen,
Eine aufrechte Haltung anzunehmen.
Denn die Erinnerung
An das gebrochene Rückgrat
Schreckte ihn.
Auch dann noch,
Wenn die Bruchstelle längst verheilt ist
Und keinerlei Anlaß mehr gegeben ist,
Sich das Rückgrat zu brechen.«[57]

Quellen

1   zitiert nach Jens-Fietje Dwars: Abgrund des Widerspruchs. Das Leben des Johannes R. Becher. © Aufbau-Verlag GmbH, Berlin, 1998, S. 25

2   zitiert nach ebd., S. 30

3   zitiert nach ebd., S. 33

4   zitiert nach ebd., S. 34

5   zitiert nach ebd., S. 12

6   zitiert nach ebd., S. 13

7   zitiert nach ebd., S. 13

8   Der Monat 28/29, 3. Jahrgang 1950/51, S. 488

9   Hans Mayer: Ein Deutscher auf Widerruf. Erinnerung II. © Suhrkamp Verlag, Frankfurt am Main, 1982, S. 124 f.

10 Sinn und Form 2/1990, S. 331

11 zitiert nach Dwars, S. 56

12 zitiert nach ebd., S. 62

13 Jacob van Hoddis. Dichtungen und Briefe, hrsg. von Regina Nörtemann. Arche Verlag, Zürich, Hamburg, 1987, S. 15. © Erbengemeinschaft Jakob van Hoddis

14 zitiert nach Dwars., S. 61

15 zitiert nach ebd., S. 69

16 zitiert nach ebd., S. 68

17 zitiert nach ebd., S. 70

18 zitiert nach ebd., S. 77

19 zitiert nach ebd., S. 70

20 zitiert nach ebd., S. 77

21 zitiert nach ebd., S. 96

22 zitiert nach ebd., S. 104

23 zitiert nach ebd., S. 108

24 Gruß des deutschen Dichters an die Russische Föderative Sowjet-Republik, in: Johannes R. Becher: Lyrik, Prosa, Dokumente. Hrsg. von Max Niedermayer. Limes Verlag, Wiesbaden, 1965, S. 43

24a Klaus Mann an Johannes R. Becher am 4. April 1938, in: Klaus Mann: Briefe und Antworten, Band I: 1937–1949. Edition Spangenberg, München, 1975, S. 31

25 zitiert nach Dwars, S. 189

26 zitiert nach ebd., S. 122

27 zitiert nach ebd., S. 188

28 Johannes R. Becher: Auswahl in sechs Bänden. Bd. 6: Tagebuch. © Aufbau-Verlag GmbH, Berlin, 1952, S. 76

29 zitiert nach Dwars, S. 253

30 zitiert nach ebd., S. 264

31 zitiert nach ebd., S. 264

32   zitiert nach ebd., S. 262
33   zitiert nach ebd., S. 263
34   zitiert nach ebd., S. 341
35   zitiert nach ebd., S. 444
36   Sinn und Form 2/1990, S. 226 ff.
37   Becher, Lyrik, Prosa, Dokumente, S. XV
38   ebd., S. XVI
39   zitiert nach Dwars, S. 471 f.
40   Sinn und Form 2/1991, S. 337, und Die Welt, Essen, 11.9.1991
41   Rolf Harder (Hrsg.): Briefe an Johannes R. Becher 1910–1958. © Auf-
     bau-Verlag GmbH, Berlin, 1993, S. 132 f.
42   ebd., S. 364
43   zitiert nach Dwars, S. 473 f.
44   zitiert nach ebd., S. 475 f.
45   zitiert nach Becher, Tagebuch, S. 155
46   Frankfurter Rundschau, Frankfurt am Main, 27.4.1991, S. ZB 3
47   Stephan Hermlin, Hans Mayer: Ansichten über einige Bücher und
     Schriftsteller. Verlag Volk und Welt, Berlin (ohne Jahrgang), S. 191
48   Johannes Bobrowski: Becher, in: Bobrowski: Gesammelte Werke in 6
     Bänden, Bd 1: Die Gedichte. © Deutsche Verlags-Anstalt, Stuttgart,
     München, 1998, S. 236
49   zitiert nach Becher, Tagebuch, S. 81
50   zitiert nach Dwars, S. 300
51   zitiert nach ebd., S. 626
52   zitiert nach ebd., S. 721
53   Sinn und Form 2/1991, S. 334
54   ndl, 5/1991, S. 93
55   Sinn und Form 2/1991, S. 334
56   Becher, Lyrik, Prosa, Dokumente, S. 147
57   Sinn und Form 2/1990, S. 331

Der Essay verdankt viele Details der faktenreichen Biographie *Abgrund des Widerspruchs. Das Leben des Johannes R. Becher* von Jens-Fietje Dwars.

Hinweis

Zitate werden im allgemeinen nur ausgewiesen, wenn es sich um vollständige Sätze handelt; einzelne Wörter oder Begriffe und Satzteile werden nicht nachgewiesen.
Die Schreibweise der Zitate richtet sich nach der jeweiligen Quelle.

Den Rechteinhabern an den Quellentexten danken wir für die freundliche Genehmigung zum Abdruck der Textauszüge. Trotz aller Bemühungen konnten nicht alle Rechteinhaber ermittelt werden. Berechtigte Ansprüche werden selbstverständlich vergolten; wir bitten gegebenenfalls um freundliche Nachricht.

Alle Essays wurden einzeln bereits früher veröffentlicht:

»William Faulkners heimliche Geliebte. Eine biographische Ergänzung«: Die Zeit, 4. November 1999

»Ein Dichter soll Spuren hinterlassen, nicht Belege. Marguerite Yourcenar«: Bayerischer Rundfunk (20. Mai 1997), Süddeutscher Rundfunk (26. Dezember 1997); Das Plateau, Heft 50, Stuttgart 1998

»Selbstverwirklichung als Selbstzerstörungsorgie. Yukio Mishima«: Die Zeit, 23. November 2000

»›Ich war die Stunde meiner Reinwerdung.‹ Stéphane Mallarmé«: Süddeutscher Rundfunk (13. September 1998), Die Zeit, 25. März 1999

»Die ausgestopfte Welt des luxuriösen Irrsinns. Edith Sitwell«: Das Plateau, Heft 56, Stuttgart 1999; Südwestrundfunk (13. Februar 2000)

»›Ich bin von allem ein Teil – und nehme Anteil an nichts.‹ Paul Bowles«: Die Zeit, 26. Oktober 1990; Westdeutscher Rundfunk (28. März 1990); Bayerischer Rundfunk (19. September 1990); Süddeutscher Rundfunk (12. Mai 1991)

»Ein Dichter war ich wohl – doch schon früh verderbt schrieb ich nur das Genehme. Johannes R. Becher«: Bayerischer Rundfunk (5. Oktober 1999); Südwestrundfunk (9. September 2001); Das Plateau, Heft 68, Stuttgart, Dezember 2001